Geluksvogels

Van Sebastien Valkenberg verscheen eveneens
bij uitgeverij Ambo

Het laboratorium in je hoofd

Sebastien Valkenberg

Geluksvogels

of waarom we het nog nooit zo goed hadden

Ambo|Amsterdam

Voor mijn kinderen

Eerste druk oktober 2010
Tweede druk november 2010

ISBN 978 90 263 2057 6
© 2010 Sebastien Valkenberg
Omslagontwerp Esther van Gameren
Omslagillustratie Katie Edwards / Ikon Images / Corbis
Foto auteur Keke Keukelaar

Verspreiding voor België:
Veen Bosch & Keuning uitgevers n.v., Antwerpen

Inhoud

'Hoe kunt u leven zonder warm water?' vroeg een cameraman. En hij, schouderophalend: 'Jullie, jullie leven. Wij hier, wij overleven.'

Emmanuel Carrère, *Een Russische roman* (2009)

'De gemiddelde elektricien, airconditioningmonteur of inbraak-alarminstallateur leidde een leven waarvan de Zonnekoning met zijn ogen zou hebben staan knipperen.'

Tom Wolfe, *De wereld en Wolfe* (2001)

Je favoriete tijdperk?

Waar en wanneer had ik het liefst geleefd? Iedereen vraagt het zich weleens af. De een fantaseert over de luisterrijke bals uit de pruikentijd, de ander zoekt zijn heil in een avontuurlijk bestaan als ridder in de middeleeuwen en een derde denkt zich het meest thuis te voelen in het oude Griekenland: liggend op de banken terwijl slaven de druiventrossen aanreiken. Zo heeft iedereen zijn eigen favoriete tijd. Natuurlijk is hier in de eerste plaats sprake van een onschuldige fantasie, net zoals je kunt bladeren in vakantiebrochures met exotische bestemmingen. Toch zou ik zulke mijmeringen niet helemaal vrijblijvend willen noemen. Ze geven namelijk ook blijk van een zekere mate van escapisme – opnieuw gaat de vergelijking met de vakantiebrochures op, die er immers ook voor zorgen dat mensen het druilerige Nederland tijdelijk vergeten. Ze wekken de suggestie dat het paradijs wel degelijk voorhanden is. Zeldzaam – wat mij betreft: té zeldzaam – zijn de keren dat men aangeeft het prima toeven te vinden in het hier en nu.

De mate van vrijheid is ongekend, het welvaartspeil en de levensverwachting zijn hier onwaarschijnlijk hoog. Toch leidt dit zelden tot bijster veel enthousiasme. Daarvoor kun je verschillende verklaringen aanvoeren. Eén daarvan is dat mensen het moeilijk vinden om hetgeen binnen handbereik is op waarde te schatten. Ze hebben nu eenmaal de neiging daarmee tamelijk selectief om te gaan. Waar voordelen al te gemakkelijk over het hoofd worden gezien, krijgen nadelen gemakkelijk overmatige aandacht.

Tegen deze beeldvorming moet het heden altijd strijden. Elk heden. Dezelfde logica geldt ook in omgekeerde richting. Lang vervlogen tijdperken laten zich eenvoudig romantiseren, wat evenzeer geldt voor verre landen. Nadelen worden weggeretoucheerd en voordelen extra aangezet. Het gras is altijd groener aan de andere kant van de heuvel.

Deze benadering is hooguit gedeeltelijk bevredigend. Want als het zo werkt dat het verleden automatisch het onderwerp is van lofzangen (elk verleden!), maakt het heden hoe dan ook weinig kans. En inderdaad hoor je oudere generaties steeds weer verkondigen dat het vroeger beter was, dat de jeugd van tegenwoordig nergens voor deugt. Bezwaar tegen deze redeneertrant is dat hij lak heeft aan de specifieke kenmerken van de huidige tijd. Wat er ook gebeurt, het is nooit goed.

Ik ben juist geïnteresseerd in die specifieke kenmerken. Welke bijzonderheden maken dat het heden zich onderscheidt van eerdere fasen uit de geschiedenis? Welke eigenschappen noemen critici als ze de moderne tijd onder vuur nemen? Ziehier een opsomming van de meest voorkomende typeringen. De huidige tijd zou last hebben van onder meer de volgende kwalen: consumentisme (mensen zijn niet meer dan onstilbare consumenten die aan de leiband lopen van de reclame-industrie), hedonisme (ze zijn alleen maar uit op kicks, zoveel mogelijk en steeds heftiger), egoïsme (andermans lot is iets geworden om je schouders over op te halen), cynisme (er is geen bekommernis meer om het goede), kapitalisme (iedereen wil slechts zoveel mogelijk geld verdienen), secularisme (de ontkerstening heeft een grote spirituele kaalslag veroorzaakt). Zulke -ismen betekenen doorgaans weinig goeds. Meestal fungeren ze als rode kaart om het fenomeen waarnaar ze verwijzen te diskwalificeren. Wie stevig wil uithalen laat het niet bij één van deze -ismen, maar laat zulke uitingen van cultuurpessimisme voorafgaan door een beperkte reeks adjectieven, die onderling vaak weer inwisselbaar zijn: oppervlakkig, plat, vluchtig, haastig, doorgeschoten.

Het meest zorgwekkend aan bovenstaande observaties is de manier waarop ze worden meegedeeld. Misschien dat ze deels van toepassing zijn op de hedendaagse samenleving, maar dat moet dan wel worden beargumenteerd. Te gemakkelijk wordt bijvoorbeeld beweerd dat het consumentisme makke schaapjes van mensen maakt waardoor van een eigen wil geen sprake meer kan zijn. Alsof dit zó evident is dat nadere toelichting onnodig is. Deze impliciete vorm van kritiek heeft onwenselijke gevolgen. Als iets een vanzelfsprekendheid is geworden, dreigt het gevaar dat iedereen elkaar napraat en nalaat te onderzoeken in hoeverre het nog op waarheid berust. Een valkuil voor de cultuurkritiek, op zichzelf genomen een onmisbaar genre, is overdrijving. Een waarschuwing voor een bepaalde maatschappelijke tendens verleidt gemakkelijk tot een uitvergroting van die tendens. De consequentie daarvan is dat de samenleving een karikatuur wordt, waardoor het geen kunst is die hartgrondig af te wijzen. En dat is jammer, want ondanks al haar tekortkomingen verdient zij echt beter.

Pech voor de feiten?

Intellectuelen hebben een overmatig talent voor somberheid. Over deze neiging heeft de Amerikaanse schrijver Tom Wolfe een bijtend essay geschreven: 'In the Land of the Rococo Marxists' (2000), waarin hij de maatschappijkritiek op de Verenigde Staten behandelt. Opvallend is de toonzetting daarvan: die is zelden mild en meestal ronduit vernietigend. Neem het volgende vertoon van antiamerikanisme, een populair tijdverdrijf onder intellectuelen. In de jaren zestig sloeg de neomarxist Herbert Marcuse alarm. Hij ontwaarde, twee decennia na afloop van de Tweede Wereldoorlog, 'ontluikend fascisme' in Amerika en 'preventief fascisme'. Andere critici zagen vergelijkbare tendensen, zoals 'informeel' en 'latent fascisme'. Ook opmerkelijk: het verwijt van 'culturele genocide'. Wat was hier aan de hand? Voor alle duidelijkheid: het gaat hier niet over nazi-Duitsland of verwante regimes, maar over de bakermat van de hedendaagse democratie en nog steeds het mondiale baken van vrijheid. Natuurlijk maakt dat de Verenigde Staten niet immuun voor kritiek: de geschiedenis van het land kent zwarte bladzijden. Maar rechtvaardigen die de zwaarst denkbare kwalificaties van fascisme en genocide? De typeringen van Marcuse cum suis sloegen op het academische toelatingsbeleid. In progressieve kringen leefde in de jaren zestig de gedachte dat aspirant-studenten uit minderheidsgroepen zich automatisch moesten kunnen inschrijven, zelfs als ze daarvoor de capaciteiten misten. Minder overtuigd waren de universiteiten, wat bij Marcuse de alarmbellen deed afgaan. Hier is inderdaad sprake van uitsluiting. Maar is dat kwalijk? Zodra je selecteert, in dit geval op talent, vallen er mensen buiten de boot. Pijnlijk voor hen, maar onvermijdelijk als excellentie het doel is van het academisch onderwijs. Om dan te spreken over genocide is ronduit grotesk.

Tussen de feiten (het Amerikaanse toelatingsbeleid op universiteiten) en de diagnose daarvan (fascisme en genocide) gaapt een diepe kloof. Over deze discrepantie gaat mijn boek. Preciezer gezegd: ze vormt er de aanleiding voor. Een spanningsveld tussen praktijk en theorie zal er altijd zijn. Er bestaan echter verschillende manieren om hiermee om te gaan. Populair is het standpunt van de Duitse filosoof G.W.F. Hegel. Zijn filosofische bouwwerk heeft zo'n adembenemende architectuur dat de twijfel rijst of het de geschiedenis niet krampachtig in een keurslijf perst. De grondgedachte daarvan kan als volgt worden samengevat: alle ontwikkelingen voltrekken zich in drieën. These, antithese, synthese is de metronoom die het ritme van historische processen aangeeft. Conflicten zijn er om uiteindelijk overwonnen te worden. Voor sommige zal dit inderdaad gelden – maar niet voor elke tegenstelling. Vandaar de vraag of Hegel zich niet laat meeslepen door zijn eigen theorie. Dergelijke kritiek pareerde hij met vier woorden: 'Schade um die Tatsachen.' Pech voor de feiten.

Zo vergaat het de feiten dikwijls: als het erop aankomt, moeten die zich aanpassen aan de theorie. Dat daarvoor de nodige acrobatiek vereist is vormt zelden een belemmering. Nee, natuurlijk is de Amerikaanse samenleving niet echt genocidaal, gaat het dan, slachtoffers van het academische toelatingsbeleid worden uiteraard niet daadwerkelijk omgebracht. Maar je moet de kwalificatie dan ook niet te letterlijk nemen. De genocide is figuurlijk bedoeld. Maar denk niet dat dit de aangeklaagde partij, de Verenigde Staten, vrijpleit. Er is slechts sprake van een gradueel verschil tussen de twee vormen van genocide. Uitsluiting van academisch onderwijs is slechts een milde vorm – genocide *light* als het ware. Van deze vorm van uitsluiting is het maar een klein stapje naar daadwerkelijke uitroeiing.

Zulke redeneringen rieken naar sofisterij. Ze kneden de feiten net zo lang totdat deze in de theorie (lijken te) passen. Dit hoeft niet per definitie bezwaarlijk te zijn. Veel theorieën doen contra-intuïtief aan. Ze druisen in tegen de waarneming en het gezonde verstand – wie kan zich iets voorstellen bij de elf dimensies waarmee de zogeheten snaartheorie werkt? Dit gegeven mag echter niet uitgroeien tot de wetmatigheid dat een theorie aan kwaliteit wint naarmate ze onwenniger aandoet. Buitenissigheid is geen keurmerk voor de kwaliteit van een theorie. Ofwel, wees voorzichtig met een houding van 'Schade um die Tatsachen'. Zij getuigt van een minzame omgang met de feiten. Realiteitszin moet een deugd blijven in de theorievorming.

Dus vandaar de vraag: is het inderdaad zo bar gesteld als veel cultuurcritici à la Marcuse suggereren? Is de huidige samenleving inderdaad ten prooi gevallen aan de lange reeks -ismen hierboven? Ik meen van niet. Toch zal de toonzetting van dit boek over het algemeen niet polemisch zijn. Bij het schrijven heb ik me willen laten leiden door verwondering in plaats van verontwaardiging. Hoewel de twee op elkaar lijken, en soms door elkaar gehaald worden, zijn het twee verschillende emoties. De eerste is kalmer dan de tweede. Verwondering kan het begin zijn van nadere reflectie. Ze is tenslotte de bron waaruit de wijsbegeerte is voortgekomen. Verontwaardiging is haar heetgebakerde broertje, dat geen afstand neemt voor geduldige reflectie, maar toesnelt om een strenge veroordeling kenbaar te maken. De twee emoties verhouden zich tot elkaar als het vraagteken tot het uitroepteken als het geïnteresseerde 'Wat?' tot het bozige 'Wát!' Hoe lekker het ook is je op te winden over bepaalde fenomenen, ik heb geprobeerd de verontwaardiging te vermijden. Leidraad bij het schrijven is de nieuwsgierigheid geweest. Waarom toch die aversie tegen de moderne tijd? En nog belangrijker: is die terecht?

Deze houding heeft haar weerslag gehad op de opzet van dit boek. In vijftien essays verken ik de facetten van deze thematiek die mij het meest urgent voorkwamen. Hier ligt dus geen werk dat volledigheid pretendeert. Vergelijk het met het bezoek aan een land. Er zijn verschillende manieren om over de omgeving te berichten. De achterblijvers kun je de plattegrond ter oriëntatie voorleggen en de afgelegde route tonen. Of je kunt ze af en toe een ansichtkaart sturen tijdens de reis. Het nadeel van deze vorm van berichtgeving is dat het nooit een overzichtelijk panorama biedt, ongeacht hoeveel ansichten je verstuurt. Ze behandelen alleen de locaties die op de een of andere manier indruk hebben gemaakt. Daar staat tegenover dat ansichten geschreven zijn door iemand die de omgeving met al zijn zinnen heeft meegemaakt. Die ervaring kan een plattegrond (schaal 1:10.000) nooit evenaren. Dit is ook het perspectief geweest tijdens het schrijfproces. Ik ben op verkenning gegaan door de verguisde westerse samenleving en heb van de meest opmerkelijke ervaringen verslag gedaan. Beschouw de vijftien essays die dit boek telt als vijftien ansichtkaarten die zijn verstuurd tijdens deze tocht.

De hoofdstukken zijn per vijf geordend in drie delen. Per deel worden de studieobjecten steeds kleiner. Anders gezegd: gaandeweg zoom ik steeds verder in. Het eerste deel houdt zich bezig met het allergrootste en heet 'De kosmos'. Een centraal thema hierin is de onttovering van de wereld, een proces dat de Duitse socioloog Max Weber als volgt heeft getypeerd: onder invloed van de wetenschap is de kosmos steeds minder een oord van onberekenbare machten; mensen hoeven niet langer te grijpen naar magische hulpmiddelen en berekening. Als men spreekt over deze ontwikkeling, dan gaat dat vaak gepaard met een rouwstemming. Alleen al die term: *ont*tovering. Er staat een wereld op het punt van verdwijnen. Het is waar: ze is stiller geworden zonder alle goden en geesten die haar eerst bevolkten. Maar of dat erg is... Deze ex-bewoners waren vaak hoogst onduidelijk in hun bedoelingen. Je kon alle kanten op met hun vermeende boodschappen. Na haar onttovering heeft de wereld veel van haar geheimzinnigheid verloren. Wetenschappelijke inzichten maakten het mogelijk voorspellingen te doen. Het noodlot, waarbij mensen zich hadden neer te leggen, verdween weliswaar niet helemaal, maar ging wel degelijk een minder prominente rol spelen in het dagelijks leven.

Om het lot (deels) te temmen zijn verschillende technieken bedacht, waarvan er enkele aan bod komen in het tweede deel van dit boek ('De samenleving'). Een voorbeeld van zo'n techniek is de mogelijkheid om je te verzekeren. Dat mensen zich kunnen verzekeren is een aanwijzing dat de wereld geen hel is, zoals onder meer de aartspessimist Arthur Schopenhauer meent. Stel dat er louter ellende en rampspoed zou zijn. Verzekeraars zouden blijven uitkeren en binnen de kortste keren bankroet zijn. Verzekeraars hebben wel degelijk bestaansrecht. Ergo: ongeremd pessimisme is onterecht. Maar ongeluk vermijden is nog iets anders dan gelukkig worden. Dat moet je toch vooral zelf doen, is de teneur van het derde deel ('De mens'). Een voorschot op dit laatste deel neem ik alvast in de volgende paragrafen.

Eindelijk goed leven

De meeste van deze beschouwingen zullen een neiging tot optimisme verraden. Helemaal zonder risico is dit niet: pessimisme is een veiliger standpunt. Veel kan de pessimist niet overkomen. In het ergste geval luidt de kritiek dat hij een zwartkijker is. Deze kritiek beantwoordt hij met de tegenwerping dat hij alleen maar realistisch is: hem maak je niets wijs. De optimist heeft het daarentegen veel moeilijker. Zijn achilleshiel heet naïviteit: hij zou de zaken mooier voorstellen dan ze zijn. Natuurlijk zal hij dit ontkennen, maar het publiek lust het niet als hij eenzelfde beroep doet op het realisme als zijn opponent. Hier wreekt zich dat bij de optimist de verwachtingen hooggespannener zijn. Mocht het glas bij nader inzien halfleeg zijn, dan ervaart het publiek dat alsof het is bedrogen. Voor de pessimist geldt het omgekeerde. Wie neemt het hem kwalijk als hij het bij nader inzien mis heeft? Welbeschouwd is dat alleen maar een meevaller: blijkt het glas toch half-vol te zijn. Alleen een muggenzifter herinnert hem er nog aan dat zijn overtuigingen al te somber waren.

Desondanks zijn er goede argumenten voor optimisme. De afgelopen twee eeuwen is er namelijk grote vooruitgang geboekt. Dit statement blijft echter een lege huls zolang niet duidelijk is wat vooruitgang inhoudt. Hoe moet je die definiëren? Wat maakt met andere woorden dat het antwoord op de openingsvraag – waar en wanneer had ik het liefst geleefd? – grondige heroverweging verdient? Opmerkelijk aan de huidige samenleving is dat ze haar leden een levensverwachting biedt die ongekend is in de geschiedenis. Het Centraal Bureau voor de Statistiek (CBS) heeft in 2007 becijferd dat de levensverwachting van in Nederland geboren meisjes 82,3 jaar bedroeg. Dit getal ligt voor jongens 4,3 jaar lager (78 jaar). Ter vergelijking: ruim een halve eeuw eerder, in 1950, vielen deze cijfers voor beide geslachten bijna 10 jaar lager uit.

Tegelijk zullen maar weinigen tekenen voor een leven dat alleen maar lang is. Minstens zo belangrijk is hóé vrouwen en mannen hun respectieve 82,3 en 78 jaren doorbrengen. De oude Grieken wisten al: het draait om het goede leven. Net als dieren moeten mensen eten, drinken en slapen. Het is dus begrijpelijk dat ze een maaltijd bereiden als hun maag begint te knorren. Minder begrijpelijk is het vanuit deze optiek dat mensen ook lékker willen eten. Ze kunnen uren de tijd nemen voor een meergangen-diner. Wat is het nut van zulke culinaire acrobatiek – een snelle boterham met worst stilt tenslotte net zo goed de honger? Blijkbaar koesteren mensen ambities die de overlevingskans niet vergroten. Dat wil echter niet zeggen dat ze zinloos zijn. Mensen nemen geen genoegen met louter overleven. Te weinig bevredigend.

Eeuwenlang waren ambities echter weggelegd voor een elite. De belangrijkste theoreticus over het goede leven, Aristoteles, schreef zijn *Ethica Nicomachea* in de vierde eeuw voor Christus voor de toplaag van Athene, die het openbaar bestuur van de stadsstaat bepaalde. De resterende 95 procent van de maatschappij – landarbeiders, vrouwen, slaven – had het boek weinig te bieden: veel te theoretisch. Deze groepen hadden hun rol in de marge van de samenleving te accepteren.

Het kostte zo'n 2000 jaar voordat aan deze praktijk voorzichtig een einde kwam. In de zeventiende en achttiende eeuw verdedigden denkers als Baruch de Spinoza, Voltaire en Immanuel Kant de gedurfde stelling dat alle mensen rechten hebben. Ze moesten kunnen denken wat ze wilden, zich naar eigen goeddunken uiten, de godsdienst van hun voorkeur aanhangen of het opperwezen zelfs helemaal kunnen afwijzen. Zulke rechten zouden bescherming bieden tegen opdringerige machthebbers, politieke en religieuze, waarvan de geschiedenis er al zoveel had voortgebracht. Mensen waren de baas over hun eigen leven en konden daar zelf richting aan geven. Vooralsnog bleef dit ideaal een hoog theoretisch gehalte houden: bij wie kon je deze rechten opeisen als ze werden geschonden? Dat veranderde in de late achttiende eeuw, toen ze werden vastgelegd in de grondwettelijke verdragen van de Verenigde Staten en Frankrijk. Gelijke kansen voor iedereen. Het gevolg van dit uitgangspunt was dat het goede leven zijn status van luxeartikel gestaag verloor. Het was niet langer een aangelegenheid voor bevoorrechte enkelingen. Begon de *Ethica* aanvankelijk als een eliteboek, langzamerhand werd het voor iedereen de moeite van het lezen waard.

Een dun laagje vernis

Zijn mensen nu gelukkiger dan pakweg 200 jaar geleden? Of dan 2500 jaar geleden? Dat zou heel goed kunnen. Overzichten van landen waar inwoners het gelukkigst zijn worden steevast aangevoerd door democratische welvaartsstaten. Dit beeld bevestigt ook hoogleraar Ruut Veenhoven, die een World Database of Happiness heeft samengesteld. Zijn constatering: 'We zijn verdomd gelukkig.' Recent concludeerde hij dat de Nederlander gemiddeld zo'n zestig gelukkige jaren heeft (waar Zimbabwanen er niet meer dan 12,5 kennen). Zestig! Nog niet zo lang geleden haalden mensen deze leeftijd niet eens. Toch blijft het riskant aan deze observatie conclusies te verbinden. Is de hoeveelheid geluk inderdaad toegenomen ten opzichte van enkele eeuwen terug? Terughoudendheid is geboden. Want hoe lang wordt geluk al gemeten? Veenhoven houdt zich er pas sinds enkele decennia mee bezig. De stelling dat de hoeveelheid geluk zich heeft vermeerderd is aannemelijk, maar bepaald niet eenvoudig hard te maken.

Wel kun je stellen dat nog nooit zoveel mensen een gooi naar het goede leven hebben kunnen doen. Daarvoor verdienen bovengenoemde Verlichtingsdenkers alle lof. Maar een andere factor van betekenis is het onvoorstelbaar hoge welvaartspeil in het Westen en de invloed van de techniek. Eeuwenlang ging nagenoeg alle tijd op aan de vraag: haal ik de dag van morgen? Hij dicteerde het ritme van alledag. Wie een dagtaak heeft aan overleven komt aan het goede leven domweg niet toe. De vraag of een carrière voldoening schenkt is ronduit absurd zolang basisvoorzieningen voortdurend moeten worden bevochten. Natuurlijk zullen zulke kopzorgen nooit volledig tot het verleden behoren. Maar wie is er nog fulltime bezig met overleven? Stond ziekte eeuwenlang haast synoniem voor dood, dankzij de vlucht die de medische wetenschap heeft genomen, is het steeds minder vanzelfsprekend geworden dat de eerste tot de tweede leidt. Maar ook anderszins is het lot van zijn scherpste randjes ontdaan. Met name sinds de tweede helft van de twintigste eeuw hebben mensen zich verzekerd tegen velerlei rampspoed, waaronder werkloosheid. Daardoor betekent geen werk hebben niet onmiddellijk dat je geen inkomen hebt. Dit maakt werkloos zijn nog steeds niet aanbevelenswaardig. Maar je kunt iets geruster zijn op de toekomst, zodat je niet louter bezig hoeft te zijn met de zorg of je überhaupt werk zult hebben, maar ook de vraag kunt stellen welk werk je ambieert. Door dit soort ontwikkelingen kunnen mensen zich – eindelijk! – de vraag stellen die zo lang gratuit was geweest: wat is het goede leven en hoe geef ik dat vorm? Laat dat dan vooruitgang heten: het feit dat deze vraag zijn status van luxeartikel heeft verloren.

Vierentwintig uur per dag bezig zijn met overleven hoeft niet meer. Wetten, instituties en voorzieningen hebben veel van die zorgen gedecimeerd. Zo dragen politie en justitie zorg voor de openbare orde: burgers hebben de staat het monopolie op geweld geschonken zodat ze zelf niet meer voortdurend met een knuppel hoeven rond te lopen. Kunnen zij zich bezig gaan houden met het goede leven. Dit neemt niet weg dat het sociaal contract tussen de overheid en haar burgers permanent zorg en aandacht vergt. Een voorbeeld van slecht onderhoud is de reactie van de politie als je aangifte komt doen van een misdrijf: de agent haalt in zo'n geval vaak zijn schouders op en neemt de aangifte niet eens meer op. Dit is irritant als het om een fiets gaat, maar in een artikel over deze thematiek tekent de journalist Paul Andersson Toussaint een vergelijkbaar antwoord op toen hij een doodsbedreiging meldde. 'Meneer, zou u dat nou wel doen? Wij gaan er toch niets mee doen en het OM ook niet.' 'Irritant' is hier nog zacht uitgedrukt. Hier is sprake van een eenzijdige opzegging van het sociaal contract. Zo werkt de politie in de hand dat burgers zelf hun maatregelen gaan treffen. Toch maar weer die honkbalknuppel uit de gangkast halen… Nog een voorbeeld van lichtzinnigheid: de verwijdering van de conducteur van de tram. Dat kon best, vond men in 1967. Toen introduceerde het Gemeentevervoerbedrijf (GVB) in Amsterdam de zogeheten 'zelfbedieningstram'. Stempelen konden reizigers zelf en het aantal zwartreizigers was met één procent verwaarloosbaar. Die ene procent is inderdaad een klein getal. Maar in plaats van een argument tégen de tramconducteur had dit juist een argument vóór hem moeten zijn. Zou het namelijk niet zo zijn dat er een relatie bestaat tussen zijn aanwezigheid op de tram en het geringe aantal zwartrijders? Laat de directie van het GVB zich dus twee keer bedenken voordat ze de conducteurs naar huis sturen. Een terugval naar het niveau waarop lijf en leden weer in het geding raken is altijd mogelijk.

Laat dit een waarschuwing zijn voor ronkend optimisme dat erop vertrouwt dat het pad van de geschiedenis kaarsrecht naar boven koerst. De hoeveelheid tijd die mensen besteden aan het goede leven is ongekend. Trek daaruit echter niet de conclusie dat overleven een *minor issue* is geworden. Dat is niet alleen een foutieve maar een gevaarlijke voorstelling van zaken. Altijd zal blijven gelden: eerst zien te overleven, daarna komt het goede leven. (Het eerste moet enigszins gegarandeerd zijn, wil het tweede überhaupt aan bod komen.) Het belang van dit besef kan nauwelijks worden overschat. Er is sprake van decadentie als dit besef tanende is: als mensen geen oog hebben voor de moeizame manier waarop eerdere generaties het huidige beschavingspeil tot stand hebben gebracht. Vandaar ook de geluksvogels uit de titel: die duiden er niet op dat je hier de vrijheid en de welvaart in de schoot geworpen krijgt. Ze dienen als geheugensteuntje om het publiek nog eens te herinneren aan de verworvenheden alhier. Want dat zijn het: verworvenheden, en vooral géén vanzelfsprekendheden.

Hoe vaak hoor je niet zeggen dat beschaving uiteindelijk maar een dun laagje vernis is? Er is maar weinig voor nodig of de ware aard van mensen komt naar boven, die nauwelijks van die van de wolf verschilt. Dan blijkt hoe kwetsbaar wetten, zeden en instituties zijn. Het meest opmerkelijk aan deze observatie is dat zij veelal wordt gepresenteerd als een ontmaskering. Zie je wel! Eigenlijk stelt 2500 jaar beschaving maar weinig voor. Vanwaar dit vertoon van triomf? Het spreekwoordelijke laagje vernis ís dun, akkoord, maar waarom zou dat de beschaving en het belang daarvan in diskrediet brengen? Ik zou juist denken dat dit aanleiding geeft tot de omgekeerde stelling: de kwetsbaarheid van de beschaving impliceert dat je haar des te meer moet koesteren.

Sluier van onwetendheid

Terug naar de beginvraag, en naar de reacties die mensen erop plegen te geven ('allesbehalve het huidige tijdperk'). Deze reacties zijn vaak het resultaat van slordig lezen. Wie prompt begint te fantaseren over de weelderige feesten uit de achttiende eeuw, geeft welbeschouwd geen antwoord. Men beoordeelt het tijdperk in kwestie niet over de gehele linie, maar kiest er de ingrediënten uit die het best smaken. Het is geen kunst om weg te dromen bij zo'n onwaarschijnlijke opeenhoping van welvaart. Maar hoe representatief is zo'n droombeeld voor de totale samenleving? Hooguit een paar procent van de bevolking kwam hiervoor in aanmerking. Het merendeel moest zwoegen om zijn hoofd boven water te houden. Vergelijkbare percentages golden voor de middeleeuwen en de oudheid.

Voor een daadwerkelijke beantwoording van de beginvraag is een andere benadering nodig. Voor een vergelijkbare kwestie heeft de Amerikaanse filosoof John Rawls de zogenaamde 'veil of ignorance' bedacht – de sluier van onwetendheid. In *A Theory of Justice* (1971), zijn hoofdwerk, houdt hij zich bezig met een van de grote vragen uit de politieke filosofie: hoe ziet een rechtvaardige samenleving eruit? Leg mensen deze vraag voor en ze zullen geneigd zijn hun antwoord in hun eigen voordeel uit te leggen. Neem het vraagstuk van de slavernij. Verwacht niet dat slavenhouders zullen pleiten voor afschaffing van deze praktijk. Omgekeerd zullen slaven die lijfeigenschap verdedigen hoogst zeldzaam zijn geweest. Zo kom je er dus nooit uit; weg van de partijdige argumenten! Daarom vraagt Rawls zijn lezers een sluier van onwetendheid voor te binden. Neem afstand van je huidige positie in de samenleving. Welke inrichting van de maatschappij, is de vraag die Rawls voorlegt, zou dan je voorkeur hebben?

Zo zou ook de benadering moeten zijn van de vraag naar je lievelingsera. Is de pruikentijd nog steeds zo aantrekkelijk met de sluier van onwetendheid voorgebonden? Dat wil zeggen: als je plek op de sociale ladder vooraf niet bekend is? Idem met de middeleeuwen of de oudheid. Dan wordt het plots knap moeilijk zonder aarzeling een van deze tijdperken te bevoorrechten. Een rol in de marge van de samenleving is vele malen waarschijnlijker dan die van de ster van het bal. Weet dus wat je antwoordt op de vraag: in welke tijd had ik het liefst geleefd? Voor je het weet ga je ploeterend door het leven in plaats van walsend. Ineens wint het heden aan aantrekkingskracht. Met sluier voor – als je niet vooraf hebt kunnen intekenen op een fraaie maatschappelijke positie – ben je hier zo slecht nog niet af. Ook zonder deze zekerheid vooraf, en dat is het cruciale verschil met andere maatschappijvormen, is de kans groot dat je een gooi naar het goede leven kunt doen.

DE KOSMOS

1 Niet te geloven!

Eerst zien, dan geloven, luidt de uitdrukking. Neem niet zomaar alles aan wat wordt gezegd. Doorgaans handelen mensen in de geest van deze levensles. Niemand zal haar snel betwisten. Doorgeschoten wantrouwen is weliswaar een weinig productieve houding (wat evenzeer geldt voor het tegendeel: grenzeloze naïviteit), maar een gezonde dosis scepsis is een onmisbaar nuttig instrument in tal van situaties. Bijvoorbeeld als een autoverkoper een tweedehandsje aan je probeert te slijten. Conform de mores van zijn vak roemt hij de prestaties van zijn occasion, en de lak is ook 'nog piekfijn in orde, zeker als je bedenkt dat dit karretje amper vijftien jaar oud is'. Het is het begin van een overrompelingsaanval. 'Had ik al gezegd dat de teller de honderdduizend nog niet is gepasseerd? Wilt u trouwens nog een bakje koffie? Nee, dat is geen roest. Weet u wat? Die plekjes werk ik gratis en voor niets voor u bij. *Part of the deal*.' Zo gaat de verkoper nog even door, om zijn lofzang te laten culmineren in het voorzichtige dreigement: 'Maar dan moet u wel nu beslissen.'

Wie neemt genoegen met zulke mondelinge reclame voor de auto in kwestie? Niemand toch? De geoefende consument vraagt om een proefrit, zodat hij zelf kan ervaren hoe het aangeprezen voertuig rijdt. In plaats van de vertrouwenwekkende berichten over de laklaag zonder meer te geloven, onderwerpt hij deze aan een minutieuze inspectieronde. Geen roest? Dat wil de bezoeker van de showroom dan graag met eigen ogen zien. Hij loopt om de auto heen en schopt gedurende dit traject een paar keer tegen de banden. Niet dat laatstgenoemde handeling van daadwerkelijke betekenis is, maar zo laat hij tenminste aan de autoverkoper blijken dat diens autoriteit niet zonder meer voor lief wordt genomen.

Niemand zal het nut betwisten van een dergelijke argwaan jegens tweedehandsautoverkopers en andere lieden wier woorden zich nogal eens willen loszingen van de realiteit. Integendeel. Het enthousiasme waarmee ze iets aanprijzen is meestal evenredig met het wantrouwen waarmee deze lofprijzingen in ontvangst worden genomen. Hoe fraaier de getuigenis, hoe terughoudender je bent in de acceptatie daarvan. In de meeste omstandigheden is dit verband vanzelfsprekend en geen onderwerp van discussie. Maar er zijn uitzonderingen. Als het over het bovennatuurlijke gaat, geldt voor velen het omgekeerde: hoe fantastischer het betoog, des te gemakkelijker gaat het eerder zo vanzelfsprekende wantrouwen overboord. Zodra een verhaal het ongelofelijke nadert, wordt dat ineens een krachtig argument om in de waarheid ervan te geloven.

Een medium zegt contact te leggen met een overleden vriend of familielid van iemand. Je kunt ervan op aan dat het medium wordt beloond met opwellend traanvocht als de overledene zich meldt met een boodschap. Gedaan is het met de scepsis waar de tweedehandsautoverkoper a priori op moet rekenen. Terwijl daar juist alle aanleiding toe is. Het bewijs van het medium dat het de vriend of het familielid in kwestie daadwerkelijk aan de telefoon heeft is bepaald niet sterk, om niet te zeggen dat de bewijsvoering rammelt. Doorgaans verloopt deze als volgt. Het medium, nog in het ongewisse omtrent de identiteit van de overledene, zegt de eerste letter van diens voornaam door te krijgen. 'Heb je iemand verloren wiens naam begon met een B? Of met een P?' De aangesprokene schudt het hoofd – waarna het grote gissen begint. 'Een C wellicht, of een D misschien? Ik kreeg het niet goed door…' Op een zeker moment ontstaat de potsierlijke situatie dat het halve alfabet de revue is gepasseerd. Waarschijnlijk zit daar inderdaad een letter tussen waarmee de naam begint van iemand die ooit is overleden. Het is zoals de jurist Jan de Brune de Jonge zei in zijn *Wetsteen der vernuften* (1644) over 'droom-uitleggers': 'Iemand kan nu eenmaal onmogelijk een hele dag schieten zonder een keer het doel te raken, en zo moet degene die voortdurend gist, tussen talloze leugens ook wel eens de waarheid treffen.' Zo wordt contact met het dodenrijk een kwestie van kansberekening.

Ook al heeft het medium het gezonde verstand tegen zich, dat zet het publiek zelden aan het twijfelen. Er doet zich een merkwaardige omkering aller waarden voor. 'Niet te geloven!' zegt het publiek in reactie op het medium, waarna het elkaar geestdriftig aanstoot. Geloof het dan ook niet, zou ik zeggen. Maar nee, zo werkt het niet. 'Niet te geloven!' krijgt de omgekeerde uitwerking die de uitspraak onder normale omstandigheden heeft. Weg is de behoefte aan *fact checking*. In plaats van een aansporing tot waakzaamheid fungeert de uitspraak als aanmoediging om juist te gaan geloven. Hoe kan dat? Vanwaar deze opmerkelijke devaluatie van de scepsis?

Elke dag een wonder

Laat ik beginnen met de bekentenis dat het bovennatuurlijke in welke gedaante dan ook mij vreemd is. God, spoken, overleden familieleden: nooit heb ik ze met eigen ogen mogen aanschouwen. Voor mijn vrienden- en kennissenkring geldt hetzelfde. Sterker nog, ik ken zelfs niemand die iemand kent die in aanraking is geweest met het bovennatuurlijke. Berichten over het bovennatuurlijke komen steevast uit de krant of van de televisie. Het heeft de merkwaardige eigenschap dat het zich bijna altijd aan anderen manifesteert. Dat wist de Schotse filosoof David Hume al, die uitvoerig over het thema heeft geschreven. Voor het bovennatuurlijke geldt bij uitstek dat mensen het van horen zeggen hebben. Het aantal directe ooggetuigen is buitengewoon klein en staat niet in verhouding tot het grote aantal *believers*.

Humes analyse staat in *An Enquiry Concerning Human Under-*

standing (1748). In dit boek, met virtuoze pen geschreven, behandelt hij het vraagstuk hoe mensen kennis vergaren, welke verschillende vormen van kennis er zijn en hoe deze gewaardeerd moeten worden. In het tiende hoofdstuk, dat overigens uitstekend als zelfstandig opstel kan worden gelezen, gaat het over wonderen. Wat Hume hierover beweert is echter net zo goed van toepassing op het bovennatuurlijke in het algemeen. Voor een goed begrip van deze opmerking is een antwoord vereist op de vraag wat wonderen zijn. Hiervan is sprake als de natuurwetten op brute wijze worden doorbroken. Newton tijdelijk buitenspel gezet – zo zou je het ook kunnen zeggen. De vertrouwde ordening van de wereld wordt eventjes hardhandig overhoopgegooid.

Voorbeelden van wonderen vind je in de Bijbel in overvloed – het boek is er een grootleverancier van. Het beroemdste is wellicht de Rode Zee die openspleet toen Mozes dat wilde (Exodus 14:21-23). Ook indrukwekkend: de tien plagen die God losliet op de Egyptenaren, waaronder de transformatie van het Nijlwater in bloed (Exodus 7:20-22). En wat te denken van de verkruimeling van Jericho's stadsmuren nadat Jozua er zeven dagen lang elke dag omheen was gelopen (Jozua 6:15-21)? Maar denk nu niet dat wonderen alleen voorkomen in het Oude Testament. Ook het Nieuwe Testament staat er vol mee. Meestal worden ze geïnitieerd door Jezus. De zoon van God zou tijdens een bruiloft water in wijn hebben veranderd toen deze dreigde op te raken (Johannes (2:1-11). Een vergelijkbare actie was de transformatie van vijf broden en twee vissen in een hoeveelheid voedsel die genoeg was voor vijfduizend man (Lucas 9:12-17). Waar Mozes de zee deed opensplijten, liep Jezus er volgens de overlevering gewoon overheen (Mattheus 14:22-33). En dan heb ik het nog niet eens gehad over de verschillende uitdrijvingen van de duivel en genezingen van zieken die hij heeft verricht.

Het heeft iets paradoxaals: wonderen zijn die uitzonderlijke gevallen waarin de regelmaat in de natuur tijdelijk wordt opgeschort, maar als je de Bijbel leest verliezen ze hun status van uitzondering in rap tempo. Het boek wemelt er namelijk van, waardoor de indruk ontstaat dat destijds vrijwel geen dag voorbijging zonder een wonder. Wonderen lijken eerder regel dan uitzondering te zijn geweest – en dat bevreemdt. Ze golden als het zwaarste middel waar God over beschikte om mensen duidelijk te laten weten dat hij heus bestond. Dit stond weliswaar ook in de Bijbel vermeld, maar water dat van het ene op het andere moment in bloed of wijn verandert maakt natuurlijk veel meer indruk. Als filmmakers veelvuldig gebruikmaken van special effects, loert altijd het gevaar van visueel machtsvertoon. Moet de overdaad aan spektakel een gebrekkige plot verhullen? Ook God lijkt niet immuun voor deze vraag. Als hij zo vaak gebruik moet maken van wonderen, rijst onwillekeurig het vermoeden dat hij behoorlijk onzeker is: kan ik de mensen wel van mijn bestaan overtuigen?

De moeilijkheid van wonderen, aldus Hume, is dat er weinig ooggetuigen van waren en dat deze bovendien duizenden jaren geleden leefden. Tussen de vermeende wonderen en de eenentwintigste eeuw ligt een lang traject van overlevering. Ze zijn almaar doorverteld en elke keer leidde dit tot een vermindering van de bewijskracht. Iedereen kent het spelletje waarbij iemand een zin in het oor van zijn buurman fluistert. Deze moet het bericht op zijn beurt weer zo precies mogelijk doorgeven aan zíjn buurman, en zo verder. Het spel duurt totdat de cirkel is gesloten en het bericht – of wat daarvan over is – weer terug is bij de eerste persoon. Ik heb zelden meegemaakt dat het bericht ook maar enigszins in de buurt kwam bij de boodschap waarmee het spel begon. En dan gaat het in dit voorbeeld nog slechts om een kring van een persoon of twintig. Er is weinig fantasie voor nodig om te bedenken wat er gebeurt als de route vele generaties en millennia beslaat.

Wonderbaarlijk versus miraculeus

Het is begrijpelijk dat Hume het proces van overlevering kritisch bejegent. Hij behoort immers tot de school van het empirisme, dat de meeste waarde hecht aan de zintuigen als kennisbron. Tegelijk beseft Hume dat de meeste kennis haar oorsprong heeft in de ervaring die anderen (zeggen te) hebben opgedaan. Hoe ga je op een verstandige manier om met de kennis die níét teruggaat op de eigen ervaring? In beginsel is het een zegening dat je een beroep op andere mensen kunt doen. Sterker nog, wetenschap zou domweg onmogelijk zijn als deze schatplichtigheid aan eerder denkwerk ontbrak. Stel je voor dat elke sterrenkundige zijn eigen Hubble-telescoop gaat bouwen om eigen waarnemingen te kunnen doen. Het vak zou ten dode opgeschreven zijn. Alleen vertrouwen op hetgeen de eigen zintuigen aanbieden leidt tot een erg karige oogst aan kennis. Ook zou het de overlevingskans danig verkleinen als je alles eerst aan den lijve moet ondervinden. Goddank houdt mijn zoon halt bij de stoeprand en wacht hij met oversteken. Dat doet hij omdat zijn vader hem dat heeft geleerd. Ik ben blij dat hij deze les niet empirisch probeert te onderbouwen.

Toch neem je niet alles aan wat mensen zeggen. Een zekere mate van vertrouwen is weliswaar onmisbaar, maar laat deze niet omslaan in naïviteit. Klakkeloos accepteren wat iedereen beweert is roekeloos. Maar zo'n houding leidt ook tot andere moeilijkheden. Want de een kan een getuigenis geven, terwijl de ander daar lijnrecht tegenin gaat. Beide standpunten aanvaarden gaat niet, je moet kiezen. Hoe kies je tussen verschillende getuigenissen? Hume schiet te hulp. Dit doet hij aan de hand van een hypothetische casus. Daarin voert hij een Indische vorst op die voor het eerst hoort over de transformatie van water in ijs als de temperatuur daalt onder het vriespunt. Hoewel het voor Nederlanders doodnormaal is, is dit natuurverschijnsel voor de vorst, heerser van een bloedheet land, niet te geloven. Water dat in één nacht zijn vloeibare vorm verliest en een vaste vorm aanneemt? Dat zou een wonder zijn. Of toch niet?

Anders dan je zou verwachten redeneert de vorst volgens Hume correct. 'Een wijs man proportioneert zijn geloof aan het bewijsmateriaal.' Omtrent het antwoord op de vraag wat twee plus twee is hoef je weinig twijfel te koesteren. Maar als de vorst de overgang van water naar ijs nooit met eigen ogen heeft gezien, is het begrijpelijk dat hij aanvankelijk sceptisch is over de getuigenis. Toch, gaat Hume verder, doet hij er goed aan zijn scepsis te laten varen. Het natuurverschijnsel dat water onder nul graden Celsius bevriest, gaat namelijk niet in tegen de ervaringen van de vorst. Hij heeft helemaal geen eerdere ervaringen met dit fenomeen, omdat het volstrekt nieuw voor hem is. Daardoor kan het daarmee ook niet in strijd zijn. Maar dat neemt niet weg dat het relaas over ijsvorming de Indische vorst hoogst wonderbaarlijk zal voorkomen.

Het wonderbaarlijke ('the marvellous') onderscheidt Hume van het miraculeuze ('the miraculous'). Waar de eerste categorie slaat op situaties die níét strijdig zijn met de ervaring, geldt voor de tweede categorie het omgekeerde: die zijn onmogelijk te rijmen met wat Hume de 'uniforme ervaring' noemt. Hiermee doelt hij op het gegeven dat water bevriest bij nul graden. Stel dat een rivier bij min twintig vloeibaar zou blijven. Dat zou pas wonderbaarlijk zijn. Net als wanneer de zee zich zou splijten of zou transformeren in bloed. Deze gang van zaken is op geen enkele manier te verzoenen met de overdonderende hoeveelheid vroegere waarnemingen van het gedrag van water. En laat dat nu net de bedoeling van God zijn geweest, die de twijfelende mensen via de natuur wilde imponeren: kijk mij eens almachtig zijn! Pas tegen de achtergrond van het gewone kan iets bijzonder zijn. Als de wetmatigheden die de natuur dicteren zo ruw aan de kant worden gezet is dat niet wonderbaarlijk, maar miraculeus. Er is met andere woorden sprake van een wonder.

Hume kon begrip opbrengen voor de aarzelende reactie van de Indische vorst toen deze voor het eerst hoorde over het gedrag van water bij lage temperaturen. Maar hoe reageer je op iemand die zegt dat hij een wonder heeft meegemaakt? Hoe beoordeel je zijn getuigenis? Die accepteer je alleen als de onwaarheid van de getuigenis miraculeuzer is dan het wonder zelf, aldus Hume. Je kunt de redenering toepassen op elk willekeurig wonder, maar de auteur van de *Enquiry* beperkt zich tot een geval à la Lazarus, die opstond uit de dood. Iemand vertelt over een dode die weer tot leven is gekomen – wat is waarschijnlijker: dat hij een bedrieger is (of zelf wordt bedrogen) óf dat een lijk zich aan de natuurwetten onttrekt en weer begint te ademen? De eerste optie, iemand die bewust of

onbewust een valse getuigenis aflegt, is weinig miraculeus te noemen. Denk maar aan de tweedehandsautoverkoper waarmee dit
hoofdstuk begon. Dat mensen niet altijd even waarheidlievend
zijn, behoeft weinig toelichting. Veel minder normaal zou het zijn
als de doden zich weer gaan roeren. Zo weeg ik het ene mirakel af
tegen het andere, aldus Hume, 'en overeenkomstig de grootte die
ik ontdek, spreek ik mijn oordeel uit en verwerp altijd het grotere
mirakel'.

''t Gemeen volk'

Enkele decennia voor Humes *Enquiry* was er een dik boek verschenen met de veelzeggende titel *De Betoverde Weereld* (1691),
waarin de predikant Balthasar Bekker zich keert tegen de 'onge-
looflyke bijgelovigheid van 't gemeen volk'. Ofwel: het gemak
waarmee de gewone man zich in de luren liet leggen als het ging
om bovennatuurlijke verschijnselen als magie en waarzeggerij.
Tot zijn grote opluchting concludeert Hume een halve eeuw later
dat zulk bijgeloof 'tegenwoordig' (dat wil zeggen: halverwege de
achttiende eeuw) een uitstervend fenomeen was. Alleen 'onwetenden en barbaren' houden volgens hem nog vol dat ze wonderen hebben meegemaakt. Hier is Hume toch echt te optimistisch
geweest. Als mensen in zijn tijd al nauwelijks meer in wonderen
geloofden, dan zou je denken dat er aan het begin van de eenentwintigste eeuw al helemaal niemand meer zou zijn die dat doet.
Sinds zijn tijd heeft de wetenschap tenslotte een duizelingwek-
kende ontwikkeling doorgemaakt. Voor veel fenomenen blijkt bij
nader inzien een wetenschappelijke verklaring te bestaan. On-
weer een teken van goddelijke toorn? Nee hoor, er vinden elektri-
sche ontladingen plaats in de atmosfeer. Wat door velen voor een
wonder werd gehouden bleek in werkelijkheid slechts wonderbaarlijk. Dat wil zeggen: er was sprake van een leemte in de natuurkundige kennis die mensen hadden, zoals de Indische vorst
had ten aanzien van water, die in de loop van de tijd is gevuld. Desondanks is de bereidheid om te geloven in wonderbaarlijke ver-

schijnselen en wenken van het bovennatuurlijke nog steeds aanzienlijk. Hoe kan dat?

Hume had beter moeten weten toen hij zijn boude claim deed. In zijn hoofdstuk over wonderen stelt hij niet alleen dat getuigenissen nogal eens rammelen. Hij legt ook uit hoe dat komt. Mensen zijn nu eenmaal geneigd op zoek te gaan naar buitengewone verklaringen. Deze danken hun aantrekkingskracht aan het feit dat ze een onverwachte wending nemen – en mensen worden nu eenmaal graag verrast. Al was het maar omdat je dan iets hebt om aan anderen te vertellen. Een medium met voorspellende gaven is geen alledaags fenomeen, waardoor het publiek geïntrigeerd raakt en de vraag naar het waarheidsgehalte uit zicht raakt. Van een anekdote eist de toehoorder in de eerste plaats dat die smeuïg is of op zijn minst opmerkelijk, niet dat die waar is. Dit uitgangspunt ligt ook ten grondslag aan de roddel. Die komt pas op gang als er wordt afgeweken van de norm. Monogamie is saai, maar (vermeend) overspel brengt de tongen in beweging. Heb je het al gehoord! Of de roddel waar is, doet amper ter zake. Deze vraag is slechts een hinderlijke onderbreking van het roddelen en wordt doorgaans in een oogwenk afgeserveerd met de bezweringsformule: waar rook is, zal wel vuur zijn.

De makke van Hume is dat hij op dit punt tamelijk beknopt is. De lezer kan zich iets voorstellen bij diens woorden over de gretigheid om in wonderen te geloven, maar een uitvoerige argumentatie blijft uit. Deze handschoen hebben Herman de Regt en Hans Dooremalen, twee wetenschapsfilosofen, ruim 250 jaar later opgenomen. In 2008 verscheen van hen *Wat een onzin!*, waarin ze korte metten maken met zogenaamde wonderbaarlijke verschijnselen. Aan bod komen onder meer: de bijna-doodervaring, intelligent design, homeopathie en paranormaal begaafde mediums. Het boek van De Regt en Dooremalen laat zien dat de verschijnselen hierboven veelal berusten op slordige wetenschapsbeoefening, onzorgvuldig redeneren en/of bedrog. Als slechts een enkeling waarde zou hechten aan deze fenomenen zou je nog kunnen denken: waar maken de auteurs zich druk om? Hier is echter geen sprake van. Als het Amerikaanse medium Char Margolis, de diva binnen het wereldje, op televisie komt, trekt ze bijna twee miljoen kijkers. Babyfluisteraar Derek Ogilvie doet nauwelijks voor haar onder. Enkel tegenargumenten geven is De Regt en Dooremalen echter niet genoeg. Ook gaan ze in 'op het feit dat zelfs het ontmaskeren van mediums en pseudowetenschappers niet automatisch betekent dat mensen hun claims verwerpen. Waarom eigenlijk niet?'

Ja, waarom eigenlijk niet? Vaak hoor je dan iets in de trant van: mensen kunnen de gedachte aan een lege kosmos niet verkroppen en deinzen terug voor de verantwoordelijkheid voor het eigen lot die deze situatie met zich meebrengt. Deze analyse is niet onproblematisch, want nogal speculatief van aard – zoals alle psychologie van de koude grond. Probeer haar maar eens te onderbouwen met empirisch materiaal. De kracht van De Regt en Dooremalen is dat zij zich niet overgeven aan woeste speculaties, maar aansluiting zoeken bij recente ontwikkelingen in de evolutiebiologie en de neuropsychologie. De hang naar het bovennatuurlijke is te verklaren vanuit de werking van de hersenen.

De hersenen helpen hun eigenaren bij de inschatting van hun omgeving. Wat gebeurt er precies om mij heen? Het antwoord op die vraag is van invloed op iemands overlevingskans, om het op zijn darwiniaans te formuleren. Onmisbaar in dit proces is het vermogen om causaal te redeneren. Als er iets gebeurt, ga je op zoek naar de oorzaak van die gebeurtenis. Het behoeft weinig toelichting dat deze benadering grote voordelen biedt. Wie zijn vinger brandt, doet er goed aan op zoek te gaan naar de bron van die pijn: die gloeiend hete kachel! Met deze kennis ben je beter voorbereid op de toekomst dan wanneer die ontbreekt. Voortaan blijf je uit de buurt van hete kachels.

Over het algemeen verloopt deze zoektocht naar oorzaken succesvol; doorgaans zijn mensen betrouwbare inductiemachines, zoals De Regt en Dooremalen ze noemen. Inductie is conclusies trekken uit herhaalde waarnemingen. De spreekwoordelijke ezel die zich niet nogmaals aan dezelfde steen stoot, is het voorbeeld bij uitstek van iemand die inductief redeneert. Soms gaat het echter mis. De auteurs halen het volgende voorbeeld aan. Zet een baby die net kan kruipen op een transparante plaat van glas en leg de plaat vervolgens over een kloof. Het proefkonijn zal de oversteek niet wagen (en veel volwassenen vermoedelijk ook niet): het wordt afgeschrikt door de diepte waar het in tuurt en deinst terug. Deze reflex komt voort uit een verkeerde gevolgtrekking. De diepte, zichtbaar door het doorzichtige glas, is zo overweldigend dat het nuchtere verstand wordt *overruled*. De plaat is sterk genoeg om de kruipende baby te dragen, maar de macht der suggestie is nog sterker. In sommige gevallen zien mensen oorzaken waar die niet zijn.

Erg redelijk is deze aarzeling niet. En toch is zij begrijpelijk vanuit evolutionair oogpunt. Een gezonde dosis hoogtevrees houdt mensen namelijk weg bij de rand van grote diepten, waar het riskant is. Dan maar liever snel en slordig redeneren. Want die neiging hebben mensen. Ze kiezen niet altijd voor de beste verklaring, aldus De Regt en Dooremalen, maar voor de makkelijkste. Of liever gezegd: hiertoe spoort de hersenstructuur hen aan. Deze structuur moet ook schuldig worden geacht aan het veelvuldige gebruik van talismannen in de sport. Die worden gebruikt tijdens rituelen bij aanvang van een sportwedstrijd. De een geeft vijf korte klopjes op een hanger om zijn nek, een ander speelt wat met een speciaal muntstuk dat hij altijd in zijn broekzak heeft zitten en een derde draait een edelsteen om zijn as: twee keer linksom en twee keer rechtsom. Als de wedstrijd vervolgens wordt gewonnen is in hun ogen het bewijs geleverd dat talismannen werken. Zie je wel! En toch is hier geen sprake van oorzaak en gevolg – hooguit iets wat daarop lijkt. Een noodzakelijke voorwaarde voor causaliteit is dat twee gebeurtenissen ná elkaar plaatsvinden. Eerst trap je het gaspedaal in, dan pas komt de auto in beweging. Maar stel nu dat iemand met zijn vingers knipt waarna het gaat regenen. Het zou van hoogmoed getuigen als deze persoon zichzelf verantwoordelijk zou stellen. Dan houdt hij opeenvolging voor causaliteit, een denkfout die vaak wordt begaan.

Mond vol tanden

Mensen rusten niet totdat ze ergens de oorzaak van hebben gevonden – of de vermeende oorzaak. Maar nog liever vinden ze iémand die ze verantwoordelijk kunnen stellen. Gebeurtenissen die hun domweg overkomen, zijn onverteerbaar. Dit komt ook telkens weer aan het licht als er sprake is geweest van zinloos geweld. De dood van Meindert Tjoelker: waar was die goed voor? Welke logica moet je erop toepassen? In andere situaties levert deze vraag geen problemen op. Als iemand gewond raakt tijdens een beroving is dat ook verwerpelijk. Maar de dief had tenminste een motief, hoe verdorven ook. Wat zinloos geweld zo moeilijk te verkroppen maakt en angstaanjagend, is dat het gebaseerd is op domme willekeur: iedereen had er slachtoffer van kunnen worden.

In het geval van Meindert Tjoelker was er wel degelijk een dader. (Het ontbrak hem echter aan een welomschreven motief.) Maar ook in de gevallen waarin die ontbreekt, zullen mensen niet snel rusten voordat ze iemand hebben aangewezen als eindverantwoordelijke. Ter illustratie halen De Regt en Dooremalen het volgende psychologische experiment aan. Een groep proefpersonen kreeg een filmpje te zien van enkele geometrische figuren, waaronder een driehoek en een stip, die over het scherm bewogen. Na afloop werd gevraagd wat ze hadden gezien. Opvallend waren de beschrijvingen van de proefpersonen: driehoekje achtervolgt stip, stip slaat driehoekje. Ze behandelden, waarschijnlijk ongemerkt, de figuurtjes alsof die doelmatig te werk gingen.

Zoals gezegd: de neiging op zoek te gaan naar daders met duidelijke bedoelingen gaat terug op de structuur van de hersenen. De Amerikaanse antropoloog Pascal Boyer, die veel onderzoek heeft verricht naar de oorsprong van religie, heeft ontdekt dat kinderen ter wereld komen met wat hij een 'naïeve ontologie' noemt. Deze ordent de chaotische wereld in overzichtelijke categorieën. Zo'n restant uit de kindertijd is de gewoonte om gebeurtenissen altijd aan iemand toe te schrijven – ook al is daar geen aanleiding voor. Combineer dit automatisme met de voorkeur voor het wonderlijke van het geheugen en je hebt een verklaring voor de bovenmatige belangstelling voor het bovennatuurlijke. Het geheugen werkt namelijk als volgt. Het heeft een zwak, zoals De Regt en Dooremalen het uitdrukken, voor zaken die op een merkwaardige manier afwijken van bestaande categorieën. Een voorbeeld hiervan is de categorie 'persoon'. Een willekeurig iemand op straat valt niet op – het gewone beklijft niet; denk opnieuw aan de roddel – maar dat verandert als het over geesten gaat. Die worden beschouwd als personen, mét de aantekening dat ze, anders dan mensen van vlees en bloed, dood zijn. Juist deze afwijking maakt dat ze extra aansprekend zijn. Dit is evolutionair goed verklaarbaar. Want wat heeft het voor zin het gewone te onthouden? Als je op zoek was naar voedsel ging het juist om die ene opvallende plek. Zo hebben mensen een voorkeur ontwikkeld voor het markante. Vandaar de grote populariteit van verhalen over geesten. Hun exotische karakter vergroot, paradoxaal genoeg, hun aantrekkingskracht.

Terug naar het commentaar waarmee het bovennatuurlijke vaak wordt onthaald: 'Niet te geloven!' Wat opvalt is dat het zelden dient als een aansporing tot gezonde scepsis, waarmee je de tweedehandsautohandelaar zou bejegen. Plots lijkt Hume, die beargumenteerde het minst miraculeuze scenario te accepteren, een roepende in de woestijn. Heeft dit er wellicht mee te maken dat hier het verstand niet aan het woord is? In plaats daarvan klinkt de eeuwenoude stem van de naïeve ontologie. Dan wordt inzichtelijk dat 'Niet te geloven!' aanzet tot het tegendeel van wat het beweert: wél geloven! Dan drukt de uitspraak geen motie van wantrouwen uit, maar kan zij zelfs transformeren tot een keurmerk van echtheid. Kijk eens hoe vreemd, dat moet wel waar zijn – op die manier.

De ontologie waarvan Boyer studie heeft gemaakt, is overigens niet alleen iets van de hersenen. Ze is ook in de taal geslopen, wat aan het licht komt als zich een ramp heeft voorgedaan. Dan is de eerste reactie altijd weer: waarom? Tweeënhalve eeuw geleden konden mensen nog uit de voeten met deze vraag. Had zich een aardbeving voorgedaan, dan was dat een straf van God. God zelf heeft zich sindsdien goeddeels teruggetrokken uit het Westen, maar dat geldt niet zonder meer voor het taalgebruik van weleer. Seismologen kunnen prima uit de voeten met de vraag waardóór een aardbeving heeft plaatsgevonden. Die is namelijk het gevolg van bovenmatige activiteit in de aardkorst. Ze staan daarentegen met de mond vol tanden als ze de vraag krijgen voorgelegd waaróm de aarde is gaan schudden. Niet omdat hier hun kennis haar grenzen heeft bereikt, maar omdat ze antwoord moeten geven op een vraag die is gebaseerd op een foutieve vooronderstellig. Veel gebeurtenissen hebben wel een oorzaak, maar geen reden. Wellicht dat dit voor velen moeilijk te verkroppen is, maar de wereld opnieuw betoveren, zoals de naïeve ontologie probeert, is geen oplossing.

2 Als geesten konden praten, zou je ze niet kunnen begrijpen

Getuigenissen over wonderen dienen te worden gewantrouwd. Wie altijd al zijn twijfels had over het waarheidsgehalte van zulke verklaringen, maar zijn twijfels hierover niet kon beargumenteren, kan terecht bij David Hume. Hij ontwikkelde een test waaraan zulke verklaringen kunnen worden onderworpen: met behulp van de juiste vraagstelling kun je bepalen of ze aanvaard moeten worden of verworpen. Wat is miraculeuzer: dat een wonder waargebeurd zou zijn, en dus de natuurwetten tijdelijk opgeschort, of dat de getuigenis vals is – om wat voor reden dan ook? Houd vervolgens vast aan de meest waarschijnlijke van de twee opties.

Nu kunnen mensen weigeren Humes test te doen of de uitkomsten ervan naast zich neerleggen. Ze blijven stug geloven in wonderen. Via wonderen, blijft hun vaste overtuiging, doet God zich gelden: even met de spierballen rollen. De almachtige trekt zich volgens hen heus niets aan van de nuchtere aanpak van Hume en overstijgt de wetenschappelijke logica. Neem *for the sake of the argument* even aan dat dit waar is en dat wonderen inderdaad bestaan. Stel dat God zijn bedoelingen inderdaad (onder meer) op deze manier kenbaar maakt. Of in algemene termen: dat het bovennatuurlijke van zich laat horen door in te grijpen in de natuur. Dan rijzen er nieuwe moeilijkheden, die taalfilosofisch van aard zijn. Deze bijzondere vorm van communicatie is bepaald problematisch te noemen. Neem de beroemde aardbeving die in 1755 Lissabon verwoestte. Hiermee zou God hebben laten weten dat hij *not amused* was over het zondige gedrag van de Portugezen. Verderop in dit hoofdstuk komt de aardbeving uitvoerig aan bod, maar nu al kun je twijfels hebben bij de verstaanbaarheid van de boodschap. Concreet: waarom zou het schudden van de aarde duiden op goddelijke toorn en is dit bijvoorbeeld niet een daverende niesbui van het opperwezen?

Het is onvoldoende om te zeggen dat deze vorm van communicatie problematisch is. De hamvraag is: verloopt zij moeizaam of is zij domweg onmogelijk? Het antwoord op deze vraag bepaalt in belangrijke mate het aanzien van iedereen die zegt te spreken namens het bovennatuurlijke, die samen een flinke beroepsgroep vormen. Laat ik ze gemakshalve aanduiden als hemeluitleggers. Doorgaans is het zo dat als iemand iets moeilijks verricht dit leidt tot bewondering. Hij wordt het terechte middelpunt van de belangstelling. Nu geeft het bovennatuurlijke zich inderdaad niet snel prijs: een aardbeving als in Lissabon laat zich niet zomaar vertalen in een begrijpelijke boodschap van boven. Is hier sprake van een ingewikkeld cryptogram dat alleen via speciale gaven kan worden gekraakt? De katholieke geestelijken in Portugal vonden van wel. Laat ons de code maar kraken en de diepere betekenis van de beving duiden. Binnen andere geloven werkt het niet anders; ook dominees, imams en rabbijnen menen te fungeren als doorgeefluik. En wat te denken van duiveluitdrijvers, helderzienden, waarzeggers? Het valt echter te bezien of het cryptogram een geslaagde metafoor is voor wenken van hogerhand. Hoe complex ze ook zijn, is de aanname, puzzels zijn er om uiteindelijk te worden opgelost. Maar is deze sleutel wel voorhanden? Het bovennatuurlijke laat zich niet zomaar vertalen in een eenduidige en betekenisvolle boodschap. Zou het erop kunnen duiden dat dit niet verdraaid lastig is, maar simpelweg niet gaat? Als dit inderdaad het geval is, heeft dat grote gevolgen voor de hemeluitleggers. Er vindt een stevige devaluatie van hun vak plaats. Hun aanzien blijkt op weinig gebaseerd. Misschien kunnen sommigen van hen goed uit de voeten met de kernteksten van hun geloof, of het nu de Bijbel betreft, de Koran of de Thora, en weten ze daaruit inspirerende richtlijnen te destilleren voor hun achterban. Maar dat maakt hen hooguit tot getalenteerde filologen. Hun gezag kunnen ze niet langer ontlenen aan een speciaal lijntje met boven.

'Lees maar, er staat niet wat er staat.'

Als aardbevingen geen nietszeggende natuurverschijnselen zijn, maar mensen iets duidelijk willen maken, moet de communicatiewetenschap nadere uitleg kunnen geven. Een veelgebruikt model binnen deze discipline onderscheidt de volgende vier elementen: de afzender, de ontvanger, de boodschap en het medium met behulp waarvan de boodschap zich verplaatst. Hoe passen de veronderstelde bovennatuurlijke berichten binnen dit model? Eerst de zender. Deze positie wordt bekleed door de bovennatuurlijke wezens, waarvan ik voor het gemak even doe alsof ze bestaan. Zoals ik ook aanneem dat ze zich zouden bekommeren om de levenswandel van mensen en hun mening daarover kenbaar maken. Ook de ontvanger in het overzicht van de communicatiewetenschappers laat zich eenvoudig invullen. Mensen zijn de geadresseerden. Hen zouden de bovennatuurlijke wezens willen bereiken. Maar of ze daarin slagen, valt te betwijfelen. Want zelfs met de allerbeste intenties is nog niet gezegd dat hun boodschap overkomt. Die is namelijk nogal troebel te noemen. En dat heeft weer alles te maken met het medium dat wordt gebruikt.

Als bovennatuurlijke wezens zich inderdaad het lot van mensen aantrekken, waarom zeggen ze dan niet precies wat ze bedoelen? Nooit is duidelijk wat ze willen, terwijl dat zeker voor een almachtige God een koud kunstje moet zijn. Hoorde je maar ondubbelzinnig zeggen dat 'je overleden grootmoeder het prima naar haar zin heeft hierboven'. Het beste kun je een signaal uit het bovennatuurlijke vergelijken met benzine. Het goedje dat getankt kan worden begint als ruwe olie en heeft een intensief raffinageproces achter de rug. Zo gaat het ook voordat je de boodschap van, laten we zeggen, oma uit het hiernamaals kunt begrijpen. Dit vergt de nodige nabewerking, een proces dat wordt aangeduid met interpretatie of hermeneutiek. Een geweldige belemmering hierbij is dat de bovennatuurlijke wezens zich bedienen van een pendel die uit zou slaan of van een omgekeerd glas dat hele trajecten aflegt over een houten bord. Bij gebrek aan taal vormen zulke hulpstukken het medium waarmee ze zich uitdrukken.

Alles kan zich lenen als hulpstuk voor het hogere, maar het beroemdste voorbeeld is de reeds genoemde aardbeving die op 1 november 1755 plaatsvond in Lissabon. De omvang van deze ramp was immens. Door de beving stortten huizen in; het land werd overspoeld door metershoge vloedgolven; er braken branden uit; boeven maakten van de chaos gebruik om op rooftocht te gaan. Er vielen tienduizenden slachtoffers. Wat gebeurde hier? Een natuurramp? Dat zouden de meeste mensen tegenwoordig zeggen. Voor de achttiende-eeuwer voltrok zich iets heel anders, iets groters. Het natuurgeweld zou een straf van God zijn. Schijnbaar leefden de Portugezen niet deugdzaam genoeg. Martinus Nijhoff schreef ooit: 'Lees maar, er staat niet wat er staat.' In variatie daarop kun je over de aardbeving zeggen: 'Kijk maar, er gebeurt niet wat er gebeurt.'

(Opmerkelijk is dat zulke mededelingen altijd het karakter aannemen van een turbolesje in de ethiek: ze dienen als een bemoedigend schouderklopje of, zoals in Portugal, juist als een corrigerende tik. De Amerikaanse astronoom Carl Sagan wijst erop dat antwoorden uitblijven zodra de vragen specifiek worden. Ooit werd hij benaderd door iemand die zei dat die in contact stond met buitenaardse machten. Alles mocht Sagan, via het medium, aan deze machten vragen. Dus vroeg hij: 'Geef alstublieft een kort bewijs van het laatste theorema van Fermat.' Het vraagstuk is berucht om zijn complexiteit en dus bij uitstek geschikt voor vermeende buitenaardse machten om te laten zien waartoe ze in staat zijn. Een reactie op het verzoek van Sagan bleef echter uit. Terwijl die wel steevast volgt, aldus Sagan, als je de platitude voorlegt of mensen zich netjes dienen te gedragen.)

Met de aardbeving, en de ellende die daarmee gepaard ging, zou God de Portugezen hebben willen berispen. De geadresseerden begrepen echter niets van deze mededeling. Ze waren diep geschokt dat juist hun dit overkwam – en niet alleen zij waren verbaasd. Heel Europa vroeg zich af hoe het de ramp moest duiden. In haar boek *Het kwaad denken* (2004) gaat de Amerikaanse filosofe Susan Neiman uitvoerig in op dit onbegrip, en de intellectuele crisis die eruit voortvloeide. Van natuurrampen als een goddelijke schrobbering keken mensen doorgaans niet op. Niet zo lang voor de aardbeving in Lissabon had op Jamaica iets vergelijkbaars plaatsgevonden. Niemand die zich daarover had verbaasd; dat natuurgeweld was dik verdiend. Jamaicanen waren immers heidenen, dus was het niet meer dan logisch dat hun weigering om zich te schikken naar de christelijke ethiek hardhandig werd bestraft. In tegenstelling tot de inwoners van Jamaica waren de Portugezen wél trouwe christenen. Vanwaar dan toch diezelfde behandeling? Die kon, aldus Neiman, onmogelijk worden ingepast in de dominante opvatting dat God mensen opvoedde via de natuur.

Men plaatste vraagtekens bij het traditionele verklaringsmodel: wellicht was de natuur geen mededelingenbord waarop het opperwezen zijn klachten achterliet. Deze twijfel ziet Neiman als een belangrijke aanjager van de rationalistische Verlichting, die bezig was steeds invloedrijker te worden. Gaandeweg werd de natuur voer voor wetenschappers in plaats van voor geestelijken. Ze veranderde in iets om onder een microscoop te leggen of om er een telescoop op te richten. Door zorgvuldige studie verkreeg je kennis van de wetmatigheden die de natuur regeren en was het mogelijk voorspellingen te doen over hoe ze zich ontwikkelde. Waarom gebeurtenissen plaatsvinden was een vraag die langzamerhand uit de mode raakte. Aardbevingen hebben geen reden – er is niemand die er een bedoeling mee heeft – maar hebben oorzaken, zoals twee tektonische platen die ten opzichte van elkaar verschuiven. Waardóór gaat de aarde beven? Via dit type vraag diende je de natuur voortaan te benaderen.

De Portugezen konden de aardbeving niet rijmen met de heersende moraal. Maar ook op andere gronden mag er serieus aan worden getwijfeld dat het hier een bovennatuurlijke poging tot communicatie betrof. Hoe noodzakelijk is het eigenlijk uit het schudden van de aardkorst, en de rampen die dit in gang zette, af te leiden dat God boos was? Misschien bedoelde hij iets totaal anders te zeggen en was hier sprake van een uit de hand gelopen machismo, waarmee hij wilde laten zien waartoe hij in staat is: een omgekeerde *creatio ex nihilo*. De aarde scheppen nam zes dagen in beslag en haar vernietiging slechts enkele uren. Of was het allemaal niet zo ernstig bedoeld, had God het gewoon ontzettend naar zijn zin en was de aardbeving een kosmische variant van schuddebuiken? Zou het wellicht kunnen dat hij een kosmisch feestje vierde dat nogal uit de hand liep? Aardse feestjes kunnen tenslotte ook tot de nodige *collateral damage* leiden, zoals geluidsoverlast en ondefinieerbare vlekken in het tapijt. Nog een optie: wie weet had God die novemberdag in 1755 een daverende niesbui. Ik weet het niet. Voor alle scenario's zijn even veel – beter gezegd: even weinig – aanwijzingen te vinden.

Te veel dubbelzinnigheid maakt communicatie problematisch. Iets kan namelijk niet zomaar alles betekenen. Wil taal enigszins verstaanbaar zijn, dan is een zekere mate van eenduidigheid onontbeerlijk. Het ligt zelfs nog iets subtieler: er is een minimum aan ondubbelzinnigheid nodig voordat er überhaupt sprake kan zijn van taal. Lang niet iedereen zal die claim onmiddellijk voor lief nemen. Hoe bijvoorbeeld te denken over poëzie, het genre dat in belangrijke mate afhankelijk is van meerduidigheid en vermenging van betekenissen? Is de stelling dat taal nu eenmaal teruggaat op een minimale consensus over betekenissen niet de doodsteek voor het genre? Ondanks de veelvoud aan interpretaties die ze doorgaans oproept, heeft zelfs de poëzie te stellen met die eis.

De noodzaak van regels voor een genre dat bestaat om te kunnen *ont*regelen lijkt een contradictie, maar in werkelijkheid is hier sprake van een paradox. Contradicties kunnen niet worden opgelost. Iets kan niet zowel wit als zwart zijn, rond en vierkant of een gram wegen en tegelijk een ton. Anders ligt dat met een paradox: een schijnbare tegenstelling. Zoals de definitie al belooft, is die wél oplosbaar. In het onderhavige geval gebeurt dat met de hulp van Ludwig Wittgenstein, de invloedrijkste taalfilosoof uit de twintigste eeuw en volgens velen überhaupt de belangrijkste filosoof uit de voorbije eeuw.

Maar weinig denkers slagen erin een hoofdwerk voort te brengen, een magnum opus dat de naam van de auteur bijzet in het pantheon van de filosofie. Wittgenstein schreef er maar liefst twee. In 1922 publiceerde hij zijn *Tractatus logico-philosophicus*, waarin hij de logische structuur uiteenzet die ten grondslag ligt aan taal. Meer dan dertig jaar later verscheen postuum een verzameling fragmenten die tezamen de *Philosophische Untersuchungen* (1953) zijn gaan heten. Ook dit boek gaat over taal. Maar nu was Wittgenstein niet langer geïnteresseerd in de ideale taal die zich volgens logische wetmatigheden gedroeg. In plaats daarvan richtte hij zich op de spreek- en schrijftaal van alledag, die verre van volmaakt kan worden genoemd. Het resultaat is een verzameling overwegingen en suggesties die aanstekelijk is als geen ander werk uit de filosofie. Dit boek is zo toegankelijk als de *Tractatus* ondoordringbaar is.

Waar gaan de *Philosophische Untersuchungen* over? Net zo goed zou je de vraag kunnen stellen: waarover níet? Volgens de auteur in zijn voorwoord hebben ze betrekking 'op vele onderwerpen: de begrippen betekenis, begrijpen, de zin, de logica, de grondslagen van de wiskunde, bewustzijnstoestanden, en nog andere zaken'. Hier is van belang dat Wittgenstein afrekent met de dominante betekenisleer, die hij aanvankelijk ook zelf verdedigde, dat betekenis geven een kwestie zou zijn van etiketten plakken. Hoe leren kinderen taal? Doordat ouders naar dingen wijzen en vervolgens zeggen welke naam ze hebben. Dus: wijsvinger richten op de auto en vervolgens 'auto' zeggen. Dingen zijn de betekenis van de woorden, zoals een sticker op een verhuisdoos vertelt wat erin zit. Vandaar dat deze opvatting ook de 'afbeeldingstheorie' wordt genoemd: de wereld is als het ware gekopieerd in taal.

Klinkt geloofwaardig, nietwaar? Het is lastig te achterhalen hoe je taalontwikkeling is verlopen, maar het is goed voorstelbaar dat het ongeveer is gegaan zoals hierboven beschreven. Toch? Veel te simpel, is het oordeel van de late Wittgenstein over de vroege Wittgenstein. Stel dat je een mooie auto ziet, deze waardering laat blijken door goedkeurend te knikken en 'Mooi!' te zeggen. Niemand die moeite heeft met zo'n uitspraak. Maar hoe weten kinderen dat wordt gedoeld op de gestroomlijnde vorm van het voertuig? Dat het hier een bijvoeglijk naamwoord betreft, en geen zelfstandig naamwoord? Dat ze dat verband leggen, ligt namelijk helemaal niet zo voor de hand als je zou denken. Waarom zou het oordeel niet duiden op de snelheid van de auto? De juiste betekenis dringt pas door nadat taalgebruikers meerdere keren het woordje 'Mooi!' hebben horen gebruiken in vergelijkbare settings. Langzaam begint het besef te dagen dat je hiermee een positief oordeel tot uitdrukking brengt. Gewoonte is een ongekend productieve kracht in de latere filosofie van Wittgenstein.

Zo komt hij tot de conclusie dat de betekenis van taal moet blijken in de omgang. Als kinderen na lovende woorden over een passerende auto hard weghollen, omdat ze in de veronderstelling leven dat het woordje 'Mooi!' erop duidt dat het voertuig gevaarlijk is, hebben ze de betekenis ervan duidelijk nog niet door. Wanneer ze daarentegen instemmend knikken, of het juist volstrekt oneens zijn met het oordeel, laten ze merken dat ze weten hoe het woord functioneert. Dus voordat je taal achteloos kunt bezigen, moet je veel gedeelde kennis veronderstellen bij het gehoor. Zo veronderstel je om te beginnen dat het weet heeft van grammaticale regels. Maar ook meer stilzwijgende afspraken spelen een rol, zoals de overeenkomst dat 'Mooi!' met enthousiasme wordt uitgesproken, met een stijgend stemgeluid in plaats van met een gedragen basstem. Deze consensus, die zelden wordt uitgesproken, noemt Wittgenstein een levensvorm, wat grofweg overeenkomt met de aanduiding 'cultuur'. De betekenis van taal komt tot uitdrukking in de ruimte tussen verschillende taalgebruikers. Ze is geen kwestie van eenzaam tekstballonnetjes vastknopen aan de dingen.

Taal heeft een door en door sociaal karakter. Ik geef toe, deze observatie heeft een hoog opendeurgehalte. Wie zal de sociale dimensie van taal willen weerleggen? Maar de analyse van Wittgenstein graaft dieper dan de platitude dat mensen zich nu eenmaal tot anderen richten als ze spreken of schrijven. Om zijn these te staven bedenkt hij een gedachte-experiment. Is het theoretisch gezien mogelijk om er een privétaal op na te houden, speciaal ontwikkeld voor jezelf en alleen door jezelf te begrijpen? Kan ik bijvoorbeeld een hoog piepend geluid maken en daar een monotoon gebrom op laten volgen? Geen probleem. Maar deze geluiden voortbrengen is nog iets anders dan een taal spreken. Taal is meer dan een reeks klanken; willekeur is verboden. Maar ik kan met mezelf afspreken dat ik met het hoge geluid een vraag stel, waarmee ik bijvoorbeeld naar het weer informeer, en dat ik met het gebrom antwoord dat de temperatuur inderdaad aangenaam is. Ook dan nog is er geen sprake van een gesprek. Bij een taal horen regels voor het gebruik ervan: er moeten criteria zijn die bepalen welke uitdrukking juist is en welke niet. Dit houdt in dat in de hypothetische situatie waarin je eigenaar bent van een privétaal er ook privéregels zouden moeten zijn. En die zijn er niet. Sterker, ze kunnen niet bestaan: privéregels zijn een contradictio in terminis – zoiets als een vierkante cirkel. Als iemand privéregels zegt te volgen, aldus Wittgenstein, dan is het onmogelijk uit te maken of hij dat daadwerkelijk doet of dat hij dénkt dat hij dat doet. Niemand anders kan beoordelen of ik mijn eigen regels goed toepas. Je pikt het ook niet als een politieagent een bon uitschrijft omdat je auto vier wielen heeft en een stuur en je daarmee een privéregel van hem schendt. Hij kan pas straffen als er een regel is geschonden die voor iedereen toegankelijk is, bijvoorbeeld doordat die in het Wetboek voor Strafrecht staat. Zo heeft taal ook publieke criteria nodig om tot leven te worden gebracht.

Regels zijn onmisbaar voor taalgebruikers. Daar kunnen zelfs de meest experimentele dichters zich niet aan onttrekken. Misschien is het correcter te stellen dat júíst zij zich er niet aan kunnen onttrekken. In hun ontregelende arbeid dienen ze zich in hoge mate bewust te zijn van de aanwezigheid van regels. Om te kunnen afwijken hebben ze in de eerste plaats een norm nodig. De rebel heeft de status quo nodig, taalanarchie kan pas bestaan zodra er heersende conventies zijn. Er zijn dus grenzen aan de dichterlijke vrijheid. Een uiting als '\\"457897fg3' kan onmogelijk worden beschouwd als een spel met de grenzen van de taal. Dit is geen driest staaltje experimentele poëzie, maar een privétaal, die zoals gezegd een contradictio in terminis is. Er staat slechts onzin.

Iets vergelijkbaars geldt voor het natuurgeweld waarmee God van zich zou doen spreken. Het is uiterst onwaarschijnlijk, maar er bestaat de theoretische mogelijkheid dat hij zo zijn gram wil halen, net zoals de hyperexperimentele dichter van hierboven iets bijzonders te vertellen heeft. Maar die boodschap wordt niet duidelijker door de manier waarop zowel God als de dichter zich uitdrukt, dat wil zeggen via respectievelijk een aardbeving en '\\"457897fg3'. Je kunt er alle kanten mee op – en laat dat nu net het probleem zijn. Iets wat alles kan betekenen, betekent helemaal niets. Om aan die situatie van volstrekte willekeur te ontkomen zijn regels nodig, die zeggen welk taalgebruik juist is en onjuist. Als iemand het voltooid deelwoord 'gevisd' schrijft, kan ik hem verbeteren door te wijzen op 't kofschip. Hij en ik behoren tot dezelfde gemeenschap van taalgebruikers.

Dat kan niet gezegd worden van God, die met een aardbeving contact met de Portugezen zou hebben gezocht. Er zijn gradaties van gemeenschappelijkheid met anderen. Met familie deel je meer dan met vage kennissen, met Nederlanders meer dan met Duitsers, en met andere westerlingen meer dan met een indianenstam uit het Zuid-Amerikaanse regenwoud. Naarmate de verschillen groter worden, is er minder sprake van overlappende levensvormen. Met als resultaat: een oplopende reeks van misverstanden en wederzijds onbegrip. Desondanks zul je met alle bovengenoemde groepen ten minste één levensvorm delen: alle maken deel uit van het genus mens. Daardoor is het niet ondenkbaar dat je, via een aantal basale handgebaren, ja knikken of juist nee schudden, zelfs met de indianenstam tot een minimum van communicatie kunt komen.

Wat echter als er geen enkele overeenkomst is tussen de zender en de ontvanger? Als ze zijn ingebed in twee levensvormen die compleet van elkaar verschillen? Dan is alles wat ze proberen te vertellen aan dovemansoren gericht. Misschien dat schudden met de aardbol iets zou betekenen als je toegang had tot de regels die een eventuele bovennatuurlijke taal zouden constitueren. Maar die blijven afgesloten. Deze situatie licht Wittgenstein in zijn *Philosophische Untersuchungen* toe aan de hand van het volgende aforisme: 'Als een leeuw kon praten, zouden we hem niet kunnen begrijpen.' Helemaal gelijk heeft Wittgenstein niet. Zodra een leeuw begint te grommen kun je dit met recht opvatten als een dreigement, en het op een hollen zetten. Maar veel verder zal de communicatie niet gaan. Mocht een leeuw aan een andere leeuw met drie keer grommen duidelijk maken dat hij de zebra in de verte een smakelijk hapje vindt, dan nog is deze conversatie niet te volgen voor mensen. Daarvoor hebben de partijen te weinig gemeenschappelijk. En dan gaat het hier nog om wezens die beide deel uitmaken van de natuur. Hoeveel – of hoe weinig – verwantschap is er met wezens die *boven*natuurlijk zouden zijn? Er is alle reden om te variëren op Wittgenstein en te concluderen: als geesten konden praten, zou je ze niet kunnen begrijpen.

3 Doe het zelf: autobiografie van een klusser

De onttovering van de wereld heeft haar sporen nagelaten. Niet alleen in de wetenschap, maar ook daarbuiten. Of beter nog: vooral daarbuiten. Dit proces heeft verschillende maatschappelijke posities, ooit onwankelbaar geacht, doen verschrompelen tot een van de vele functies op de arbeidsmarkt. De privileges waarin sommige ambten zich eeuwenlang konden verheugen verdwenen als sneeuw voor de zon. Weg comfortabele uitzonderingspositie, inclusief het aanzien dat daarbij hoorde. Het vergt weinig inlevingsvermogen om te beseffen dat met name de geestelijkheid onder het nieuwe gesternte aan gezag moest inboeten.

Maar eerst de oude situatie, toen van een gezagscrisis nog geen sprake was. Sterker nog: toen er grote behoefte bestond aan iemand die eens haarfijn uitlegde hoe de wereld in elkaar stak én wat de plannen van God waren. Want die waren verre van ondubbelzinnig. Dacht je deugdzaam te leven, werd je overvallen door een nare ziekte. Wat had God met deze rampspoed bedoeld? Wat was de boodschap die hij daarmee wilde afgeven? Het was nog iets anders geweest als je de Tien Geboden consequent aan je laars had gelapt. Anderzijds: helemaal terecht mocht die verwarring ook weer niet heten. Het was immers alom bekend dat Gods wegen ondoorgrondelijk zijn. Letterlijk zegt de Bijbel: 'Hoe onuitputtelijk zijn Gods rijkdom, wijsheid en kennis, hoe ondoorgrondelijk zijn oordelen en hoe onbegrijpelijk zijn wegen' (Romeinen 11:33). Doorgaans zijn raadsels om op te lossen. Zo niet in dit geval. Integendeel zelfs. Houd het raadsel dat God is liever in stand, dat vergroot zijn statuur alleen maar. Mistigheid als deugd? Het lijkt er wel op.

De gewone man kon geen chocolade maken van de goddelijke plannen, maar gelukkig waren er mensen die dit wél konden. Althans: die zéíden dat ze dit konden. Een select gezelschap van geestelijken meende via speciale gaven exclusieve toegang te hebben tot het bovennatuurlijke. Zij waren een soort superpsychologen die inzicht zouden hebben in de psyche van God en een glimp opvingen van diens beweegredenen. Geen wonder dat zij een bevoorrechte positie innamen binnen de gemeenschap: de slogan van Francis Bacon dat kennis macht is, gaat ook hier op. Nu was het heus niet zo dat elke geestelijke heimelijk uit was op macht, en zijn geloof, heel cynisch, slechts gebruikte als middel om dat doel te verwezenlijken. Het merendeel zal ongetwijfeld oprecht gelovig zijn geweest. Maar ook zonder doelbewust misbruik werkte deze constellatie niet bepaald uitnodigend voor kritische geesten. Nieuwsgierig? Al snel werd je hoogmoed verweten, niet voor niets een van de zeven hoofdzonden. Waarom dus zelf onderzoeken waarom dingen gebeuren? Nee, een gunstig klimaat voor vrijmoedig onderzoek en kritische vragen creëer je zo niet.

Dit veranderde met de onttovering van de wereld, waarmee de 'onberekenbare machten', zoals de socioloog Max Weber ze noemde, zich terugtrokken. Onder deze noemer viel een leger aan bovennatuurlijke wezens, maar de allergrootste der 'onberekenbare machten' was natuurlijk God. Ze werden in hun bestaansrecht bedreigd door de oprukkende wetenschappen, die ontdekkingen deden over de natuur. Hierdoor veranderde een fenomeen als ziekte van een theologisch vraagstuk in een medische kwestie: in plaats van een morele misstap bleek het een fysiek defect. Het werd iets waar je de dokter bij haalde in plaats van een geestelijke. Natuurlijk kon die ook voor raadsels komen te staan. De wetenschap is tenslotte ook niet alwetend. Maar hier gaat het om de houding die je aanneemt ten aanzien van die onwetendheid. Koester je die, omdat zij indirect wijst op Gods grootheid, of vormt zij juist een uitdaging? Reageer je met deemoedige bescheidenheid of met vastberaden leergierigheid? De wereld was in vele opzichten raadselachtig, maar men raakte er vanaf de renaissance van overtuigd dat zij dit niet hoefde te blijven. Ze werd niet bepaald door onduidelijke bedoelingen van bovennatuurlijke wezens, waarnaar het gissen bleef, maar door natuurwetten, waarvan je kennis kon nemen. Iedereen welteverstaan – en dus niet een enkeling die is toegerust met een speciaal zintuig dat hem in verbinding stelt met het bovennatuurlijke.

Deze kentering bleef niet zonder gevolgen. Toen het monopolie op kennisvergaring begon te vervallen, stortten mensen zich op de natuurwetenschappen: niet alleen wetenschappers die verbonden waren aan gerenommeerde universiteiten en instituten, maar ook vele amateurs die zichzelf de kneepjes van het vak leerden. Vooral de laatste groep groeide explosief vanaf de negentiende eeuw. Overigens is de opkomst van de amateur niets om laatdunkend over te doen. Iemand zo noemen is niet bij voorbaat een diskwalificatie van zijn kunnen. Sommige van de grootste wetenschappelijke prestaties zijn te herleiden tot de arbeid van amateurs. Zo is Charles Darwin in aanraking gekomen met de natuurwetenschappen. Toen hij dertien jaar was kreeg hij, samen met zijn broer, een heus laboratorium in de tuinschuur, waar ze veilig hun scheikundige experimenten konden uitvoeren. Hun vader vond het niet langer verantwoord dat ze dit binnenshuis deden wegens de schadelijke gassen die vrijkwamen. Deze werkwijze mag exemplarisch heten voor het nieuwe tijdperk. 'Doe het zelf!' werd hiervoor het credo.

Autodidacten en dilettanten

De autodidact belichaamt de triomf van het natuurwetenschappelijke wereldbeeld. Hij laat bij uitstek zien dat kennis niet per definitie iets is voor ingewijden die mysterieuze talenten bezitten. De combinatie van talent, doorzettingsvermogen en een grenzeloze leergierigheid is genoeg om de waarheid te benaderen. Natuurlijk heeft deze aanpak zijn beperkingen. Het schuurtje van Darwin is binnen handbereik voor de hartstochtelijke amateur, maar dat geldt niet voor de 27 kilometer lange deeltjesversneller waarmee natuurkundigen tegenwoordig het gedrag van de kleinste deeltjes bestuderen. Die leg je niet zomaar aan in de achtertuin. Maar het is van belang op te merken dat dit slechts een praktische moeilijkheid is voor de autodidact; er is niemand die hem de zoektocht naar de waarheid om principiële redenen ontzegd.

Dit genereuze toelatingsbeleid tot het wetenschappelijke bedrijf brengt echter niet alleen maar zulke hoogvliegers als Darwin voort. Dat iedereen zich mag bezighouden met waarheidsvinding betekent niet dat iedereen de waarheid ook daadwerkelijk vindt. Allicht dat de kans op succes wordt vergroot in een liberaal klimaat. Maar garanties op succes zijn er nooit. Dit uit zich onder meer in het onderscheid tussen de ijverige autodidact en de al te zelfverzekerde dilettant. Hoewel de scheidslijn dun is, kun je stellen dat de tweede de doldrieste bloedverwant is van de eerste. Hoezo procedures en protocollen? Niets mee te maken: hij schiet onmiddellijk uit de startblokken en behandelt de wetenschap als een supermarkt waar je uit de schappen rukt wat in je wagentje past. Deze vorm van amateurisme zal weinig productief zijn. Het meest kenmerkende aan de dilettant is de monterheid waarmee hij alles aanvangt, niets schrikt hem af. Schrijf deze houding echter niet toe aan bovenmatige talenten die hij zou bezitten. Het is eerder zo dat hij beschikt over weinig inzicht in die talenten. Wie zijn beperkingen niet ziet, kan in de illusie leven dat hij ze niet heeft. Je kunt van alles willen, maar je moet het ook kunnen. Het is de kunst die twee op elkaar af te stemmen. Kenmerkend aan de dilettant is dat hij deze kunst niet beheerst: hij gaat enkel uit van wat hij wil en geeft zich geen rekenschap van wat hij kan.

Dilettanten heb je in soorten en maten. Oppervlakkigheid, zegt ook het woordenboek, is een van hun kenmerkende eigenschappen. Maar er zijn er ook die een stapje verder gaan en van hun naïviteit een heus leerstuk maken. Ik heb het over het Nieuwe Leren, dat de laatste jaren geweldige opgang heeft gemaakt in het onderwijs. Stampen van kennis zou achterhaald zijn; als leerlingen maar weten waar ze iets moeten vinden. In zijn pamflet *De schaamte voor links* (2007) haalt Joost Zwagerman de volgende herinnering op. Hij was op bezoek op een middelbare school om over literatuur te vertellen. Opvallend was hoe weinig ontwikkeld de leerlingen waren op dit gebied, maar ronduit verontrustend was de houding van de docent, die deze onwetendheid stimuleerde. 'Prachtig toch, dat ze zoveel niet vanzelfsprekend aannemen?' Hier zwaait de docent in kwestie zijn klas echt te veel lof toe. Het belang van de twijfel is inderdaad moeilijk te overschatten. De grootse prestaties in de wetenschap komen eruit voort, dat wetenschappers niet klakkeloos de theorieën van hun voorgangers overnamen, maar zich er kritisch toe verhielden. Maar aan dit type twijfel gaat een grondige studie van eerdere oeuvres vooraf. Pas ná deze uitvoerige kennisname kun je zinvol twijfelen. Maar zo hebben de adepten van het Nieuwe Leren het niet bedoeld. Al die kennis is, getuige de docent hierboven, ballast (zolang je maar weet waar iets staat). Onwetendheid is pas bevrijdend en naïviteit een deugd. Dit is nog eens een omkering aller waarden.

Gekookte zolen

Niemand heeft een zo hilarisch portret geschetst van de dilettant als Gustave Flaubert. Boeken die je tot tranen roeren zijn schaars, maar dat geldt des te meer voor boeken die je doen schuddebuiken. *Bouvard et Pécuchet* (1881) is een van die zeldzame gevallen. De titel verwijst naar twee boezemvrienden, die hun baan als kantoorklerk opgeven en zich voortaan wijden aan de schone kunsten, de kunstnijverheid en de wetenschap. Bouvard en Pécuchet houden zich achtereenvolgens bezig met: landbouw, landschapsarchitectuur, scheikunde, anatomie, medicijnen, biologie, geologie, archeologie, architectuur, geschiedenis, literatuur, drama, grammatica, esthetica, politiek, gymnastiek, occultisme, theologie, filosofie, religie. En dat alles in slechts een paar honderd pagina's. Als wervelstormen gaan ze door de verschillende disciplines heen: intensief, maar kortstondig en zelden succesvol. Hun culinaire experimenten draaien uit op een fiasco: 'De lapjes kalfsvlees leken op gekookte zolen. De kreeft was in een modderige substantie veranderd. De visragout was onherkenbaar geworden. Op de soep hadden zich zwammen gevormd, en een ondraaglijke stank verspreidde zich in het laboratorium.' Maar denk nu niet dat ze zich door zulke dompers uit het veld laten slaan. Het ene experiment is nog niet mislukt of ze beginnen alweer aan het volgende. Zelden is de dilettant, een typisch product van de moderne tijd, zo fraai getypeerd.

In de verte doen Bouvard en Pécuchet denken aan Buurman en Buurman, de hoofdfiguren van de gelijknamige Tsjechische poppenserie. Ook zij worden niet gehinderd door enige terughoudendheid als ze aan het klussen zijn. Geen verbouwing schrikt ze af. Terwijl dat wel zou moeten, als je ze in actie ziet wanneer ze hun klustalent etaleren. Of liever: de totale afwezigheid daarvan. Daarentegen leggen ze juist daardoor de verleiding bloot waaraan elke klusser ten prooi valt: de illusie van 'doe het zelf'. In de tien minuten die een aflevering van *Buurman en Buurman* duurt, wordt de kijker een lachspiegel voorgehouden, die zijn minder flatteuze kanten uitvergroot. Het uitzicht ontlokt een lach, zij het een bijzondere: een grimlach. Zo vergaat het mij althans als ik naar de serie kijk. De monterheid waarmee Buurman en Buurman elke klus aanvangen is herkenbaar. Een muurtje metselen, een vloertje storten of een servieskast bouwen: steeds weer trap je erin. Daarvoor ga je toch gewoon even naar de bouwmarkt? Nergens wordt het credo van de onttoverde wereld met zoveel verve uitgedragen als in de bouwmarkt. Sterker, het hangt in mansgrote letters boven de ingang: DOE HET ZELF!

'Waarom een ervaren kracht inhuren tegen een riant uurloon…' Dit is het leidende beginsel van de ware doe-het-zelver. Hij laat zich niet ringeloren door klusjesmannen. Niet alleen omdat ze veel te duur zouden zijn. Minstens zo zwaarwegend is dat zij hem een doorn in het oog zijn. Wat zeg ik? Het is een erezaak experts zo lang mogelijk buiten de deur te houden. Hun aanwezigheid suggereert immers dat je sommige dingen niet zelf kan doen, maar overlaat aan gekwalificeerde vaklui. Zij betwisten de eigenwijsheid waarmee doe-het-zelvers hun projecten aanvangen. Maar van de andere kant komt ook gevaar: er lonken kant-en-klare oplossingen, zoals complete bouwpakketten. Ook daartoe laten echte klussers zich niet verleiden. Kom op zeg, die zijn voor beginners, een categorie waartoe zijzelf zichzelf niet graag rekenen. Bij IKEA tref je hen niet snel aan. Ook voelen ze zich niet aangesproken door het rek met flyers waarmee de bouwmarkt zijn klanten een duwtje in de rug wil geven. 'Een servieskast bouwen in zeven stappen.' Nee, de ware doe-het-zelver tekent voor het hele project, dat wil zeggen: vanaf het ontwerp op papier tot aan de verwerkelijking ervan.

Zodra hij zijn plan heeft vertaald in een boodschappenlijstje gaat hij gewapend met boedelbak naar de bouwmarkt. Daar loopt het rotsvaste zelfvertrouwen de eerste krasjes op. De meeste materialen zijn aanwezig, maar sommige niet. Een aantal artikelen is niet in de juiste maat verkrijgbaar. Dat betekent: concessies doen aan de bouwkundige plannen. Een beetje doe-het-zelver herpakt zich snel. Hij pept zichzelf op: welbeschouwd bestaan problemen niet en zijn er louter uitdagingen. Via behendig improviseren lukt het hem uiteindelijk om zijn ontwerp en het assortiment van de bouwmarkt op elkaar af te stemmen.

Tot nog toe was alles voorbereiding. Na het transport van de aankopen kan de klus eindelijk beginnen. De realisatie van het project is louter nog een kwestie van tijd. Dat dacht de doe-het-zelver tenminste. Dingen gaan echter niet zoals gepland. Planken zijn krom, waardoor ze niet netjes op elkaar aansluiten. Andere exemplaren blijken van dusdanige kwaliteit dat ze splijten als er een spijker in gaat. Niet gezien in de bouwmarkt, dit euvel. Alles bij elkaar neemt het bouwen van de servieskast een heel weekend in beslag (terwijl daarvoor aanvankelijk de zaterdagochtend was ingepland). Is het bouwsel op zondagavond – na vele compromissen – eindelijk gereed, dan stemt het eindresultaat maar matig enthousiast. Wat rest is een lichte kater en een kast die de bedenker ervan er altijd aan herinnert hoe hij eruit had móéten zien. De belofte die de bouwmarkt doet aan zijn bezoekers – Doe het zelf! – is niet (helemaal) waargemaakt. En dat laat een wat wrange smaak na.

Al eeuwen vormen scheppen en lijden een innige twee-eenheid. De kunstgeschiedenis is rijk aan kunstenaars die benadrukken hoe moeizaam het scheppen hun afgaat. Vooral in de negentiende eeuw zijn ze rijk vertegenwoordigd. Beroemd is het gevecht dat Gustave Flaubert moest leveren om zijn meesterstuk *Madame Bovary* (1857) op papier te krijgen. 'Scheppen gaat van au,' schreef Leo Vroman in 1959, en Flaubert kon erover meepraten. Voor anderhalve pagina tekst had hij soms zes weken nodig en de hele roman kostte hem vijf jaar. De brieven aan Louise Colet, zijn muze en minnares, geven een goed inzicht in de moeizame ontstaansgeschiedenis ervan, die hij omschreef als een 'worsteling met de stijl'. '*Bovary* vordert met een slakkengangetje: ik word er soms wanhopig van,' schreef hij op 13 september 1852, toen hij een jaar aan het boek bezig was. Dit is maar een van de vele uitbarstingen van zelfbeklag, de brievenbundel staat er vol mee. Een halfjaar later (op 23 februari 1853) drukte hij zich zo uit: 'Ik wil niet meer vooruitkijken, de lange duur van mijn *Bovary* jaagt me zo'n schrik aan dat ik er moedeloos van word.'

Naarmate de negentiende eeuw vorderde, kreeg zulk lijden steeds meer een normatief karakter. Gaandeweg werd het een lakmoesproef voor het ware kunstenaarschap: pijn werd een deugd. Het scheppende genie was een gekweld wezen, maar het omgekeerde was evenzeer waar: wie niet in staat was tot lijden kon zich het beste schikken in zijn rol als burgerman. Het bohemienschap in de marge van de samenleving was het hoogst haalbare. Zo dacht Charles Baudelaire erover, evenals de Tachtigers in Nederland, van wie Willem Kloos de getourmenteerde dichter zelfs in verband brengt met Christus. In zijn inleiding bij de *Gedichten* (1882) van Jacques Perk eist hij van de poëzie dat zij 'geen zachtogige maagd' was, maar 'eene vrouw, fier en geweldig [...] die de hoogste vreugd in de diepste smart, doch tevens de diepste smart in den wellust van de pijn verkeert, en tot bloedens toe ons de doornen in het voorhoofd drukt, opdat er de eenige kroon der onsterfelijkheid uit ontbloeie.' Wellust in de pijn? Op zulk masochisme kun je Flaubert niet betrappen. Ik kan het ook anders zeggen: de Franse schrijver bracht zijn magnum opus tot stand ondánks de kwellingen die hij moest doorstaan tijdens het schrijfproces, terwijl Kloos zei dat te doen dankzíj die pijn.

Water bij de wijn?

Is de doe-het-zelver een verre erfgenaam van de lijdende kunstenaar? Op het eerste gezicht lijkt het erop. Ook hij merkt dat zijn materialen zich niet of slechts gedeeltelijk voegen naar zijn wensen, zij het dat hij werkt met houten planken, en de grondstof van bovengenoemde auteurs het woord is. Er is echter een groot verschil en dat heet talent: dit hield Flaubert en Kloos gaande ondanks de kwellingen die het schrijverschap inhield. De doe-het-zelver verhoudt zich anders tot zijn frustraties. Hij is niet ruim bedeeld met talent. Maar met een flinke dosis zelfinzicht, dé eigenschap die de dilettant zo ontbeert, had veel leed voorkomen kunnen worden.

Wat houdt die zelfkennis precies in? Iedereen kan zich wel iets voorstellen bij deze deugd, maar nadere precisering is welkom. Hier biedt Karl Popper uitkomst, vermaard wetenschapsfilosoof, maar bovenal auteur van *The Open Society and Its Enemies* (1945). Hoewel het boek uit twee dikke delen bestaat en bijna 800 bladzijden beslaat, leest het als een vlot geschreven essay. De strekking ervan laat zich in één zin samenvatten: zodra politici utopieën beloven is het oppassen geblazen. Dit zet hij uiteen aan de hand van een begrippenpaar: aan de ene kant heb je wat hij noemt 'utopian engineers', aan de andere kant zogeheten 'piecemeal engineers'. De naamgeving doet al vermoeden dat Popper de eerste figuur afwijst en voor de tweede een lans breekt.

Hoe ga je om met de kloof tussen een ideaal en de verwezenlijking daarvan – of, om het in klusjargon uit te drukken: tussen de bouwtekening en het bouwproces? Dat is hier de hamvraag. De 'utopian engineer' kiest voor de eerste pool (de blauwdruk) en vindt dat de realiteit zich daaraan moet aanpassen. Het omgekeerde scenario is voor hem geen optie. Water bij de wijn doen is namelijk het grootste verraad dat hij kan plegen. Met het ontwerp is immers niets mis, is zijn vaste overtuiging als utopieënbouwer. Het defect ligt elders. Tegenslag is geen reden het oorspronkelijke ontwerp aan te passen, maar juist een testcase voor zijn doorzettingsvermogen. Gaan dingen niet zoals hij wil, dan is dat juist een aansporing om de rug recht te houden en een tandje bij te zetten.

Een heel andere aanpak is die van de 'piecemeal engineer'. Hij maakt zich niet schuldig aan koppig blauwdrukdenken. Dingen gaan anders dan je had gepland. Wellicht dat de oorspronkelijke plannen aanpassing behoeven. Compromissen sluiten wordt onvermijdelijk, het scenario dat voor de 'utopian engineer' gelijkstaat aan capitulatie. De 'piecemeal engineer' daarentegen weet dat vooruitgang niet met zevenmijlslaarzen tot stand komt, maar voetje voor voetje. Zijn belangrijkste deugd is dat hij engelengeduld bezit.

Natuurlijk moet je niet na elke tegenslag het bijltje erbij neergooien. Dat geldt voor politici (waarover Popper schrijft), maar evenzeer voor doe-het-zelvers. Het gevaar van de 'piecemeal engineer' is dat hij zich al te bescheiden opstelt. Op ambities moet je zuinig zijn. Dat is echter iets anders dan er koppig aan vasthouden, zoals de 'utopian engineer' doet. Bezie deze figuren als twee uiterste polen van een as die loopt van minimale (links) tot maximale ambitie (rechts). Wie bovenmatig getalenteerd is, bevindt zich aan de rechterkant van het midden, de minder getalenteerde aan de linkerkant. Voor een zo groot mogelijke kans op succes dienen mensen zich rekenschap te geven van hun locatie op de as. En laat dat nu net het manco zijn van Buurman en Buurman, die model staan voor de gemiddelde doe-het-zelver. Natuurlijk is er menig doe-het-zelver die zich in de bouwmarkt voelt als een vis in het water. Over deze autodidact niets dan lof, maar over hem gaat dit hoofdstuk niet. Hier staat de dilettant centraal, die zich elke keer weer laat foppen door zijn aanvankelijke geestdrift en woeste plannen. Zelfoverschatting heet de kwaal waaraan hij lijdt. Hij waant zich een 'utopian engineer'. Lang mag de klusser (de dilettantistische variant) deze status overigens niet koesteren. Hem wacht onvermijdelijk de koude douche van de ontnuchtering. Als het hem aan zelfkennis ontbeert, zal de weerbarstige realiteit hem wel opvoeden.

Au. In dit ene woordje ligt de complete dramatiek van de doe-het-zelver besloten. De eerlijkheid gebiedt te zeggen dat het hier een gekuiste versie betreft. Een ander woord hiervoor is wellicht nog toepasselijker: 'Godverdomme!' Om dit te begrijpen is enige kennis nodig van degene die hier wordt vervloekt: het opperwezen, zoals hij wordt omschreven door Plato in diens dialoog *Timaeus*. In dit werk geeft de Griekse filosoof een scheppingsverhaal, zoals het Bijbelboek Genesis dat later ook zou doen. Hier verschijnt God als demiurg. Dat wil zeggen: als schepper in de meest letterlijke betekenis van het woord. Hij is niet meer de grillige vader die elk moment in toorn kon ontsteken, zoals in het Oude Testament, maar een allround klusjesman die het doe-het-zelven tot in de puntjes beheerst. In de *Timaeus* ziet de lezer een kosmische timmerman bladzijdenlang bezig in zijn werkplaats. Het zaagsel en de schaafkrullen vliegen je bij wijze van spreken om de oren. Al het zichtbare, verhaalt Plato, gebruikt hij als zijn 'bouwstoffen'. Om de bouwstoffen met elkaar te verbinden moet hij op zoek naar een 'bindmiddel'. De maatvoering die hij hanteert heeft hij bepaald aan de hand van een 'model', zeg maar de bouwtekeningen voor de schepping. Hoewel niet perfect, valt zijn creatie niet verder te verbeteren. De platoonse demiurg is een 'utopian engineer', die nauwelijks wordt gehinderd door de kloof tussen het idee dat hem voor ogen staat en de uitvoering daarvan.

De weekendklusser is een demiurg op microschaal. Althans: voor even. Zolang hij nog in harmonie leeft met zijn bouwplannen kan de doe-het-zelver zich nog goddelijk wanen. In deze fase wordt hij nog niet ontmaskerd als 'utopian engineer'. Lang duurt deze fase echter niet. Zodra hij begint volgt de ontnuchtering. Het hout doet niet wat hij wil, de zaag gaat scheef en de hamer mist de spijker en raakt een vinger. 'Au!' En meteen daarna: 'Godverdomme!' Een vloek is een typische uiting van de 'utopian engineer', die gaandeweg in onmin raakt met zijn oorspronkelijke plannen. Hem wordt door de weerbarstige werkelijkheid dringend gesuggereerd zijn pretenties te herzien, maar hij weigert nog zich hierbij neer te leggen. Vloeken is het begin van de capitulatie. Toch maar een expert bellen?

4   Aufklärung uit het stopcontact

Behalve de best geslaagde feelgoodfilm van de laatste jaren is *O Brother, Where Art Thou?* (2000), van Joel en Ethan Coen, een onweerstaanbare uitnodiging aan iedereen die meent dat hij cultureel enigszins onderlegd is. De film zit vol literaire verwijzingen en andere vormen van intertekstualiteit. Hoeveel toespelingen kun je ontdekken – en thuisbrengen? Het antwoord op die vraag bepaalt in welke mate je je klassiekers kent. *O Brother, Where Art Thou?* kijken is een erekwestie.

Sommige allusies zijn nauwelijks over het hoofd te zien, zoals die naar de *Odyssee* (ca. eind achtste eeuw v.Chr.). De hoofdpersoon, een ontsnapte delinquent, is Ulysses Everett McGill en zijn vrouw heet Penny – naar Penelope uit het epos van Homerus. Andere toespelingen zijn subtieler en krijgen dikwijls een intrigerende twist van de gebroeders Coen. Het duurt even voordat je beseft welke rol de slechterik Big Dan Teague (gespeeld door John Goodman) vervult. Maar vroeg of laat dringt de volle betekenis van zijn zwarte ooglapje tot de kijker door. Teague is een gerecyclede versie van de eenogige cycloop tegen wie Odysseus het moest opnemen. Voor de gebroeders Coen is cultuur geen eerbiedwaardig heiligdom dat een plechtige, museale benadering vereist, maar een vrolijke aangelegenheid die vraagt om brutale eigenzinnigheid.

Samen met twee maten is Everett op de vlucht voor een sheriff die handhaving van de openbare orde in Mississippi als de uitvoering van een door God gegeven missie beschouwt. Telkens slagen de voortvluchtigen erin aan hem te ontkomen. Tot vijf minuten voor het einde van de film, wanneer ze worden gepakt en naar de strop geleid. Ontsnappen gaat ditmaal niet lukken. Protesteren dat deze ad hoc uitgevoerde doodstraf illegaal is, haalt niets uit. De sheriff laat zich dit moment van zoete wraak goed smaken en legt hun uit dat hij niets te maken heeft met de wet. Die is door mensen gemaakt. Hij spreekt de onheilspellende implicatie van deze woorden niet uit maar die is onmiskenbaar: hier voltrekt zich een godsgericht.

Dan: vaag gerommel vanuit de verte. Het komt dichterbij en verandert in geraas. Met grote snelheid rolt een vloedgolf de heuvel af. Het complete gezelschap wordt weggespoeld. Als de drie ter dood veroordeelden van zojuist weer boven water komen, is de sheriff verdwenen en drijft er een doodskist voorbij waaraan ze zich vastklampen. Zijn vrienden beschouwen deze *narrow escape* als een godsbewijs; Everett zelf is daarentegen een stuk nuchterder: de vallei is onder water is gezet om elektriciteit op te wekken. Na deze verklaring schakelt hij over op een geestdriftige lofzang op de technologische vooruitgang. 'Jazeker, het Zuiden gaat veranderen. Alles zal op elektriciteit draaien en er zal voor betaald worden. Weg met het onbegrijpelijke geklets, het bijgeloof en de oude gebruiken.' Everett weet het zeker: 'Er komt een nieuwe wereld waarin ze iedereen een draad geven en ons op een netwerk aansluiten. Jazeker, een echte verlichting zoals ze die in Frankrijk hadden en net op tijd ook.'

Moeiteloos husselt Everett hier twee verschillende betekenissen van hetzelfde woord door elkaar: verlichting als iets wat aanspringt als je het lichtknopje omzet en als de filosofische stroming die dominant werd tijdens de achttiende eeuw. Het is op het potsierlijke af: de Britse historicus Jonathan Israel, chroniqueur van de Verlichting, schreef maar liefst drie vuistdikke studies, elk goed voor zo'n 1000 pagina's, om vast te stellen wat deze stroming precies inhield en Everett brengt de intellectuele nalatenschap van denkers als Pierre Bayle, Denis Diderot en Voltaire in een paar zinnen terug tot het effect van een gloeilamp.

Is dit een typisch geval van de klok horen luiden maar niet weten waar de klepel hangt? Dat denk ik niet. Daarvoor is Everetts profetie te coherent. Welbeschouwd is het verband dat hij suggereert tussen elektrisch licht en de Verlichting zo gek nog niet. Vermoedelijk zouden Israel en Everett er wel uitkomen in de hypothetische situatie waarin ze bij elkaar worden gezet voor een gesprek over de Verlichting. Er valt het nodige te zeggen voor de stelling dat beiden, min of meer, uitgaan van dezelfde denkbeelden maar dat de laatstgenoemde ze vanuit een Amerikaanse invalshoek bekijkt. Dat wil zeggen: met de bril van pragmatisme en technofilie, die zo kenmerkend zijn voor dat continent.

Kiezen

De Verlichting zou van een doorgeschoten rationalisme getuigen, dat niet meer is vol te houden in de postmoderne eenentwintigste eeuw, aldus de critici. Ze plaatst de rede onterecht op een voetstuk. Des te ironischer dat er over weinig onderwerpen zo hartstochtelijk wordt gedebatteerd. Pro of contra: in het post-*9/11*-tijdperk is het vrijwel onmogelijk je aan die vraag te onttrekken en kan het publieke debat dikwijls langs die lijnen worden geordend. Maar aan deze vraag gaat een andere vooraf: wat is de Verlichting? Zoveel opiniemakers, zoveel interpretaties, lijkt het soms. Reken je jezelf tot de radicale variant (volgens Jonathan Israel de enige echte), waarvan Baruch de Spinoza de vaandeldrager is, of tot de gematigder variant van denkers als John Locke en Isaac Newton?

Welke positie je ook inneemt, er is één tekst waar niemand omheen kan: 'Beantwortung der Frage: Was ist Aufklärung?' (1784) van Immanuel Kant. De titel van het werkje – het telt iets meer dan tien pagina's – is klip-en-klaar over de ambitie van de auteur, die inmiddels geldt als het onbetwiste hoogtepunt van de Verlichting. Laat je vooral niet van lezen weerhouden door zijn reputatie als gebrekkig stilist, die zijn lezers niet verleidt met mooie zinnen en treffende metaforen. Die status dankt Kant aan zijn drie hoofdwerken, waarvan zeker de eerste, de *Kritik der reinen Vernunft* (1781), inderdaad tamelijk ondoordringbaar is. In *Die Verwirrun-*

gen des Zöglings Törless (1906) laat Robert Musil zijn hoofdpersoon een aantal passages uit dit werk lezen, althans een poging daartoe doen. Deze had het bij zijn wiskundeleraar op het bureau zien liggen. Door de vele haakjes en voetnoten begreep hij er niets van, 'en als hij werkelijk consciëntieus de zinnen met zijn ogen volgde had hij het gevoel dat een oude knokige hand met een draaiende beweging de hersenen uit zijn hoofd schroefde'. Na een halfuur, op pagina twee, houdt Törless ermee op. Het zweet staat op zijn voorhoofd.

Deze passage van Musil is bepaald geen aanbeveling van het werk van Kant. Dat de Duitse filosoof wel degelijk kon schrijven bewees hij met 'Was ist Aufklärung?' Ook weerlegde hij daarmee het vooroordeel dat hij een teruggetrokken, ietwat wereldvreemde studeerkamergeleerde was, die de grillen van het lot wilde bezweren door te leven volgens een ijzeren regelmaat. Met zijn essay reageerde hij op een discussie over de Verlichting in de *Berlinische Monatsschrift* (die was begonnen met de vraag of het wenselijk was de verplichting van het kerkelijk huwelijk af te schaffen). Zijn bijdrage aan dat debat laat zich het beste omschrijven als een filosofisch pamflet, waarin hij de polemiek niet schuwt. Soms slaat Kant een toon aan die doet denken aan *Het communistisch manifest* (1848) – 'Proletariërs aller landen, verenigt u!' – waarmee Karl Marx de wereldrevolutie in gang wilde zetten.

Een sleutelbegrip in Kants essay is bevoogding. Dit verschijnsel ziet hij op allerlei maatschappelijke terreinen: machthebbers maken zich er schuldig aan, evenals religieuze leiders. Ook zijn er heilige teksten die eisen dat ze blind worden gevolgd. Toch is 'Was ist Aufklärung?' niet in de eerste plaats een geschrift dat zich richt tegen machtsmisbruik, en rebellie bepleit. Kant spreekt nauwelijks tot de bevoogdende partijen, maar vooral tot degenen die zich láten bevoogden. Het grootste deel van de mensen laat dit volgens Kant gebeuren, uit luiheid en gemakzucht. 'Heb ik een boek dat voor mij verstand heeft, een zielzorger die voor mij een geweten heeft, een arts die voor mij het dieet beoordeelt enz.,' somt hij op, 'dan hoef ik mij daar zelf niet mee te bemoeien.'

Kant spaart zijn lezers bepaald niet. Terwijl enige mildheid op haar plaats was geweest. Luiheid en gemakzucht, daar heeft hij gelijk in, zijn eigen aan de mens. Maar kun je alle bevoogding daarop afwentelen? Minstens zo'n groot deel van die bevoogding kwam immers voor rekening van de politieke en religieuze leiders, die zich zeker in de tijd van Kant nog bijzonder tiranniek konden opstellen. Inmiddels is de reikwijdte van hun macht danig ingeperkt door wetten, maar dat maakt niet dat 'Was ist Aufklärung?' aan zeggingskracht heeft ingeboet. Nog nooit hebben mensen zich over zoveel zaken een mening moeten vormen als tegenwoordig. En dan heb ik het niet eens over de vaak beschimpte situatie waarin ze voor het schap van de supermarkt staan en moeten kiezen welke smaak chips ze nemen. Dat aanbod is inderdaad overweldigend, maar bij zulke keuzes staat nauwelijks iets op het spel. Het begint menens te worden als burgers mogen stemmen en invloed uitoefenen op het landsbestuur. Op welke partij ga ik stemmen? Anderen kunnen adviezen geven, maar uiteindelijk hak je zelf de knoop door. Dat geldt des te meer als het gaat over leven en dood. Tot enkele decennia terug waren zulke kwesties min of meer voldongen feiten, waarbij mensen zich dienden neer te leggen. De wetgeving hieromtrent is sindsdien dusdanig gewijzigd dat leven en dood veranderden in kwesties die om zorgvuldige afweging vroegen. Het eerste vraagstuk (leven) bestaat sinds 18 december 1980, toen de wet werd goedgekeurd die abortus toestond; het tweede (dood) sinds 12 april 2001, toen een Kamermeerderheid zich uitsprak voor euthanasie. Hiermee zijn er nieuwe vragen ontstaan die op zijn zachtst gezegd niet gemakkelijk zijn te beantwoorden: wie laat je toe in het leven en wanneer besluit je er een punt achter te zetten? Makkelijk zijn zulke vragen niet, je kunt je zelfs afvragen of een echt bevredigend antwoord ooit mogelijk is. Hoe dan ook is er niemand die de keuze van je over kan nemen. Wie denkt dat hulpverleners de knoop doorhakken komt bedrogen uit. Zij kunnen hooguit de consequenties van de mogelijke keuzes in kaart brengen.

Tot dusver klinkt Kant als een typische cultuurpessimist waarvan vooral de twintigste eeuw er zoveel heeft voortgebracht, van wie de klacht telkens weer luidt dat mensen zich zo gemakkelijk door anderen laten foppen. Is het niet door populistische politici, dan wel door geslepen reclamemakers. Toch is de analyse van Kant niet die van een somberende pessimist. Integendeel zelfs. De remedie ligt in zijn diagnose besloten. Als mensen de bevoogding grotendeels aan zichzelf te wijten hebben, moeten ze de oplossing ook bij zichzelf zoeken. Ze zijn namelijk met verstand begiftigde wezens en kunnen zelf denken, of in elk geval de meesten van hen. Natuurlijk zijn er uitzonderingen, zoals kinderen, wier rationele vermogens ontwikkeling vergen. Van een driejarige peuter mag je niet verwachten dat hij de voedzame boterham met worst op redelijke gronden verkiest boven de mierzoete met chocoladepasta. Maar over het algemeen geldt dat je mensen kunt aanspreken op hun verstand. Dit is dan ook de oproep die Kant aan zijn publiek doet. 'Sapere aude' – ofwel: durf te denken. Waarna hij concludeert: 'Heb de moed je van je *eigen* verstand te bedienen! is derhalve de zinspreuk van de Verlichting.'

Het risico bestaat dat deze houding, onbedoeld, fungeert als katalysator voor de veel gelaakte ontwikkeling dat individuen zich te groot maken ten koste van de samenleving. Kan het met andere woorden niet gemakkelijk worden aangewend als rechtvaardiging voor hufterig gedrag? Fungeert het appel tot *Selbstdenken*, zoals Gotthold Lessing dit vermogen doopte, de facto niet als een vrijbrief voor een mentaliteit van ik-laat-me-niets-zeggen-en-maak-zelf-wel-uit-wat-ik-doe?

De Verlichting als groeihormoon voor 'het dikke-ik' (om het met de politiek filosoof Harry Kunneman te zeggen). Het is zonder meer waar dat de Verlichting de nadruk legt op het individu (in filosofenjargon: het subject). Net zoals het klopt dat Kant oproept tot mondigheid. Maar verwar deze niet met een aansporing tot brutaliteit, die alleen maar roept en niet luistert. De Verlichting behandelen alsof ze pleit voor een ongeremd en asociaal narcisme is een pervertering van het oorspronkelijke ideaal. Dat is namelijk niet gebaseerd op de categorische afwijzing van de traditie: alsof die louter hinderlijke ballast zou zijn en mensen slechts zou belemmeren in hun vrijheid. Kant is geen wegbereider van de *soixante-huitards*, die alle traditie bij voorbaat afwijzen en vinden dat verzet de enige juiste houding is jegens de zittende macht. Zo is hij bijzonder streng tegenover de militair die weigert een bevel van zijn meerdere te gehoorzamen, een veroordeling die je bij de antiautoritaire protestgeneratie niet snel zult aantreffen. Als je eenmaal een beroep hebt gekozen, heb je nu eenmaal te maken met de verplichtingen die daarbij horen.

De woorden van Kant over mondigheid zijn daarnaast zeker niet onverenigbaar met het besef dat de traditie wel degelijk waardevol is of zelfs onmisbaar. Het kan echter nooit zo zijn dat mensen zich ter rechtvaardiging van hun daden mogen beroepen op de overlevering. 'Omdat het altijd zo is gegaan' – zo gemakkelijk komen ze er niet van af. Dit is als argument te mager. Via deze redenering was slavernij, om maar een voorbeeld te noemen, nooit afgeschaft. Laat de traditie dus voor een kritische ballotagecommissie verschijnen. Benader haar niet met slaafse eerbied, maar stel haar bloot aan kritiek en tegenargumenten. Is wat iemand beweert mogelijk of onmogelijk? Is hij betrouwbaar of niet? Na zulke vragen kunnen de argumenten vóór het traditionele standpunt zwaarder wegen, wat zeker niet onwaarschijnlijk is als je de woorden van Edmund Burke in ogenschouw neemt, die de geschiedenis betitelde als 'de opgespaarde redelijkheid der eeuwen'. Maar klakkeloos je voorgangers kopiëren, aldus het standpunt van Kant, is weinig raadzaam.

Als Kant met 'Was ist Aufklärung?' zijn lezers dringend aanraadt dát ze zelf moeten nadenken, dan laat hij met de *Kritik der reinen Vernunft* zien hóé ze dat moeten doen. Zijn hoofdwerk gaat over het betere gebruik van de rede: het presenteert een 'denkeconomie' (typering van de filosoof René Gude). Vroeg of laat kom je dus toch weer uit op het boek naar aanleiding waarvan Törless opmerkte dat lezing ervan te vergelijken is met de schroefsgewijze verwijdering van je hersenen uit je schedel.

Ondanks zijn lengte (bijna 700 pagina's in de integrale Nederlandse vertaling) en moeilijkheidsgraad is het boek een les in nederigheid. Het is één lange pas op de plaats. De strekking van het boek is dat filosofen zich al twee millennia te driest gestort hebben op het verzamelen van zoveel mogelijk kennis. Ze vergaten het instrument waarmee ze dit deden aan een streng onderzoek te onderwerpen. Waarover kan de rede kennis verschaffen en waarover niet? Vooral die laatste vraag is nauwelijks gesteld, waardoor de reikwijdte van de rede al die tijd danig is overschat. Het doel van Kant is om deze vraag nauwgezet uit te werken. Kun je kennis verwerven van de kroonjuwelen van de metafysica – God en de menselijke ziel – zoals dat kan van een stoel of een tafel? Het antwoord van Kant is negatief. De eerstgenoemde zaken laten zich niet beschrijven in termen van meters en kilo's, zoals wetenschappers doen met hun onderzoeksobjecten. Zo ontnam Kant de metafysica, die destijds nog doorging voor de koningin van de wetenschappen, haar traditionele aureool. Geen wonder dat hij al snel de reputatie kreeg van *Allzermalmer*: allesvernietiger.

De *Kritik der reinen Vernunft* moet helderheid van geest brengen, dat wil zeggen: het kaf van het koren scheiden, zin van onzin. Het bestaan van God kan nooit worden bewezen, evenals dat van de onsterfelijke ziel. Het betreft hier niet louter een theoretisch vraagstuk voor haarklovers. Van het antwoord op die vraag hangt het nodige af. Hoe lang hebben filosofen en theologen ethiek hier niet op gebaseerd? Een straffende en belonende instantie in het hiernamaals moest ervoor zorgen dat mensen zich gedroegen in het hiernumaals. Maar wat als die instantie niet bestaat of zijn bestaan niet te bewijzen valt? Dat heeft reusachtige consequenties voor de leer van goed en kwaad. Dit terrein kwam braak te liggen. Dat besefte ook Kant: na zijn correctie op de gecanoniseerde kenleer, waarin God en de ziel te weinig werden geproblematiseerd, moest hij aan de slag met de moraal, het onderwerp van het tweede luik van zijn kritische project: *Kritik der praktischen Vernunft* (1788).

Zo komt Kant erop uit dat ethische theorieën uit moeten gaan van de menselijke autonomie, ofwel: van zelfbepaling. Hiervan is geen sprake bij een God die zegt hoe mensen zich moeten gedragen. Tegelijk steekt hier weer het gevaar op van een excessieve egomanie. Doen wat je wilt? Komt dat niet neer op: ruim baan voor iedereen die zijn verlangens wil botvieren? Dat hangt er helemaal van af hoe je 'willen' definieert. Er zijn weinig aanknopingspunten om Kant te beschuldigen van hedonisme, eerder komt hij in de buurt van ascetisme. Het voert hier te ver om zijn ethische theorie uit de doeken te doen, maar het moet gezegd dat 'willen' bij hem een redelijke aangelegenheid is. Deze activiteit contrasteert Kant met de vele vurige verlangens, driften en neigingen, die via externe prikkels worden aangewakkerd. De aanblik van een sigaret is voor een rookverslaafde voldoende om naar zijn pakje Marlboro te grijpen. Zulk gedrag mag in zijn ogen geen zelfbepaling heten. Daarvan is pas sprake als je sigaretten kunt laten liggen.

De architectuur van Kants moraalfilosofie is verfijnder dan uit dit ietwat moralistische voorbeeld blijkt. Het gaat er hier om dat zijn hele filosofie, zowel zijn kenleer als zijn ethische theorie, mensen aanspoort hun natuurlijke, lijdende opstelling op te geven ten gunste van een leidende houding. Deze helpt, als het goed is, voorkomen dat mensen zich laten misleiden door hersenschimmen of 'geheimzinnige krachten', zoals Max Weber zou zeggen – of die nu van binnenuit komen, of van buiten als personen menen te mogen spreken namens die krachten.

Godenzoon en mensenvriend

De geschiedenis heeft eerdere pleitbezorgers van verlichting gekend. Een van de beroemdste is Prometheus, godenzoon en mensenvriend. Die laatste titel verdiende hij door het vuur uit de hemel te stelen en dat naar de aarde te brengen. De toorn van oppergod Zeus was verschrikkelijk en zijn straf meedogenloos – Prometheus werd aan een rotswand vastgeketend waar hij een makkelijke prooi was voor een adelaar die het op zijn lever had gemunt – maar mensen kunnen de dief van het vuur niet dankbaar genoeg zijn.

Voordat ze dit kostbare geschenk ontvingen, was het bestaan onbarmhartig: volgens Plato's versie van de mythe over Prometheus (in diens *Protagoras*) waren mensen 'naakt, ongeschoeid, ongedekt, ongewapend'. Ze waren kwetsbare wezens wier lot in grote mate werd bepaald door de elementen. Wat konden ze anders doen dan schuilen in een grot bij striemende regen- en hagelbuien en wachten tot die waren overgedreven? En welke middelen waren beschikbaar ter bescherming van lijf en leden als de temperatuur ver onder het vriespunt dook of daar juist ver bovenuit steeg? Oog in oog met wilde dieren konden mensen niet veel meer doen dan hard weghollen en even hard hopen dat ze die konden afschudden.

Mensen waren nauwelijks meer dan een speelbal van de natuur. Totdat Prometheus verscheen. De komst van het vuur betekende de heerschappij over het licht. Voorheen was die in handen van de zon en dienden mensen zich te schikken naar het ijzeren ritme van dag en nacht: weer een natuurlijke wetmatigheid die hun handelen bepaalde en hen beperkte. De intredende duisternis maakte dat ze hun bezigheden noodgedwongen moesten staken. Veel meer activiteiten dan slapen bleven er na zonsondergang niet over. Zelfs een conversatie voeren is verre van eenvoudig als je bedenkt dat (volgens onderzoek van de psycholoog Albert Mehrabian) maar liefst 55 procent van de communicatie via lichaamstaal verloopt. Dankzij het vuur konden mensen uit die natuurlijke tucht breken. Die was niet langer een vaststaand gegeven waarin ze nu eenmaal moesten berusten. Met het lot, als iets wat je overkwam, hoefde nu veel minder rekening te worden gehouden. Het belang van het vuur kan nauwelijks overschat worden. Behalve een licht- en warmtebron was het een machtig wapen. De laatste toepassing van het vuur stelde mensen in staat zich te verdedigen tegen al wie het op hen gemunt had, of zelf in de aanval te gaan. Hierdoor waren ze niet langer een zekere prooi voor wilde dieren. Is dat geen treffende metafoor voor de emancipatie met behulp van techniek: dat je je geen prooi meer hoeft te voelen?

Er valt het nodige te zeggen voor de stelling dat mede dankzij het vuur de deugd moed tot bloei kon komen. Deze uitspraak zal niet meteen tot instemmend geknik leiden. Iemand met zijn blote vuisten tegenover een beer: wie ondanks een dergelijke asymmetrie in kracht toch de strijd aangaat, verdient toch zeker het predicaat 'moedig'? Aristoteles, architect van een doorwrochte deugdenleer, zou zijn twijfels hebben bij deze claim. Deugdzaamheid heeft te maken met het juiste doen op het juiste moment, en dat vereist inzicht in de situatie. Dat ontbeert de mens die het opneemt tegen een beer: strijdvaardigheid jegens een wezen dat hem in lengte, gewicht en vooral kracht overtreft, getuigt niet van moed maar van overmoed, of zelfs van roekeloosheid. Moed veronderstelt enige mate van gelijkwaardigheid tussen de opponenten. Die kwam tot stand door de heerschappij over het vuur, waarmee mensen hun fysieke tekortkomingen konden compenseren. Nu hoefden ze niet meer per se te vluchten.

De meest banale zaken, zoals vuur, kunnen grote invloed hebben op het denken. De gangbare overtuiging is dat ideeën en idealen voorafgaan aan de werkelijkheid. Eerst is er de bouwtekening, daarna volgt het huis. Hoe correct is deze zienswijze? Is deze beïnvloeding een kwestie van eenrichtingsverkeer? Soms gaan technische mogelijkheden vooraf aan inzichten, waar tot dan toe niemand op was gekomen of zelfs maar kón komen. Uit het voorbeeld van de ontdekking van het vuur, en de geweldige potentie daarvan, is gebleken hoe (toevallige?) uitvindingen concepten bepalen en de betekenis ervan verrijken.

Het is instructief zo naar de woorden te luisteren van Everett, hoofdpersoon van *O Brother, Where Art Thou?*, als hij zijn maten de 'brave new world' voorhoudt die aanstaande is dankzij de uitvinding van het elektrisch licht. Verlichting via een draad houdt wel degelijk verband met de Verlichting die Everett in Frankrijk situeert maar waarvan Immanuel Kant de woordvoerder is. Laatstgenoemde wilde mensen wijzen op hun autonomie en, meer nog, hen kapittelen over hun onkritische attitude jegens allerhande gezagsdragers. Hoewel dit niet precies de interpretatie is van Everett, zijn zijn opvattingen niet alleen prima verenigbaar met die van Kant, maar vormen zij daar zelfs een verfrissende aanvulling op. Ook hij associeert verlichting met autonomie en het einde van bijgeloof in geheimzinnige machten. Hier is een taak weggelegd voor de techniek, waarvoor het elektrisch licht symbool staat. Een paar decennia eerder, op 21 oktober 1879 om precies te zijn, had Thomas Edison de gloeilamp uitgevonden. Hij voorspelde dat zijn uitvinding snel gemeengoed zou worden: 'We zullen elektriciteit zo goedkoop maken dat alleen de rijken kaarsen zullen branden.' Deze profetie is uitgekomen: de kaars is inmiddels een luxeartikel geworden, een geijkt middel om de sfeer in de huiskamer te verhogen. Een lichtbron is hij echter al lang niet meer. Als brenger van verlichting in ieders huiskamer was Edison een nazaat van Prometheus en heeft hij minstens zoveel betekend voor de menselijke autonomie als Immanuel Kant. (Maar welbeschouwd doet deze competitie – wie heeft de meeste invloed gehad? – er amper toe. Het gaat erom dat het project van Kant veel meer aansluit op dat van Edison dan je op het eerste gezicht zou denken. Is het dan geen fraaie speling van het lot dat de bediende van de denker uit Königsberg Lampe heette? Mooier kan niet voor het boegbeeld van de Verlichting.)

Op de bres voor de duisternis?

Met zijn uitbundige lofzang op deze uitvinding – hoe lichter, hoe verlichter – was Everett een kind van zijn tijd. Begin twintigste eeuw, in de tijd waarin *O Brother, Where Art Thou?* zich afspeelt, bestond over het algemeen nog een rotsvast vertrouwen in de maakbaarheid van de toekomst. Er waren dissonante stemmen, maar de grondtoon was optimistisch. Na twee wereldoorlogen en de Koude Oorlog was die toon moeilijker vol te houden. De techniek had tenslotte een grote rol gespeeld in de omvang van deze oorlogen. De ontnuchtering was groot en veel filosofen ruilden doorgeschoten optimisme in voor doorgeschoten pessimisme. Everetts enthousiasme over de techniek kom je tegenwoordig niet snel meer tegen. Dat wordt op treffende wijze geïllustreerd door het feit dat er momenteel pleidooien voor meer duisternis worden gehouden.

In 2000 werd het Platform Lichthinder opgericht, dat opkomt 'voor het behoud van duisternis als een kwaliteit van onze leefomgeving'. Dat zou hard nodig zijn, want 'Verlichting is een van de meest dramatische veranderingen in ons milieu.' Een argeloze bezoeker van de website www.platformlichthinder.nl zal zich achter de oren krabben als hij dit leest: heb ik iets gemist?

Wat is precies het probleem? De Nederlandse hemel baadt 's nachts in een oranje gloed door de assimilatielampen in kassen, de lantaarnpalen en de reclamezuilen langs de snelwegen. Ter vergroting van de veiligheid worden bedrijventerreinen 's avonds strategisch verlicht met schijnwerpers; monumenten worden zo aangelicht dat ze ook na het invallen van de duisternis hun monumentale aureool behouden. 'Licht lijkt een onlosmakelijk bijeffect van de verstedelijking en de 24-uurs-economie,' concludeert het Platform. 'In een geïndustrialiseerd gebied als West-Europa is het nagenoeg onmogelijk om nog plekjes te vinden waar de hemel echt donker is.' En dat zou slaaptekort veroorzaken, verstoring van ons bioritme en wellicht zelfs kanker.

Dodelijk licht? De kritiek van het platform behelst meer dan de persoonlijke afkeer van een groepje lichthaters. Ze beschouwen een te lichte nachthemel als een gevaarlijk bijeffect van de hedendaagse hoogontwikkelde samenleving. Hun diagnose herinnert aan de maatschappijkritiek van de Frankfurter Schule, die bekend is komen te staan als de 'dialectiek van de Verlichting'. De auteurs van het gelijknamige boek, in 1947 voor het eerste verschenen bij de Amsterdamse uitgever van *Exil*-literatuur, Querido, waren Max Horkheimer en Theodor Adorno. Hun boek blinkt uit in wijdlopigheid maar de kerngedachte komt neer op de volgende these: streefde de Verlichting ernaar de omgeving met behulp van techniek onder controle te krijgen, uiteindelijk heeft zij het tegendeel voortgebracht. De hedendaagse cultuurfilosoof Frans van Peperstraten zegt het als volgt: 'De mens is geen heer en meester geworden, zoals het programma van de Verlichting luidde, maar is overmeesterd door wat hij zelf in het leven heeft geroepen.' Maatregelen die de chaos moesten bezweren, zouden zijn gesmoord in goede bedoelingen en hebben uiteindelijk geresulteerd in nieuwe chaos. Neem het hedendaagse voorbeeld van de auto. Met dit voertuig dachten reizigers zichzelf een geweldige bewegingsvrijheid te verschaffen; maar als iedereen er een aanschaft, staan ze in de file en verdampt de zojuist verworven autonomie als sneeuw voor de zon.

De remedie is erger dan de kwaal: dat is in één zin de dialectiek van de Verlichting. Vanzelfsprekend verdient iets wat een zo ingrijpende invloed heeft als techniek een kritische bejegening. Maar kritiek kan ook doorschieten in een nietsontziend wegwerpgebaar. Door een overdreven fixatie op de schaduwzijden van technologische ontwikkelingen hebben filosofen de neiging die categorisch te veroordelen. Er zijn er maar weinig die zich zo krachtig distantieerden van de moderne tijd als Martin Heidegger, die een tijdgenoot was van Adorno en Horkheimer. In 1966 vroeg een journalist van het Duitse weekblad *Der Spiegel* hem in een uitvoerig vraaggesprek naar de toekomst van de westerse samenleving. Daarover liet hij weinig misverstand bestaan: die toekomst was er nauwelijks. Zijn voorspelling zette hij kracht bij met de volgende omineuze boodschap: 'Nur noch ein Gott kann uns retten.' Slechts een God kan ons redden? Veel somberder kun je het amper krijgen. Natuurlijk zijn files vervelende dingen die automobilisten over zichzelf afroepen. Daaruit echter concluderen dat auto's hun autonomie helemaal niet vergroten gaat te ver. Leg dat maar eens uit aan de dame op leeftijd die slecht ter been is maar dankzij haar rijbewijs nog in staat is haar eigen boodschappen te doen en bij haar familie op bezoek te gaan. Haar actieradius mét auto is vele malen groter dan zonder auto – alleen vindt iedereen dit zo gewoon dat het nauwelijks nog opvalt.

In het recht bestaat het beginsel van proportionaliteit: een vonnis moet in verhouding staan tot de zwaarte van een misdrijf. Levenslang voor een parkeerbon zou absurd zijn, net zoals een taakstraf dat is voor een drievoudige moord. Ook veel filosofen – zeker cultuurfilosofen – zouden zich dit principe moeten aantrekken. Het zou voorkomen dat wat als een kritische analyse bedoeld is doorschiet in ongeremd gesomber.

Zo bont als Heidegger maakt het Platform Lichthinder het

niet. Een appel tot een bewuster lichtbeleid is in beginsel prijzenswaardig. Hoewel ik me afvraag hoeveel lampen er nu branden die net zo goed uit kunnen… Als besparen op licht in de praktijk een besparing op veiligheid betekent, is meer duisternis een slecht idee. Potsierlijk zijn echter de pogingen van de International Dark Sky Association (IDA), ook op de website van het platform, om het nachtelijk duister bij de UNESCO aangemerkt te krijgen als mondiaal erfgoed. 'Volgens de IDA moet duisternis worden beschermd omdat het een van de oudste erfgoeden op aarde is.' Oud is zij zeker. Maar hoe moet die bescherming van het duister er in de praktijk uitzien? Bij de piramiden van Gizeh, sinds 1979 op de werelderfgoedlijst, kun je beveiliging plaatsen, die erop toeziet dat ze niet vernield worden. Moet de duisternis op eenzelfde manier worden beschermd – door de lichtpolitie? – tegen beschadiging of vernietiging?

Het is kortom moeilijk niet in de lach te schieten van dit initiatief. Een ander voorstel op de website van het platform wekt eerder verbijstering dan dat zij de lachlust prikkelt: momenteel wordt getracht een recht op sterrenlicht vast te leggen. Slecht idee. Het zou een aantasting zijn van de statuur van het recht. Ze moeten een zekere eerbied kunnen afdwingen en ontsproten zijn uit een gevoel van urgentie. Die urgentie is niet in het geding als het gaat om de bescherming van primaire levensbehoeften, zoals veiligheid. Anders ligt dat met de bescherming van sterrenlicht. Hoort die ook in dit rijtje thuis? Dat zou veronderstellen dat het gebrek eraan vergelijkbaar is met een gebrek aan veiligheid. De vergelijking maken is haar weerleggen. Sterrenlicht opeisbaar maken via een rechter is een misleidende dramatisering van het probleem van de duisternis en leidt tot een banalisering van het recht. Dan getuigt het betoog van Everett, in al zijn driestheid, van meer realiteitszin. Verlichting is veel belangrijker dan duisternis en verdient het te worden gekoesterd.

5 De vrijheid van meningsuiting: een oefening in nederigheid

Wie de vrijheid van meningsuiting fel verdedigt, loopt het risico te worden versleten voor een Verlichtingsfundamentalist. En dat is, voor alle duidelijkheid, niet complimenteus bedoeld. De Leidse hoogleraren Paul Cliteur en Afshin Ellian zouden het zijn, evenals hun Utrechtse collega Herman Philipse. Een Verlichtingsfundamentalist zou, kort gezegd, het nuchtere rationalisme dat eigen is aan de Verlichting aan anderen willen opdringen. Dat anderen er andere waarheden op na houden gaat er bij hem niet in.

Waarschijnlijk had de Verlichtingsfundamentalist zonder 9/11 nooit bestaan. De aanslagen op de Twin Towers kwamen voort uit religieus fundamentalisme, dat de waarheid in heilige boeken zou hebben gevonden. Alternatieve visies zijn niet alleen onwaar, maar zelfs godslasterlijk. Een vergelijkbare denktrant ontwaarde men bij denkers die al te stellig zouden opkomen voor typisch westerse waarden, zoals de vrijheid van meningsuiting. Hoe verdraagzaam waren zíj eigenlijk in hun bejegening van andere ideeën? Dat ze geen wolkenkrabbers binnen vlogen, mocht geen belemmering zijn ze fundamentalistisch te noemen. In plaats van naar een heilig boek verwezen ze naar de Verlichting. Als ze de vrijheid van meningsuiting zo krachtig verdedigen, gaat de kritiek, zouden ze eenzelfde monopolie op de waarheid claimen als degenen die ze zeggen te bestrijden.

Inmiddels kan deze diagnose op brede instemming rekenen. Zelden wordt ze nog toegelicht. De spellingcontrole van Word zet al geen rood golfje meer onder 'Verlichtingsfundamentalist': het

programma herkent en erkent het woord dus. Verlichtingsfunda-
mentalisme heeft zelfs een eigen lemma in de internetencyclope-
die Wikipedia. Zo'n bliksemcarrière is indrukwekkend voor wat
aanvankelijk weinig meer dan een retorische vondst was. Dat het
woord inmiddels van zijn retorische lading is ontdaan en algemeen aanvaard is, maakt de vraag of bovengenoemde analyse
juist is des te noodzakelijker. Maken Verlichtingsfundamentalisten zich inderdaad schuldig aan het opdringen van het eigen gelijk? En is de vrijheid van meningsuiting terecht uitgegroeid tot
hét symbool van deze vermeende hooghartigheid?

De hoogte in

Beantwoording van deze vragen begint met een historische in-
bedding van het vraagstuk. Want hoewel de kreet 'Verlichtings-
fundamentalisme' van recente datum is, geldt dat niet voor de on-
derliggende thematiek. Om het onvriendelijk te stellen: het gaat
hier om oude wijn in nieuwe zakken.

Velen bekijken het rationalisme, dat dominant werd tijdens de
Verlichting, met argusogen. Niet alleen filosofen, maar ook leken.
Een treffende illustratie blijft de televisiescène waarin een boer
wordt verteld dat er mensen in de ruimte zijn geweest en zelfs op
de maan zijn geland. Het fragment mag worden gerekend tot de
canon van de televisiegeschiedenis. De boer reageert in eerste
instantie met scepsis op de mededeling dat mensen de maan
hebben bezocht: onmogelijk. Zal wel trucage zijn, op televisie
kunnen ze de kijkers immers van alles laten geloven. Maar nog
onthullender is zijn reactie op de geweldige pretentie die spreekt
uit de ruimtevaart: mensen zouden zich nederiger moeten opstellen. Het getuigt van hoogmoed om grenzen steeds verder te willen
verleggen, vindt hij.

Het zou een vergissing zijn het fragment als ludiek af te doen,
of als een vertoon van achterlijkheid. De boer staat namelijk bepaald niet alleen in zijn opvattingen. Zeker zijn laatste opmerking, waarin hij technische vooruitgang ziet als een uitdrukking

van een opgeblazen ego, staat in een lange traditie van wantrouwen jegens het rationalistische wereldbeeld. Deze hoogmoed manifesteert zich op tal van manieren. Maar bijzonder gevoelig ligt het als mensen de hoogte in gaan. Dat bleek al uit het televisiefragment waarin de ruimtevaart werd veroordeeld, maar wordt nog duidelijker als het gaat over wolkenkrabbers. Een lucide analyse van dit fenomeen geven Ian Buruma en Avishai Margalit in hun essay *Occidentalism* (2004). Het heeft het formaat van een cadeauboekje, maar vergis je niet: het is een van de meest instructieve bijdragen aan het publieke debat sinds 9/11. De ondertitel van het boekje luidt: *The West in the Eyes of Its Enemies*. Het Westen volgens zijn vijanden dus. Die komen, hoe kan het anders, uit de islamitische wereld. Maar, en dat is verrassender, niet alléén uit die contreien. Sterker, veel antiwesterse sentimenten, zoals die nu leven onder moslims, verwijzen naar bronnen uit datzelfde Westen.

Een van de hoofdstukken is getiteld 'The Occidental City'. In enkele tientallen pagina's behandelt het een paar duizend jaar architectuurgeschiedenis. Onmiddellijk blijkt dat architectuur veel meer doet dan mensen een dak boven hun hoofd verschaffen. Een hoop steen, staal en glas kan grote weerzin oproepen, zelfs woeste razernij. Buruma en Margalit geven een overzicht van die woede. Dit begint in het heden: bij de Twin Towers, lang de hoogste wolkenkrabbers ter wereld en als zodanig het doelwit van Al-Qaida op 11 september 2001. Mohammed Atta, de leider van de negentien kapers, koos die torens niet toevallig. Het Westen, waartegen hij zei te strijden, is een abstract begrip. Maar als het ergens door verzinnebeeld wordt is het New York. Op zijn beurt stond het World Trade Centre weer symbool voor deze stad, dat Buruma en Margalit 'ons hedendaagse Babylon' noemen.

Deze Bijbelse verwijzing is meer dan een rake beeldspraak. New York is de zoveelste reïncarnatie van Babylon, zoals Parijs dat was in de negentiende eeuw en Rome in de eerste eeuw na Christus (volgens de dichter Juvenalis). Op verschillende plaatsen in de Bijbel wordt naar de stad verwezen, onder meer om de losbandige moraal aldaar te laken. Maar zijn faam dankt Babylon aan het elfde hoofdstuk van het boek Genesis, dat gaat over de Toren van Babel, de oermoeder aller wolkenkrabbers. De bouw begint met de uitvinding van kleiblokken en aardpek, die de Babyloniërs gebruikten als stenen en specie. Zo kwamen ze op het volgende idee: 'Laten we een stad bouwen met een toren die tot in de hemel reikt. Dat zal ons beroemd maken.' De hemel bleek echter onbereikbaar, verder dan de wolken lukte niet. God greep namelijk voortijdig in en deed de ambitieuze onderneming mislukken. Niemand die dit onvoltooide project mooier heeft weten te verbeelden dan de Vlaamse schilder Pieter Bruegel de Oude met zijn doek *De toren van Babel* (1563). Het beeld is bekend: als een gigantische rotte tand staat hij daar, de onaffe toren.

Over de motieven van God voor zijn brute ingreep laat de Bijbel weinig los. Zoals zo vaak zijn zijn wegen ondoorgrondelijk. Doorgaans wordt zijn daad als volgt uitgelegd: de Babyloniërs maakten zich schuldig aan blasfemische grootheidswaan. Als ze een hoge toren hadden gebouwd waren ze daarmee vermoedelijk goed weggekomen. Maar nee, het moest nog hoger, tot in de hemel, een bestemming waarvan de symbolische waarde nauwelijks valt te overschatten. Hier zou immers God zelf zetelen. De Babyloniërs wilden dus niets minder dan op gelijke hoogte komen met de Allerhoogste. Daarmee zou de hemel zijn exclusieve status verliezen van uniek heiligdom dat verering verdiende. Ook op een andere manier bedreigden de Babyloniërs de hemel. Ze gelden als de eerste astronomen, die naar boven tuurden met een wetenschappelijke in plaats van een religieuze blik. De hemel transformeerde in een studieobject waarover je kennis kon vergaren. Kende je de wetmatigheden waarmee de hemellichamen bewogen, dan kon je zelfs hun route voorspellen. De hemel hoefde in principe geen mysterie te blijven. Voelde God zich bedreigd door deze ontwikkeling? Het zou heel goed kunnen. Hoe dan ook riep hij de pretentie van almaar hoger op bruuske wijze een halt toe toen hij de bouw van de Toren vroegtijdig stilzette.

Twijfel

Natuurlijk is kritiek op het wetenschappelijk bedrijf welkom. Zeker als je bedenkt dat het rationalisme soms doorsloeg, zoals met het positivisme, dat in de negentiende eeuw ontstond. Aan de wieg van deze stroming stond de Fransman Auguste Comte, die zou uitgroeien tot grondlegger van de sociologie. Hij beschouwde de geschiedenis als het proces van de volwassenwording van de mensheid. Volgens hem had de mensheid eerst een mythologische fase doorlopen, vervolgens een metafysisch stadium, waarna ze de laatste fase, de wetenschappelijke, had bereikt. Zij was volwassen als ze zich niet langer verliet op fantasmagorieën zoals engelen en duivels, maar haar welzijn vergrootte via wetenschappelijke ontdekkingen en de technische toepassingen daarvan. Overigens verdient Comte hier bescherming tegen de aantijging dat hij een ongebreideld vertrouwen had in de rede. Die reputatie dankt hij met name aan een groep volgelingen, die hem op ongezonde wijze gingen vereren. Zij maakten van het positivisme een religie 'van mensen'. Bij deze cultus hoorden een eigen bijbel, riten en zelfs tempeltjes.

Te vaak wordt de Verlichting als een comteaans exces beschouwd. Wie echter auteurs uit de Verlichting leest, stuit niet op ronkende passages die de lezer de waarheid in het gezicht smijten. Zie de hoofdwerken van René Descartes, met wie de filosofische overzichtswerken de moderne filosofie doorgaans laten beginnen. In zijn persoonlijk getinte werken tref je geen arrogante betweter aan vol zelfvertrouwen over zijn kennis, maar iemand die daarover juist hoogst onzeker is – en die onzekerheid in de loop van zijn teksten zelfs gaat koesteren. De systematische twijfel aan alles groeit uit tot zijn filosofische methode. Ander voorbeeld: Immanuel Kant. Zijn kritiek van de theoretische en de praktische rede geldt als het onbetwiste hoogtepunt van de Verlichting. Deze tour de force is in alle opzichten monumentaal te noemen: qua omvang en qua diepgang. Reden genoeg dus voor triomfantelijk geroffel op de borst. Maar Kant zul je daarop niet betrappen; hij is wars van fundamentalisme. 'Durf te denken,' is zijn beroemde oproep als hij zijn definitie geeft van Verlichting. Zij bepleit een houding dingen niet zonder meer op gezag aan te nemen. Omdat het gezag het altijd mis kan hebben, is weinig zo heilzaam als de kunst van het oprechte twijfelen, waar – dat had Kant scherp gezien – een flinke dosis moed voor nodig is.

Natuurlijk behelst de Verlichting meer dan het gedachtegoed van Descartes en Kant. Maar zij behoren tenminste tot het allerbelangrijkste wat deze filosofische stroming heeft voortgebracht, wat hun oeuvres maatgevend maakt. Op grond van deze teksten is het bepaald niet gemakkelijk Verlichting arrogantie in de schoenen te schuiven. Moeten Verlichtingsfilosofen er niet veeleer voor waken dat ze eindigen als eeuwige twijfelaars die zich onthouden van elk oordeel? Met andere woorden: hoe verhoudt zich de systematische twijfel van Descartes tot de waarheid? Al sinds de Griekse filosofie geldt de sceptische filosofie als aartsvijand van de kenleer. Vandaar de vraag: brengt zij de waarheid niet om zeep? Hoe paradoxaal het ook klinkt, een omgeving die ruim baan geeft aan de twijfel hoeft niet de doodsteek te betekenen voor de waarheid. Sterker, deze kan daar juist baat bij hebben.

Verschillende denkers hebben deze paradox opgelost, zoals de klassieke liberaal John Stuart Mill met *On Liberty* (1859), dat ook nog eens schitterend is geschreven. Net zo eloquent, maar doorwrochter is *The Constitution of Liberty* (1960) van Friedrich von Hayek. Deze Oostenrijkse denker heeft tot dusver niet de aandacht gekregen die hij verdient, althans niet op het Europese continent. Hij staat vooral bekend als econoom en dankt zijn faam aan het pamflet *The Road to Serfdom* (1944), waarin hij waarschuwt voor overheden die zich opwerpen als hoeders van de economie. Het oprukkende communisme, dat zich in het interbellum dreigde te verspreiden over heel Europa, baarde hem grote zorgen. Het idee van een planeconomie beschouwde Hayek niet alleen als een misvatting, maar ook als een teken van misplaatst zelfvertrouwen onder politici. Is het niet aanmatigend om te veronderstellen dat zij over zoveel inzicht beschikken dat ze als architect kunnen fungeren van zoiets complex als de economie?

Politici moeten hun ambities temperen. In *The Constitution of Liberty* geeft Hayek een filosofische onderbouwing van deze gedachte én breidt hij haar uit naar andere terreinen, waaronder de wetenschap en het publieke debat. In beide domeinen wordt gemikt op de waarheid. Zonder deze ambitie is deelname zinloos. Hier past echter nederigheid: individuele wetenschappers of deelnemers aan het publieke debat hebben hun beperkingen. Niemand kan het alleenrecht op de waarheid opeisen, wat, opgelet, niet betekent dat er geen waarheid kan bestaan. Hayek belandt niet in het kamp van de postmodernisten. Het postmodernisme zal het ermee eens zijn dat niemand het monopolie op de waarheid kan claimen, maar gaat nog een stap verder door te stellen dat waarheid zo'n problematisch begrip is dat je er nauwelijks mee uit de voeten kunt. Iedereen zit gevangen in zijn eigen perspectief. Beter kun je stellen dat er louter verhalen zijn, waarvan niet is uit te maken of de één een accuratere beschrijving biedt van de werkelijkheid dan de ander. Dat lijkt me al te bescheiden: je kunt te veel pretenties koesteren, maar ook te weinig. Wellicht dat een exacte weergave van de werkelijkheid onhaalbaar is, maar dat neemt niet weg dat de ene uitspraak wel degelijk dichter in buurt komt dan de andere. Niet elk verhaal, om het jargon van het postmodernisme vol te houden, is even aannemelijk. Harry Frankfurt, emeritus van de universiteit van Princeton, zegt het als volgt in het miniboekje *On Truth* (2006): 'Er is een dimensie van de realiteit waartegen zelfs de brutaalste – of de meest gemakzuchtige – overgave aan subjectiviteit niet mag zondigen. Dit is de diepere betekenis van Clemenceaus beroemde antwoord toen hem gevraagd werd te bedenken wat toekomstige historici over de Eerste Wereldoorlog zouden zeggen: "Ze zullen niet zeggen dat België Duitsland binnenviel."'

Bovendien hoeven individuele wetenschappers en deelnemers aan het publieke debat niet in hun eentje hun standpunt te bepalen. Ze doen er verstandig aan de wijsheid van het collectief aan te spreken. Er is in het verleden namelijk al een geweldige hoeveel-

heid denkwerk verzet. Op verschillende plaatsen in *The Constitu-*
tion of Liberty is het alsof Edmund Burke, de aartsvader van het
conservatisme, aan het woord is, die, zoals we eerder hebben gezien, de geschiedenis beschouwde als een schatkamer waar 'de
opgespaarde redelijkheid der eeuwen' lag opgeslagen. Die zet je
niet zomaar aan de kant. Let wel, hiermee wordt niet bedoeld dat
waarheid een kwestie is van stemmen tellen. De opvatting die,
heel democratisch, op de meeste instemming mag rekenen zou
waar zijn – zo werkt het niet. Tot de renaissance dacht een meer-
derheid dat de zon om de aarde draaide. Maar dat maakte nog niet
dat Copernicus, verdediger van de omgekeerde stelling, fout zat.
Hoe gaat waarheidsvinding dan in haar werk? Ze is de resultante
van het chaotische proces waarin iedereen elkaars opvattingen,
die van tijdgenoten maar ook die van voorgangers, becommenta-
rieert, bediscussieert en in sommige gevallen falsifieert. Binnen
dit spanningsveld positioneren wetenschappers zich, maar ook
de deelnemers van het publieke debat.

Garanties op wetenschappelijke vooruitgang zijn er niet. Wel
zijn sommige voorwaarden gunstiger dan andere. Vooruitgang
bewijs je de beste dienst door zoveel mogelijk opvattingen toe te
laten in het debat. Anders gezegd: door op te komen voor een
maximale vrijheid van meningsuiting. Laat opvattingen zich bewijzen voor het tribunaal dat *trial and error* heet. Welke houden
zich het beste staande nadat ze van alle kanten beproefd zijn? In
confrontatie met andere inzichten moet blijken hoe houdbaar ze
zijn.

De vrijheid van meningsuiting schept de mogelijkheid voor
kritiek. Alleen zo waarborg je dat mensen kunnen experimente-
ren, zowel in het wetenschappelijk bedrijf als in het publieke debat. De uitnodiging tot deelname hieraan moet zo ruimhartig
zijn als kan, de entree van de publieke arena dient met zo min mogelijk restricties gepaard te gaan. Betekent dit dat elke uitspraak
dan is toegestaan? Het is een verwijt dat vaak wordt gemaakt aan
het adres van de Verlichtingsfundamentalist. Hij zou de vrijheid
van meningsuiting verabsoluteren en geen enkele inperking van
dit recht erkennen. In werkelijkheid is er niemand die dit stand-

punt verdedigt, of het moet de ultralibertijn Markies de Sade zijn. Ook voorstanders van een maximale vrijheid van meningsuiting erkennen dat er grenzen aan dit beginsel zijn.

De vraag is niet: ben je voor of tegen de vrijheid van meningsuiting? Maar: waar situeer je de grens tussen het toelaatbare en ontoelaatbare? Wanneer fatsoensnormen in het gedrang raken? Of als het recht wordt aangewend om aan te zetten tot geweld? Verdedigers van het tweede standpunt pleiten voor een aanmerkelijk grotere vrijheid van meningsuiting dan die van het eerste standpunt. Maar het verschil in inzicht betreft niet alleen de omvang van dit recht. Een ander onderscheid tussen de twee standpunten is dat de tweede partij zich minder moreel opstelt dan de eerste. Klassieke liberalen als Hayek stellen zich amoreel op. Ze verwerpen oproepen tot geweld niet in de eerste plaats omdat ze de inhoud van deze mening moreel verwerpelijk vinden. Hun bezwaar is dat hier het punt ligt waarop de vrijheid van meningsuiting zichzelf om zeep brengt, zoals een schorpioen zichzelf met zijn staart kan doden. Neem het voorbeeld aller voorbeelden: de fatwa die ayatollah Khomeini in 1989 uitsprak over Salman Rushdie wegens diens boek *The Satanic Verses* (1988). Moslims zouden hun heilige plicht vervullen als ze hem vermoordden. Zou je geen kampioen van de vrijheid van meningsuiting zijn als je Khomeini deze uitspraak zou gunnen? Die vlieger gaat niet op. Want wat er bij Khomeini aan spreekruimte bij komt, gaat er bij Rushdie vanaf. Dáár wordt de vrijheid van meningsuiting begrensd: als anderen dit recht niet meer kunnen genieten.

Natuurlijk zijn er regels die maken dat discussies ordentelijk verlopen. Die zijn echter niet van juridische, maar bijvoorbeeld van logische aard. 'Als het regent worden de straten nat' is een bewering met de juiste vorm, te weten een modus ponens. Omgekeerd bega je een logische misser als je stelt: 'De straten zijn nat, dus het heeft geregend.' (De brandweer kan bijvoorbeeld net open dag hebben gehad en een blusdemonstratie hebben gegeven.) Verder wint het debat aan kwaliteit als de deelnemers de etiquette enigszins in acht houden. Zo is een ad-hominem-argument niet sterk, en soms ronduit kwetsend. Maar zelfs in die gevallen is terughoudendheid gewenst: stel de gang naar de rechter zo lang mogelijk uit. Er wordt nogal eens gezegd dat de vrijheid van meningsuiting een zeker niveau van beschaving veronderstelt en dat zij hierdoor zelfs zou worden verrijkt. Hoewel etiquette onmisbaar is voor een samenleving, hangt zij niet samen met het recht om te zeggen wat je wilt, of in elk geval minder dan aangenomen. Dit recht treedt namelijk juist dan in werking als het betamelijke uit het zicht raakt. Ga je dan verbieden of niet? Het onbetamelijke stelt de vrijheid van meningsuiting pas goed op de proef. Pas wie dit recht knarsetandend verdedigt, heeft het goed begrepen.

Het monoculturele ideaal

Een bescheiden kenleer impliceert dus niet dat je elke vorm van rationaliteit moet opgeven. Kun je zo niet ook naar de Verlichting kijken – als een stroming die het niet zozeer ging om de waarheid, als wel om een *zoektocht* naar de waarheid en hoe deze te organiseren? Zo'n benadering brengt meer samenhang in de uiteenlopende visies op dit tijdperk. Eén interpretatie van de Verlichting benadrukt de geweldige kennisexplosie die ze heeft veroorzaakt. Kijk je er zo naar, dan gelden natuurwetenschappers als Isaac Newton als boegbeelden. Of was de Verlichting vooral politiek geïnspireerd, bijvoorbeeld als ze pleit voor politieke rechten, waaronder de vrijheid van meningsuiting? Deze visie levert heel andere vertegenwoordigers op, zoals Baruch de Spinoza, John Locke en de Amerikaanse *Founding Fathers*.

Vanzelfsprekend heeft de ene denker zich meer dan de andere met wetenschap beziggehouden. Maar dat is vooral een kwestie van accenten. Het is opmerkelijk hoe allround geëngageerd ze waren: vrijwel allemaal schreven ze over een brede waaier aan onderwerpen. Vakspecialisten had je nog nauwelijks. Doe je de werkelijkheid dus geen geweld aan door van de Verlichting een tweestromenland te maken, met een wetenschappelijke en een politieke variant? Die twee gaan namelijk heel goed samen en hebben alles met elkaar te maken. Wettelijk verankerde rechten, waaronder het recht om te zeggen wat je wilt, zijn direct van invloed op de queeste naar de waarheid. Ze helpen de kans op succes aanzienlijk vergroten. Vergelijk het met een invitatie: de ontvangende partij kan die altijd afslaan. Zo is het ook met de waarheid. Eén ding is zeker: als je je onwelkom opstelt, meldt zij zich in geen geval. Dat is wat de Verlichting ambieerde: een zo welkom mogelijk klimaat voor ideeën.

Terug naar het verwijt dat Verlichtingsfundamentalisten zich te pretentieus zouden opstellen. Zo evident is deze claim niet meer. Opkomen voor de vrijheid van meningsuiting een teken van arrogantie? Het is eerder omgekeerd. Iedereen zijn zegje laten doen is een remedie tegen buitenissig zelfvertrouwen. Vandaar dat je de vrijheid van meningsuiting ook een oefening in nederigheid kunt noemen. Op de bres springen voor deze waarde duidt niet op superioriteit, maar juist op generositeit.

Zo aanmatigend als aangenomen, zijn de verdedigers van het vrije woord dus niet. En zo weerloos zijn hun vermeende slachtoffers niet, moet daaraan worden toegevoegd. Want de verhouding tussen de beide partijen vergt een preciezere bepaling. In deze kwestie draait het om hun beider waardering van de pluraliteit. De positie van de een – die gemakshalve het standpunt van de Verlichtingsfundamentalist blijft heten – is bekend, nu die van de ander nog. Opnieuw werkt de Toren van Babel verhelderend.

Tot nog toe fungeerde de oerwolkenkrabber als symbool voor de menselijke hoogmoed, waartegen God hard optrad. Opmerkelijk is de straf die hij koos. Uit verschillende Bijbelpassages is bekend dat hij de harde tuchtiging niet schuwt, onder meer als hij de elementen inzet om zondaars een lesje te leren. Zo niet in het geval van de Babyloniërs. Met een bliksemschicht had hij hun Toren kunnen neerhalen. Hij bedacht iets anders. 'Laten wij naar hen toe gaan en spraakverwarring onder hen teweegbrengen, zodat ze elkaar niet meer verstaan.'

Polyfonie is desastreus, is de niet mis te verstane boodschap hier. Onverstaanbaarheid werkt zo ontwrichtend dat ze gemeenschappen om zeep helpt. Hoe kan de aannemer van de Toren van Babel zich dan nog verstaanbaar maken aan zijn werklieden? Aan deze realiteit herinnert nog de uitdrukking van 'een Babylonische spraakverwarring'. Maar het visioen van een veelheid aan stemmen schrikt ook om een andere reden af. Over de vertelling over de Toren hangt een rouwsluier. Ze opent met de opmerking dat er op aarde ooit één enkele taal werd gesproken. Dankzij de Babyloniërs is aan die situatie, waarin de mensheid nog één grote familie was, een eind gekomen. Als je het elfde hoofdstuk uit Genesis zo leest, is het ook een relaas over alweer een jammerlijk einde aan het verblijf in het paradijs. Mensen slaagden er al niet in het uit te houden in de Hof van Eden, en nu ging ook de oertoestand waarin maximale gemeenschapszin bestond ten onder.

In hedendaags jargon zou je deze boodschap als volgt kunnen formuleren: God heeft bepaald geen hoge dunk van de multiculturele samenleving als hij veelstemmigheid als strafmaatregel bedenkt. Blijkbaar is hij voor een monocultuur, waarin iedereen zich richt naar één norm. Uiteraard is ook in een betekenisvolle multiculturele maatschappij een minimum aan gemeenschappelijkheid vereist, in de eerste plaats om het ingewikkelde proces dat samenleven heet in goede banen te leiden. Dit is nodig als je daadwerkelijk met elkaar van mening wilt verschillen. Eenheid gaat aan het verschil vooraf, of om het concreet te houden: de voetbalregels aan een voetbalwedstrijd. Twee voetbalteams kunnen alleen de krachtmeting aangaan als er een scheidsrechter bestaat die de regels bewaakt. Het kan niet zo zijn dat de linksachter plots de bal oppakt, een run door de catacomben maakt, daar weer uit komt ter hoogte van het doel van de tegenstander, de keeper van de tegenpartij in zijn ogen prikt en de bal in het lege doel legt. Nee, zo werkt het niet. Zoals gezegd: willen verschillen aan het licht komen tussen de strijdende partijen, dan is het noodzakelijk dat ze het over enkele zaken eens zijn, zoals hoe het eraan toe gaat op het voetbalveld. Maar dit lijkt niet de monocultuur die de Bijbel op het oog heeft. Het goddelijke vonnis over de Toren van Babel leert iets anders, namelijk dat een veelheid van stemmen bepaald niet nastrevenswaardig is – zeg maar gerust dat zij ronduit destructief uitpakt. Inderdaad sluit veelstemmigheid bijna per definitie een rimpelloze eensgezindheid uit. Kakofonie ligt altijd op de loer. Alleen is dat niet zonder meer reden voor somberheid. Rumoer hoort nu eenmaal bij het publieke debat. De *clash of opinions* is zelfs de kraamkamer van kennis en vooruitgang. Terug naar de beginvraag. Wie is nu de beste pleitbezorger van een variëteit aan opvattingen? De Bijbel in elk geval niet. Dan winnen de zogenaamde Verlichtingsfundamentalisten. Als zij opkomen voor de vrijheid van meningsuiting openen zij een ruimte waarin plaats is voor meerstemmigheid. Dat maakt hen tot de ware vrienden van de multiculturele samenleving.

DE SAMENLEVING

6 De West-Friese polders: hoopvol landschap

Hoe vaak heb ik het West-Friese polderlandschap niet vervloekt? Ik groeide op in Schagen, dat als een eiland in een zee van groene weilanden ligt. Zodra je de bebouwde kom verliet, belandde je in open terrein. Daar begon het Grote Niets. Het is er zo vlak dat het een ode aan de horizontale lijn lijkt, net zoals Manhattan dat is aan de verticale lijn. Overal zie je de horizon, in grote delen van de wereld een zeldzaamheid. De oorspronkelijke betekenis van 'Schagen' is nog onverminderd van toepassing op de huidige situatie. 'Scagha', zoals het meer dan 1000 jaar geleden genoemd werd, zou 'uitstekende punt' betekenen. Nog steeds is het plaatsje een verticale anomalie in het omringende landschap.

Tussen de weilanden heeft de wind vrij spel. De wetmatigheid leek daar niet te gelden dat wind tegen tijdens de heenreis zich op de terugreis transformeerde in een welkom duwtje in de rug. In deze omgeving was alle wind tegenwind. Maar dat kan ook de macht der suggestie geweest zijn. Lang associeerde ik polders met deze gure leegte. Saaiheid troef, was mijn stellige overtuiging. Weiland, dijk, slootje. Weiland, dijk, slootje. Weiland, dijk, slootje. Dat is het ritme van de streek, afgedwongen door de geometrische indeling van het land.

Pas later realiseerde ik me hoezeer ik het land tekort doe door zijn eentonigheid gelijk te stellen aan saaiheid. Weinig landschappen zijn zo intrigerend als het polderlandschap. Hoewel het oog vooral uitgestrekte weilanden registreert, is het onjuist polders te definiëren in termen van leegte. Het is precies omgekeerd. Ze hebben het landschap juist gered van het niets: waar eerst water was, is nu land.

In de late zestiende eeuw bestond in Amsterdam grote behoefte aan vruchtbaar land, evenals aan ruimte voor buitenplaatsen om tijdens de zomermaanden de stad te ontvluchten. Het gezegde luidt dat God de wereld schiep, maar de Hollanders Holland. De vergelijking is niet eens zo aanmatigend als ze lijkt. Beider producten, zowel dat van het opperwezen als van de Nederlanders, zijn een *creatio ex nihilo*. Een schepping vanuit het niets. Alleen had de eerste er maar zes dagen voor nodig en is de overwinning op het water van de tweede nooit zeker gesteld. Een typisch geval van werk in uitvoering.

Als historische objecten zijn polders stevig verankerd in de geschiedenis. Onder de noemer 'Beemster' hebben ze een plaats gekregen in de Canon van Nederland. Ze zijn, samen met de Deltawerken, gaan gelden als symbool voor onze verhouding tot het water. Maar dat ze naast historische ook filosofische zeggingskracht hebben is minder vanzelfsprekend. Die these behoeft toelichting. Een heet hangijzer in de filosofie is de vraag of de geschiedenis zich in een opgaande lijn begeeft. Kan vandaag beter zijn dan gisteren, en morgen beter dan vandaag? De aanhangers van dit standpunt, de optimisten, vormen heden ten dage een kleine minderheid ten opzichte van de pessimisten. De tweede positie is populairder onder cultuurcritici. Deze redeneren dikwijls als volgt. Natuurlijk heeft de afgelopen eeuwen een indrukwekkende welvaartsstijging plaatsgevonden. Die spurt is echter niet zonder meer te definiëren als vooruitgang. Aan deze welzijnsexplosie zou de smet kleven van een slecht geweten, die zich niet zomaar laat wegpoetsen. De welvaart van de een (het Westen), is grofweg de redenering, gaat namelijk ten koste van de ander (Afrika). Beider levens worden beschouwd als communicerende vaten: wat er aan de ene kant bij komt, gaat er aan de andere kant van af – en omgekeerd. Deze denktrant is populair, maar dat maakt niet dat hij dus op waarheid berust. Er valt het nodige op af te dingen. Een fietstocht door de polder had de aanhangers van het pessimistische standpunt op andere gedachten kunnen brengen. Dit gemaakte landschap maakt inzichtelijk dat welvaart niet per se een kwestie is van profiteurs versus verliezers.

Hard werken

Eerst een nadere bepaling van het vraagstuk van de schaarste. Waren er maar onbeperkte middelen. Leefden mensen maar in de paradijselijke toestand waarin bronnen als water en olie onuitputtelijk waren. Dan zou de welvaart hier geen schaduwzijde hebben, de baten geen kosten. In dat geval was de samenleving een feestje waarvoor iedereen is uitgenodigd. Maar ja, zo werkt het in de praktijk niet. Bovengenoemde pessimisten noemen dit feestje doorgaans een besloten aangelegenheid met een strikt deurbeleid. *Members only*.

Van het thema schaarste heeft de Nederlandse filosoof Hans Achterhuis uitvoerig studie gemaakt in zijn filosofische klassieker *Het rijk van de schaarste* (1988). Hierin maakt hij een meanderende tocht van Thomas Hobbes naar Michel Foucault en legt hij een belangrijke levensader van de politieke filosofie bloot. Zouden mensen leven in de utopische toestand waarin geen schaarste heerst dan hadden veel wijsgerige discussies over de inrichting van de staat en samenleving niet gevoerd hoeven worden. Zo hadden linkse partijen, wier politieke dadendrang teruggaat op een zucht naar rechtvaardige (her)verdeling, in zo'n wereld nauwelijks bestaansrecht. Wat zou er immers opnieuw verdeeld moeten worden als alle middelen ruim voorradig waren?

Schaarste lijkt een fenomeen van alle tijden maar is dat niet. Achterhuis verbindt het met de moderne tijd, die begon in de zeventiende eeuw. In de klassieke tijd was er geen schaarste. De bestuurlijke toplaag van Athene en later Rome was schatrijk, terwijl slaven helemaal niets bezaten. Sterker nog, ze wáren zelf bezit van de elite. Deze situatie stond echter niet in het teken van schaarste: ze kwam niet voort uit een gebrek aan levensmiddelen maar uit de ordening van de samenleving. De heersende visie daarop in de oudheid was die van Aristoteles. Schoenmaker, houd je bij je leest, is de wijsheid die hij de inwoners van Athene schonk. Hier spreekt geen aristocraat die neerkijkt op het gepeupel en vindt dat dit zich gedeisd moest houden. Aristoteles baseert zich op de kosmische ordening, waarin alles en iedereen een eigen doel zou hebben. Dit geldt voor dieren, planten en stenen, maar net zo goed voor mensen. De Griekse denker heeft gelijk als hij bedoelt dat het onverstandig is, of zelfs ongelukkig makend, je aard te verloochenen. Ambities zonder talent zijn als huizen zonder fundering. Op een zeker moment dreigt instortingsgevaar. Volgens Aristoteles is een gelukkig leven namelijk een geslaagd of gelukt leven. Daarvoor is vereist dat willen en kunnen – in elk geval enigszins – met elkaar in overeenstemming zijn. Wie mank is doet er goed aan het wereldrecord op de honderd meter horden uit zijn hoofd te zetten.

Deze woorden hebben niet de status van een goedbedoelde raad, maar zijn dermate dwingend dat ze een rigide maatschappelijke ordening rechtvaardigen. In het klassieke wereldbeeld zit iedereen vastgeklonken aan zijn bestemming. Met hun dienende rol gaven de slaven gehoor aan de opdracht die ze van de natuur gekregen hadden. Ze waren niet begiftigd met verstand, was het oordeel van Aristoteles. Via een vergelijkbare redenering onthield hij vrouwen politieke vrijheid: ook zij waren beperkt uitgerust met redelijke vermogens, waardoor zij zich verre moesten houden van de politieke arena en zich moesten wijden aan het huishouden. Gelijkheid voor de wet was tegennatuurlijk, zoiets als van stenen vragen om te gaan zweven of van koeien om de wei als habitat te verruilen voor de diepzee. Nee, langs de feministische meetlat gelegd scoort Aristoteles laag. Zijn deterministische visie op de maatschappij schept daarentegen rust: ze vraagt burgers niet hun lot te verbeteren.

In 1651 was het gedaan met die rust. Toen publiceerde de Britse filosoof Thomas Hobbes *Leviathan*. Deze mijlpaal in de politieke filosofie bekritiseerde het statische wereldbeeld van de oudheid niet zomaar, maar zette dat volledig op zijn kop. 'Ik weet,' aldus Hobbes, 'dat Aristoteles als grondslag van zijn leer sommige mensen van nature meer geschikt vond om te heersen, en andere om te dienen.' Deze grondslag betwist hij. Natuurlijk is er een onderscheid tussen 'heren en dienaren'. Maar waarop is dat gebaseerd? Volgens hem in elk geval niet op een verschil in verstand. Alsof hij niet helemaal zeker van zijn zaak is – het valt nu eenmaal moeilijk te ontkennen dat de een nu eenmaal met meer talent is begiftigd dan de ander – doet hij er een schepje bovenop. 'Zelfs als de natuur ze niet gelijk heeft gemaakt, moeten we daar toch van uitgaan.' Voor de wet is iedereen gelijk.

De implicaties van deze wending bleken revolutionair. De leus 'Schoenmaker, houd je bij je leest' was in één klap achterhaald. Ze had eeuwen een sussende werking gehad op al te onstuimige ambities. Slechts een select groepje kon in aanmerking komen voor rijkdom en welvaart, de massa wist dat zulke voorspoed haar nooit ten deel zou vallen. Tegenwoordig roept zo'n situatie onze verontwaardiging op. Waarom de een wel en de ander niet! Dit nieuwe sentiment is voor een belangrijk deel te danken aan Thomas Hobbes. Het duurde nog lang voordat afkomst daadwerkelijk de marginale factor was die zij volgens hem moest zijn; daarvoor waren de negentiende- en twintigste-eeuwse emancipatiebewegingen nodig. Maar met de ideeën van Hobbes was de munitie geleverd. De kiemen voor de meritocratie waren gezaaid: de samenleving waarin succes een uitdrukking is van de inspanningen die mensen leveren. Hard werken en streven naar lotsverbetering golden steeds minder als dwaze overmoed en werden activiteiten die maatschappelijke erkenning opleveren. Daarom luidt de slogan van de moderne samenleving: 'Van krantenjongen tot miljonair.' Een groter contrast met het 'Schoenmaker, houd je bij je leest' dat de oudheid begeleidde is nauwelijks denkbaar.

Dringen geblazen

Ik kan deze ontwikkeling ook anders typeren. Het eerdergenoemde feestje heeft zijn besloten karakter verloren. Een exclusieve club is getransformeerd in een laagdrempelige gelegenheid. In principe is iedereen welkom. En Thomas Hobbes is degene geweest die het bordje *Members only* bij de deur heeft verwijderd.

Het nieuwe deurbeleid klinkt de hedendaagse lezer weliswaar rechtvaardiger in de oren, maar heeft zijn prijs. Houd de metafoor nog even vol. Wat gebeurt er als de deur zo genereus openzwaait? Dat wordt dringen geblazen. Veelvuldig gebruik van de ellebogen is onvermijdelijk. Eenmaal binnen ontstaat een *run* op de hapjes; de schalen zijn in een mum van tijd leeg. Er is lang niet genoeg voor iedereen; mensen vissen achter het net. Datzelfde geldt voor de champagne. Eerst konden de gasten royaal bediend worden. In de nieuwe setting is ontspannen nippen aan je champagneglas er niet meer bij. Haastig achterover klokken is verstandiger. Het bubbeldrankje is namelijk een schaars goed geworden.

Het laat zich raden wat er gebeurt in deze nieuwe hobbesiaanse constellatie. Of eigenlijk: wat er zou kúnnen gebeuren. Van alle denkbare politieke systemen biedt de democratie de grootste kans op vrede. Ik zou tenminste geen serieuze uitdager weten. Netto behartigt zij de harmonie in de samenleving het best. Maar dat betekent niet dat ze louter een kalmerende uitwerking heeft. Dit politieke systeem brengt spanningen met zich mee die elders niet of veel minder aanwezig zijn. Nergens is de wederzijdse concurrentie zo groot als in de democratie, waar iedereen dezelfde juridische status heeft. Wedijver tussen een slaaf en zijn meester zou een zinloze bezigheid zijn geweest, maar als iemand in een democratie ergens zijn zinnen op heeft gezet ontmoet hij velen op zijn pad die daar hetzelfde over denken. De verhouding tot deze gelijkgestemden is dubbelzinnig. Enerzijds zijn ze hard nodig – om je daden te zien en woorden te horen – anderzijds kunnen ze dwarsliggen bij de verwerkelijking van je ambities. Telkens opnieuw: als je solliciteert, bij de aanschaf van een huis, op zoek naar een zitplaats in de trein tijdens de spits. De strijd is met andere woorden inherent aan de democratische staatsvorm, de schaarste een onvermijdelijk gevolg van de gelijkheid die Hobbes bepleitte. Zou het toeval zijn dat zijn filosofie en de West-Friese polders ongeveer gelijktijdig ontstonden? De creatie van nieuw land was een antwoord op het probleem dat de democratie, en de daaruit voortvloeiende schaarste, opwierp.

Nieuwe voorraden

De bevindingen tot dusver kunnen in een simpele formule worden uitgedrukt. Schaarste (S) is: de hoeveelheid mensen dat zijn zinnen op een bepaald goed heeft gezet (m) gedeeld door de hoeveelheid van het goed in kwestie (g), waarbij de laatste factor niet alleen materiële zaken betreft, zoals olie of water, maar ook immateriële zaken, waaronder banen en andere maatschappelijke posities. $S = m/g$. Naarmate de democratie meer terreinwinst boekte nam het eerste lid van de formule (m) toe en daarmee de schaarste (S).

Tot zover de diagnose. De vraag is nu: hoe uit deze situatie van toenemende schaarste te raken? De formule hierboven bevat twee variabelen, elk goed voor een strategie om de schaarste te reduceren. Ten eerste: zorg dat de factor m afneemt. Hoe minder mensen zich inspannen om een bepaald goed te verwerven, des te groter het besef dat er genoeg van is. Er is dan geen enkele reden meer om haast te maken, anderen aan de kant te duwen of anderszins een hak te zetten.

Maar hoe doe je dat? Door de mondiale bevolkingsgroei aan banden te leggen? Dat is een mogelijkheid, zij het een nogal theoretische. Ik ken, behalve China, geen landen die een serieuze bevolkingspolitiek voeren. Europa maakt zich eerder zorgen om een afname van de bevolking, waardoor het voortbestaan van de innig gekoesterde verzorgingsstaat in gevaar komt. Een steeds kleinere groep werkenden moet een steeds grotere groep niet-werkenden onderhouden. Een andere manier om het aantal gegadigden voor een bepaald goed terug te brengen is door hun aanspraken daarop in te perken. Als je negen mensen geen brood gunt kan de tiende persoon zich aan het genot van de weldaad laven. Deze optie is zo mogelijk nog theoretischer dan de vorige. Zij impliceert de omkering van het democratiseringsproces. Terug naar vroeger, toen rechten veelal voorrechten waren, is een route die afgesloten blijft. Wie wil zich hiervoor hard maken? De kans is klein dat wie eenmaal heeft geproefd van democratische verworvenheden zich die niet zomaar weer laat afnemen. In de praktijk zie je juist de ontwikkeling dat steeds meer landen zich mengen in de strijd om de beperkte voorraad grondstoffen.

Via deze strategie, verkleining van m, ga je de strijd tegen de schaarste dus niet winnen. Maar de formule hierboven bevat nog een variabele: g – ofwel de hoeveelheid goederen die mensen ter beschikking staan. Als die toeneemt ben je ook uit de problemen.

Dit onderwerp kwam hoog op de agenda in 1972, toen *The Limits to Growth* verscheen, een onderzoeksrapport met een uitwerking op de babyboomers die vergelijkbaar was met die van de onheilsprofetie van Al Gore. De auteurs schetsten een somber toekomstbeeld. Mensen leefden op te grote voet, was de pointe, zeker die op het westelijk halfrond. De aarde zou hun leefstijl op den duur niet langer kunnen opbrengen. Deze conclusie was de uitkomst van een ingewikkelde formule, die gegevens over onder meer de consumptie uit het verleden extrapoleerde naar de toekomst. Daaruit bleek dat het roer om moest, anders zouden de natuurlijke hulpbronnen over enige decennia zijn uitgeput.

De thematiek is een minder exclusief symptoom van de huidige tijd dan je op het eerste gezicht zou denken. Al in de zeventiende eeuw liep men tegen de grenzen van zijn consumptie aan. Het werd steeds moeilijker voor de natuur om die bij te benen. Vraag en aanbod hielden niet langer gelijke tred – althans: in het geïndustrialiseerde deel van Europa. Steden als Londen waren vies en druk. Een stijging van g was dus gewenst, om de nood van de zeventiende-eeuwse West-Europeanen uit te drukken in de formule hierboven.

De gewenste groei diende zich aan in de gedaante van de Verenigde Staten. Hoewel het land al anderhalve eeuw eerder was ontdekt begon de kolonisatie in de zeventiende eeuw pas goed op gang te komen. Ieder had zijn eigen redenen om de oversteek te wagen. De een werd in Europa belemmerd in de uitoefening van zijn religie, de ander had een strafblad en kon zich in het uitgestrekte niemandsland aan de overkant van de Atlantische Oceaan aan dit verleden onttrekken. Filosofen beschouwden het als de uitgelezen kans om te ontkomen aan de nijpende schaarste. Tegenover de drukte en smerigheid van de oude wereld stond de zuiverheid van de Verenigde Staten, die soms oudtestamentische proporties aannam. John Locke en, jawel, Thomas Hobbes waren gefascineerd door de uitgestrekte leegte van het land (waarbij ze weinig oog hadden voor de aanwezigheid van de mensen die er al woonden: de indianen). Ze zagen vooral een gigantische voorraadkast aan de andere kant van de oceaan.

Zeventiende-eeuwse denkers zoals Locke dachten dat met de exploitatie van Amerika het probleem van de schaarste goeddeels was opgelost. Meer dan een illusie was deze overtuiging niet. Of ze het echt niet vermoedden of dat ze weigerden de uiterste consequenties uit hun denktrant te trekken, het bleek een kwestie van tijd tot de Verenigde Staten hun aanvankelijke onbedorven status kwijt waren en ook onder tucht van de schaarste waren gebracht. Ze zagen afstel waar ze uitstel hadden moeten zien. Het kolonialisme bleek een stoplap, niets meer dan een tijdelijke oplossing.

Naar Mars?

De geschiedenis herhaalt zich – tot op zekere hoogte dan. Ook nu weer doet de pijn van de schaarste zich voelen. De olie raakt op, er zijn tekorten aan voedsel, drinkwater is op veel plaatsen zeldzaam. De hedendaagse nood is echter niet op zeventiende-eeuwse wijze te lenigen. Een vlucht naar voren zoals toen zit er ditmaal niet in. Hopen op een onontdekt continent is illusoir. De ontdekkingsreiziger begint zo langzamerhand een anachronisme te worden, tenzij hij zijn werkterrein verlegt naar de ruimte, een vorm van kolonialisme waar de vorige Amerikaanse president in 2004 al voorzichtig op hintte. Diens visie op de toekomst van de ruimtevaart, die hij uiteenzette in de memo *A Renewed Spirit of Discovery*, is even vol van dadendrang als zijn andere beleid dat was. Die luttele pagina's tekst zijn fascinerende lectuur, waar de ambitie vanaf druipt. De tekst beoogt een tweede gouden era van de ruimtevaart na de jaren zestig, toen het Apolloruimtevaartprogramma Neil Armstrong als eerste mens naar de maan bracht. Uiteindelijk – een jaartal noemt de memo niet – moeten mensen Mars verkennen, zoals destijds Christoffel Columbus Amerika. En de manen van Jupiter verdienen aandacht vanwege de mogelijke aanwezigheid van natuurlijke hulpbronnen.

Wie weet kunnen mensen ooit een beroep doen op de grondstoffen van andere planeten en andersoortige hemellichamen. Deze ontdekkingsreis op kosmische schaal is van een prijzenswaardige stoutmoedigheid. Maar ze heeft vooralsnog de trekken van een script van een sciencefictionfilm. Erop vertrouwen dat astronauten iets buitenaards vinden wat op aarde schaars gaat worden is naïef. Het project biedt geen garantie op succes – verre van dat zelfs.

Zijn daarmee de mogelijkheden uitgeput om de pijn van de schaarste te verzachten? Er zit weinig in beide variabelen uit de formule hierboven: sterke veranderingen in m en g zijn niet te verwachten. Onherroepelijk komt er dus een moment dat consumenten de broekriem moeten aanhalen. De auteurs van *The Limits to Growth* lijken gelijk te krijgen, consuminderen lijkt onvermijdelijk.

Of misschien toch niet? Een dramatische daling van welvaart is niet per se noodzakelijk. Want ondanks de semimathematische aanpak van *The Limits to Growth* heeft het rapport de plank behoorlijk misgeslagen. Als de dorst naar olie niet zou worden beteugeld, zeiden de auteurs in 1972, zou het zwarte goud twintig jaar later op zijn. Het werd 1992 en de voorspelde oliedroogte bleef uit. De tijd schreed voort en in plaats van te matigen werden consumenten steeds gulziger. Was de mondiale olieopbrengst volgens de Amerikaanse Energy Information Administration in 1960 bijna eenentwintig miljoen vaten per dag, in 2006 was die ruim 73 miljoen. Desondanks heeft de mensheid de voorspelde apocalyps ruimschoots overleefd, zónder de dorst naar olie te minderen. Hoe kan dat? Hebben de auteurs van *The Limits to Growth* zich vergist?

Met hun berekening is niets mis, voor zover ik dat kan nagaan tenminste. Ze zijn alleen één belangrijke factor vergeten: de bijdrage van wetenschappelijke en technologische ontwikkelingen. Dankzij nieuwe technieken kunnen producenten bij olievoorraden die voorheen onbereikbaar waren. Maar veel belangrijker nog: het proces van oliewinning is steeds effectiever geworden. Er worden nieuwe manieren gevonden om het spul te winnen, bijvoorbeeld uit teerzand. In Canada bevindt zich een hoeveelheid die gelijkstaat aan maar liefst 170 miljard vaten, aldus de National Energy Board aldaar. Daarmee heeft het land op Saoedi-Arabië na de grootste oliereserves van de wereld.

Bijna Utopia

Trap ik niet in dezelfde val als Locke en Hobbes 300 jaar eerder, die eindelijk de schaarste dachten te hebben overwonnen? Hoe groot ze ook zijn, de nieuwe olievoorraden in Canada zijn geen hoorn des overvloeds. Het is een kwestie van tijd dat die weer op zijn. Hoewel dit waar is, ondergraaft dit niét de pointe van mijn betoog. Mij gaat het om de belangrijke rol die innovatie kan spelen. Begrijp me niet verkeerd, ik beschouw de techniek niet als een verlosser die de hemel op aarde brengt. Zij is niet in staat een perfecte wereld te scheppen. Heb je een probleem opgelost, dan blijkt die oplossing vaak weer een nieuw probleem op te werpen. Het is niet anders in het geval van de oliewinning uit teerzand: de gevolgen van deze techniek zijn groot voor het milieu.

Er zijn dus bezwaren in te brengen tegen deze benadering, zwaarwegende zelfs. Desondanks wil ik volhouden dat techniek wel degelijk kan dienen als een progressieve kracht, die kan helpen de schaarste te vermijden. Zij maakt dat de formule $S = m/g$ niet noodzakelijkerwijs uitmondt in een appel tot ascese. Laat me dat uitleggen via het landschap van mijn jeugd: de weidse polders. Als er een tekort aan land dreigt kun je twee dingen doen: je gaat op zoek naar nieuw land of je máákt nieuw land. Op het eerste gezicht lijken de twee opties misschien op elkaar – of je het nieuwe land nu ontdekt of maakt: *what's the difference?* Toch zijn de verschillen groot.

In het eerste geval is de wereld een megavoorraadkast, die leeg kan raken. De economie is een gesloten systeem waarin de hoeveelheid goederen en diensten beperkt is. Een andere metafoor die veelvuldig wordt opgevoerd is die van een taart. Je haalt er maar een aantal punten uit. De speltheorie omschrijft deze situatie als een *zero sum game*. Als de een zich een stevige taartpunt toeeigent gaat dat ten koste van de omvang van de punt van de ander: eenmaal winst en eenmaal verlies maakt nul onder de streep – vandaar de naam zero sum game. Hooguit kun je spreken over vooruitgang voor enkelen. Als dit het uitgangspunt is, rijst bijna automatisch de vraag naar de juiste herverdeling. Dat wil zeggen: hoe room je de welvaart van de een af zodat de ander voor zijn armoede kan worden gecompenseerd? Want dát er moet worden gecompenseerd staat vast: de welvarenden verhouden zich nog net niet tot de armen als dieven tot degene die ze bestelen.

Vervolgens de tweede visie: als er een tekort aan land is, maak je gewoon nieuw land. Je zou het misschien niet verwachten, maar qua vermetelheid doet de inpoldering van de zee nauwelijks onder voor ruimtereizen. In tegenstelling tot mijn vroegere antipathie, kan ik nu niet anders dan in semiutopische termen over het landschap spreken. Haar naam dankt de utopie aan een vermenging van twee Griekse woorden: 'eu-topos', dat zoiets als 'goede plaats' betekent, en 'u-topos', waarvan de definitie 'niet-bestaande plaats' luidt. De goedheid van het leven in de polder wil ik niet betogen, dat moeten de polderbewoners voor zichzelf uitmaken. De allusie op het semiutopische karakter ervan betreft de tweede betekenis, waarbij – het moet gezegd – die met een korreltje zout genomen moet worden. Natuurlijk zijn polders bestaande plaatsen. Beter: inmiddels zijn ze dat. Er was een tijd dat dit nog niet het geval was. Ooit waren polders 'nóg niet bestaand land'. Waar Columbus naar onontdekt land speurde, vonden Nederlanders het gewoon uit. Ineens was de taart die Nederland heet een stuk groter. Het is een illusie te denken dat schaarste niet meer is geweest dan een fata morgana en dat het probleem in werkelijkheid een schijnprobleem is. Dat is dan ook niet de pointe van mijn betoog. Wel heb ik willen laten zien dat sociaaleconomische kwesties vaak worden benaderd in termen van een zero sum game. Zo doe je de rol die techniek en innovatie van oudsher hebben gespeeld tekort. Vanuit deze optiek verliest het vraagstuk van herverdeling veel van zijn urgentie. Maar wat nog veel belangrijker is: het schema waarin tegenover elke winnaar per definitie een verliezer staat kan overboord. Niet aan elke vorm van vooruitgang hoeft de smet te kleven van een slecht geweten.

7 Waarom casino's Guus Geluk weren en verzekeringsmaatschappijen Donald Duck

Hij vindt portemonnees op straat. Heeft hij een tientje nodig, dan blaast de wind hem dat toe. Het is voor hem onmogelijk mee te doen aan een loterij en deze níét te winnen. Ik heb het over Guus Geluk, de neef van Donald Duck. Behalve een lieveling van Fortuna is hij ongelofelijk lui. Een treffend psychologisch portret van hem is afkomstig van Don Rosa, tekenaar bij Walt Disney: 'Geluk is niet bereid ook maar de minste inspanning te leveren om iets te verkrijgen dat zijn geluk hem niet kan verschaffen en als dingen tegenzitten ziet hij daar onmiddellijk van af, er zeker van dat om de volgende hoek een portemonnee ligt die een passant heeft laten vallen.'

Dolce far niente, is zijn levensmotto. Guus Geluk heeft een hekel aan werken, maar anders dan mensen van vlees en bloed kan hij het zich permitteren ook daadwerkelijk te leven volgens deze filosofie. Volgens het verhaal 'Gladstone's Terrible Secret' uit 1952 – Gladstone Gander is de Engelse naam voor Guus Geluk – heeft hij in zijn hele leven één dag gewerkt (omdat hij ertoe gedwongen werd). Op deze atypische episode uit zijn leven is hij bepaald niet trots. Zijn lichaamstaal spreekt boekdelen – tekenaar Carl Banks heeft hem hangende schouders gegeven en terneergeslagen ogen. Voor deze tijdelijke onderbreking van zijn werkloosheid schaamt hij zich zo dat hij zijn loon, een stuiver, heeft weggestopt in een brandkast. Uiteindelijk hoopt hij het fortuin van Dagobert Duck te erven, dat door het Amerikaanse zakenblad *Forbes* op 29,2 miljard dollar wordt geschat. (Met deze score haalde hij in 2008 een tweede plaats in de Forbes Fictional Fifteen.)

Guus' tegenstander in de strijd om de erfenis van Dagobert is – hoe kan het anders – Donald Duck. De twee eenden zijn elkaars fotonegatief. Waar Guus overmatig veel geluk bezit, heeft Donald daaraan juist een groot tekort. Nagenoeg elk verhaal doet zijn uiterste best te illustreren dat zijn leven wordt beheerst door de wet van Murphy, die zegt: als iets mis kan gaan, dan zal het misgaan. Heeft hij zijn auto net van een nieuwe laklaag voorzien, dan landt er een vogel op, die er de afdruk van zijn poten in achterlaat. Donald is een enorme driftkop, maar ter verdediging dient te worden aangevoerd dat hij daartoe ook alle reden heeft. Probeer maar eens kalm te blijven bij zoveel tegenslag. Anders dan zijn neef moet hij hard werken om de eindjes aan elkaar te knopen. Zo rolt hij van het ene armzalige baantje in het andere. Donald als topman van een groot bedrijf is ondenkbaar; altijd schrobt hij vloeren, doet hij lopendebandwerk of moet hij als deurwaarder langs de wanbetalers van zijn oom Dagobert. Het zalige nietsdoen van Guus Geluk bestaat voor hem alleen als dagdroom, als hij in zijn hangmat ligt.

Guus en Donald, geluksvogel en pechvogel. Hoewel beide in Duckstad wonen, is het alsof ze elk op een eigen planeet leven – zó uiteenlopend staan ze in het leven. De een beschouwt de wereld als een oord waar de zon immer schijnt, de ander beseft dat er altijd een privédonderwolkje met hem meereist, maakt niet uit waarheen hij gaat. Guus heeft alle reden een rasoptimist te zijn, terwijl Donald net zoveel reden heeft tot pessimisme. Op een schaal die loopt van optimisme naar pessimisme nemen ze de twee alleruiterste posities in. Deze extreme posities hebben een pendant in de filosofie. Veel denkers nemen een middenpositie in: voetje voor voetje kan er vooruitgang geboekt worden. Zo niet Gottfried Wilhelm Leibniz en Arthur Schopenhauer. Een scherper contrast is nauwelijks denkbaar. De eerste sprak over 'de beste aller werelden', de tweede vond 'de wereld een hel'. Als Guus Geluk en Donald Duck op zoek zouden gaan naar de theoretische onderbouwing van hun levensvisie, dan is het zonneklaar bij wie ze te rade moeten gaan.

De beste wereld

De beste aller werelden? Behalve Guus Geluk kan toch niemand het met deze uitspraak van Leibniz eens zijn? Hoe kon Leibniz desondanks tot deze opmerkelijke these komen? Wereldvreemd was hij niet, verre van zelfs. Als diplomaat van onder meer het hof van Mainz verkeerde hij met verschillende machthebbers in Europa. Hij was dus vertrouwd met praktische kwesties als macht, maar hield zich ook bezig met complexe theoretische vraagstukken. Zo is hij een van de bedenkers van de integraalrekening. Dus opnieuw: de beste aller werelden? De twintigste-eeuwse wetenschapsfilosoof Karl Popper heeft weliswaar gezegd dat we een morele plicht tot optimisme hebben, maar slaat optimisme hier niet om in naïviteit?

Er valt hier kortom het nodige uit te leggen. In 1710 verscheen van Leibniz zijn *Essais de Théodicée*. Hierin neemt hij het op voor niemand minder dan God – een theodicee is een rechtvaardiging van de inrichting van de schepping, maar dan met name van de rol van het kwaad daarin. Zo'n rechtvaardiging vond hij hard nodig omdat veel mensen meenden dat ze het er een stuk beter af hadden gebracht als zij zich hadden bemoeid met de schepping. Een van hen was de dertiende-eeuwse koning van Castilië Alfonso X, die na een leven vol rampspoed verzuchtte: 'Als ik tijdens de schepping Gods raadgever was geweest, dan zouden veel dingen beter geordend zijn.'

De auteur van de theodicee ontkent het leed van de koning uit Spanje niet. Hoe kon hij ook? De feiten logen er niet om. Zijn kinderen rebelleerden tegen Alfonso. Een van hen, Sancho, zocht zelfs contact met de koning van Granada om samen met hem zijn vader van de troon te stoten. Terwijl hij om zijn geleerdheid en welsprekendheid werd geroemd in het buitenland, koesterde zijn eigen volk een grote wrok. Zijn pogingen om het land tot culturele bloei te brengen, onder meer door opdracht te geven tot een Spaanse Bijbelvertaling, leverde hem het verwijt op dat hij juist achterlijkheid bevorderde. Enzovoorts. Leibniz probeert Alfonso's rampspoed – de lijst is nog langer – niet te ontkennen. Vermoedelijk zal hij diens verdriet en boosheid daarover zelfs best begrijpen.

Individueel ongeluk mag volgens Leibniz echter geen reden zijn om een compleet wereldbeeld aan te klagen. Dat zou van egoisme of arrogantie getuigen: de visie dat de wereld een gebrekkige architectuur kent is een extrapolatie van de persoonlijke situatie. Met een gezonde dosis mededogen valt zo'n faux pas misschien niet te billijken maar op zijn minst te begrijpen. Veel kwalijker vindt Leibniz de gedachte dat je zelf een betere wereld zou kunnen scheppen. Hoogmoed: dat is in één woord het verwijt dat hij Alfonso (en andere ontevredenen) maakt – godslasterlijke hoogmoed zelfs. In plaats daarvan had hij geduld moeten betrachten: 'Je kent de wereld pas sinds eergisteren, kijkt nauwelijks verder dan je neus lang is en hebt toch iets op de wereld aan te merken. Wacht eerst tot je er iets meer van af weet…'

Doorgaans behandelen de overzichtswerken van de filosofie Leibniz als Verlichtingsfilosoof. De Verlichting heeft grote emancipatoire bedoelingen. Mensen kunnen zichzelf verbeteren en verheffen, mits ze het juiste intellectuele dieet volgen. De kosmologie van Leibniz biedt weinig aanknopingspunten voor deze opwaartse beweging. Die is namelijk conservatief van aard, wegens haar omarming van de status quo. Leibniz is er stellig van overtuigd dat de wereld zoals die is niet wezenlijk verbeterd kan worden.

De reden dat Alfonso dat troostrijke inzicht niet deelt is, aldus Leibniz, omdat hij vastzit in zijn eigen perspectief. Hij moet abstraheren van zijn eigen leed. Vergelijk het met de toestand waarin je verdwaald bent in een woud. Je staat er middenin en overal waar je kijkt zie je alleen maar bomen. Op geen enkele manier geven ze een aanwijzing voor de juiste richting. Dit is de toestand van Alfonso: reddeloze vertwijfeling en wanhoop. Je zou een uitkijktoren willen die tot boven de boomkruinen reikt. Daarbovenop is het uitzicht weids en wat ín het woud niet ging wegens beperkt zicht lukt dan wel: vanuit dit standpunt is het een koud kunstje je positie te bepalen. Een halfuurtje stevig doorlopen en je bent het bos weer uit. Ineens kun je de aanvankelijke nood – waar ben ik? – relativeren.

Wat had Alfonso gezien als hij afstand had genomen van zijn beperkte visie en een uitkijktorenperspectief had ingenomen? De 'beste van alle mogelijke werelden'. Alles bij elkaar genomen had er onmogelijk een betere ontworpen kunnen worden. De gedachte dat dit wél had gekund is malicieus. Want, vraagt Leibniz retorisch, waarom zou God een wereld hebben gebouwd die voor verbetering vatbaar is? Hij heeft alle denkbare werelden met elkaar vergeleken en kwam blijkbaar tot de conclusie dat alleen de bestaande het verdiende om daadwerkelijk te worden geschapen. Dat laat niet onverlet dat ook in de 'beste van alle mogelijke werelden' rampen voorkomen – Alfonso kan erover meepraten. Maar Leibniz heeft dan ook nooit beweerd dat zij hiervan volledig was gevrijwaard. Tel alle voorspoed bij elkaar op en trek daar alle ellende van af. Het standpunt van Leibniz is dat het getal onder de streep onmogelijk groter had kunnen zijn dan in de wereld zoals die is. De kosmos is zo ingericht dat alle alternatieven een slechter nettoresultaat zouden hebben opgeleverd.

Niet zeuren

Met zo'n conclusie konden de reacties natuurlijk niet uitblijven. De fraaiste, en tevens de beroemdste, is die van Voltaire. Gezegend met een gouden pen koos hij ervoor Leibniz via een felle satire van repliek te dienen. Het resultaat was *Candide ou l'optimisme* (1759), dat verhaalt over de belevenissen van Candide, die op het kasteel van baron van Thunder-den-Tronck woont. Vanaf het eerste hoofdstuk is de tamelijk sullige hoofdpersoon het slachtoffer van allerlei narigheid: daarin wordt hij na een avontuurtje met de dochter des huizes 'met stevige schoppen tegen zijn zitvlak' het kasteel uitgejaagd. Welk leed hem verder ook treft – van 4000 stokslagen tot een allesverwoestende aardbeving – niets kan Candides humeur bederven. Van zijn leermeester Pangloss, docent in de 'metafysico-theologocosmo-goedgelovigologie', heeft hij namelijk geleerd dat hij leeft in de 'best mogelijke aller werelden'.

Voor Pangloss is het glas altijd halfvol – het predicaat 'halfleeg' komt niet voor in zijn vocabulaire. Al vrij snel na zijn verbanning uit het kasteel komt Candide hem weer tegen, 'overdekt met zweren, met uitgedoofde ogen, weggevreten neuspunt, scheefgewrongen mond, zwart gebit, sprekend met een keelgeluid, geschokt door hevige hoestbuien en bij iedere inspanning een tand uitspuwend'. De huisfilosoof van baron van Thunderden-Tronck geeft toelichting op zijn slechte conditie: die is het gevolg van een geslachtsziekte, vermoedelijk syfilis. Als hij hiervoor wordt behandeld verliest hij verschillende lichaamsdelen – hoewel Pangloss daar zelf natuurlijk compleet anders tegenaan kijkt: *slechts* één oog en *slechts* één oor.

Iedereen herkent in deze onverschrokken optimist Leibniz, zeker als Pangloss na zijn operatie verklaart dat individuele tegenslagen het algemeen welzijn bevorderen. Ergo: 'hoe meer individuele ongelukken, hoe beter alles is'. Dat is wel een heel platte vertolking van Leibniz' kosmologie, die mensen erop wees dat ze niet moesten inzoomen op hun eigen leed. Natuurlijk is er een karikatuur van hem gemaakt en steekt zijn filosofie in werkelijkheid subtieler in elkaar. Maar zoals het een goede satire betaamt, is *Candide* niet helemaal losgezongen van de brontekst. Juist doordat het een uitvergroting is, filtert het alle mitsen, maren en nuances weg en brengt het bepaalde karaktertrekken van Leibniz' theodicee des te pregnanter in beeld.

Pangloss klaagt nooit. Zijn berusting komt er niet uit voort dat hij toevallig een onverwoestbaar goed humeur heeft, maar is filosofisch onderbouwd. Wie zich dat realiseert ontwaart in de kosmologie van Leibniz een wrange ondertoon. Ook al heeft hij nooit beweerd dat de wereld volmaakt is, zoals critici zijn standpunt vaak samenvatten, zelfs met zijn genuanceerdere visie dat een betere wereld onmogelijk is, blijft de tamelijk meedogenloze conclusie staan dat klagen *not done* is. Voor mensen als Alfonso, maar ook Donald Duck, kan Leibniz geen enkel begrip opbrengen – niet vanuit een persoonlijke aversie tegen dergelijke types maar vanuit filosofische overwegingen. De enige boodschap die hij voor ze heeft is dat ze hun eigen leed moeten relativeren: 'Doe als Pangloss, bekijk het vanuit een groter geheel.'

Wat moet je met dergelijke raad? Om te beginnen is het fundament onder Leibniz' optimisme nogal wankel geworden. Van het achttiende-eeuwse vertrouwen in het bestaan van God – en dus in diens goedheid tijdens de schepping – is in de eenentwintigste eeuw weinig meer over. Een ander bezwaar is een doorgeschoten neiging tot relativeren. Een extreme focus op je eigen rampspoed kan inderdaad leiden tot een onterechte veroordeling van de complete wereld. Maar een ander uiterste is om diezelfde rampspoed steeds maar in een groter perspectief te plaatsen, waardoor zij onschadelijk wordt gemaakt. Relativeren slaat gemakkelijk om in bagatelliseren. Wellicht is dat niet meteen zichtbaar bij klein verdriet zoals een auto die niet wil starten omdat de accu is leeggelopen. In dit geval kan een bemoedigend 'Joh, maak je niet druk' nog. Zo'n verbaal schouderklopje als iemand zijn naasten heeft verloren bij een auto-ongeluk is al behoorlijk misplaatst. En hoe is het, om de factor leed te maximaliseren, mogelijk Leibniz te gebruiken als verzachtende balsem tegen de totalitaire gruwelen van de twintigste eeuw? Slachtoffers van Auschwitz of de Goelag kun je toch moeilijk voorhouden dat hetgeen zij hebben meegemaakt zin heeft gehad als je deze episoden in een groter perspectief plaatst?

De absurditeit van zulke troostpogingen heeft Monty Python treffend verbeeld in de slotscène van *The Life of Brian* (1979): de protagonist, Brian, eindigt net als Jezus Christus aan het kruis, maar in plaats van daarom te rouwen weet hij zichzelf op te beuren met de inmiddels wereldberoemde meedeiner 'Always Look on the Bright Side of Life'. Kop op! – zelfs als je aan het kruis genageld bent en het niet meer lang zal duren voor de dood zich meldt.

Nee, de enige die zich serieus aangesproken kan voelen door Leibniz is een fictief figuur als Guus Geluk. Hij zal geen enkel bezwaar hebben tegen diens eindconclusie. Voor het bezwaar dat elk individueel leed binnen het grotere raamwerk van de kosmos zijn venijn verliest, is Guus – in tegenstelling tot mensen van vlees en bloed – niet vatbaar. Hij hoeft niet à la Brian te worden opgevrolijkt, vanwege de doodeenvoudige reden dat zulk leed hem eenvoudigweg niet overkomt.

Wereldwil

Dan Arthur Schopenhauer. Een grotere zwartkijker dan hij kent de filosofie niet. Zijn reputatie van knorrepot dreigt soms zelfs die van wijsgeer te overwoekeren. De verklaringen voor zijn gesomber hebben meestal een anekdotisch gehalte. Vanaf zijn adolescentie moest de jonge Arthur het doen zónder een vader, die zelfmoord had gepleegd, en mét een moeder die Goethe tot haar intimi mocht rekenen en als succesvol literator haar zoon lang overvleugelde. Toen zijn hoofdwerk *Die Welt als Wille und Vorstellung* in 1818 verscheen kreeg het nauwelijks de aandacht die het verdiende. Twee jaar later kreeg hij een aanstelling aan de Universiteit van Berlijn. Niemand bezocht echter zijn colleges, omdat de immens populaire Hegel die van hem op precies hetzelfde tijdstip gaf.

Georg Wilhelm Friedrich Hegel gold als de staatsfilosoof van Pruisen gedurende het eerste kwart van de negentiende eeuw, maar volgens Schopenhauer een 'lompe charlatan' en bedenker van 'nonsensicale hegeliaanse waanwijsheid'. Hoewel Schopenhauer heus inhoudelijke gronden had voor zijn felle en frequente polemieken, droegen ze ook het karakter van een persoonlijke vete. Hegel was namelijk degene die hem een glorieuze academische carrière in de weg stond. Zijn werkelijke, dat wil zeggen: filosofische, tegenstrever was Leibniz. Schopenhauer zet, in elk geval voor wat de eindconclusie betreft, diens blije filosofie op zijn kop.

On-Duits is de helderheid waarmee Schopenhauer zijn filosofie uiteenzet. De Duitse filosofie is berucht om haar aan onleesbaarheid grenzende taalgebruik, een traditie die begon aan het begin van de negentiende eeuw, met auteurs als Hegel, Fichte en Schelling en die zijn hoogtepunt vond in het oeuvre van Martin Heidegger. Illustratief is de opmerking van de Nederlandse dichter Gabriël dat Heidegger lezen vergelijkbaar is met het eten van een emmer grind.

Zo'n kwalificatie van Schopenhauer is ondenkbaar, of je het nu met hem eens bent of niet. Daarvoor schrijft hij simpelweg te goed en te helder. Karel van het Reve heeft hem zelfs ooit 'een van de beste nonfiction-schrijvers van de wereldliteratuur' genoemd. In klare taal formuleert Schopenhauer een filosofisch systeem dat een blinde en nimmer rustende wereldwil op de plaats zet die Leibniz voor God had gereserveerd. De schepping een geoliede machine waarin alles optimaal op elkaar is afgesteld? Vergeet het maar. De wil, het wezen van alle dingen, gaat blind te werk. Mensen, dieren, maar ook planten en zelfs dode dingen als stenen danken hun bewegingen aan hun onderworpenheid aan die wil. Dat zelfs stenen hieraan zouden gehoorzamen doet geforceerd aan. Hier perst Schopenhauer de werkelijkheid in het keurslijf van zijn theorie. Want om het gedrag van stenen nauwkeurig te verklaren, met name als ze vallen, was al een kracht beschikbaar: de zwaartekracht, waarvan Newton de werking nauwkeurig had uiteengezet. Er is geen enkele reden die kracht te hernoemen zoals Schopenhauer doet. Aan de andere kant zal het stenen om het even zijn hoe de kracht heet waaraan ze gehoorzamen. Dat ligt anders bij mensen. Voor mensen heeft de onderworpenheid aan de wil grotere consequenties. Want wat blijft er over van hun redelijke vermogen, die Aristoteles bestempelde als hét kenmerk waardoor ze zichzelf van dieren onderscheiden? Daarvan heeft Schopenhauer geen hoge pet op. Als hij naar mensen kijkt, ziet hij geen wezens die na kalm beraad tot hun beslissingen komen. Onder de oppervlakte borrelt en gist het. Volgens Schopenhauer is dit het werk van de wil – tegenwoordig zou je eerder spreken over driften. De ene keer hebben mensen honger, een volgende keer hunkeren ze naar een sigaret en weer een andere keer spelen hun lusten op. Ziehier de gedaanten waarin de wil zich manifesteert zoals Schopenhauer die opvat. Ze jaagt mensen voort zoals een jockey zijn renpaard. Natuurlijk kan een maaltijd de honger stillen. Maar vergis je niet. Dat is niet meer dan een tijdelijke ontheffing van de wil. Snel daarna roert zij zich gewoon weer.

Geen troost

De wil in actie levert weinig verheffende taferelen op. Schopenhauer wordt niet moe dat met voorbeelden te bewijzen, vooral in zijn *Parerga und Paralipomena* (1851), een uitgebreide verzameling aforismen, anekdotes, hele en halve essays over de meest uiteenlopende onderwerpen, die de auteur zelf omschreef als 'mijn filosofie voor het volk'. Telkens weer is de teneur: mensen zijn rusteloze wezens die van alles willen, maar zelden iets krijgen, of het moet zijn: nul op rekest. Met andere woorden: bereid je voor op een leven vol tegenspoed en mislukkingen. Train het incasseringsvermogen, zorg voor een dikke laag eelt op de ziel. Als iemand deze les kan beamen is het Donald Duck, wiens leven in het teken staat van dit permanente falen. Wanneer hij weer eens is beland achter de lopende band, zal hij gemakkelijk instemmen met de woorden van Schopenhauer als deze zegt: 'Arbeid, kwellingen, vermoeienissen en ellende zijn inderdaad levenslang het lot van iedereen.'

Wie zijn eigen situatie beklaagt, krijgt van Leibniz de raad zich niet blind te staren op het eigen leed. Bezie het van een afstandje. Dat is precies wat ook Schopenhauer doet. Met diametraal tegengestelde resultaten. Abstractie heeft geen zalvende werking, maar verergert juist het besef dat het leven een tranendal is. Kinderen koesteren nog hoop, hun gemoed is gelijk aan dat van het publiek dat 'in blijde en gespannen verwachting' voor het doek van het theater zit. Wat een naïviteit! is de ontnuchterende boodschap van Schopenhauer, die hij de onwetenden overigens van harte gunt ('gelukkig maar dat we niet weten wat er komt!'). De tucht van de wil wordt alleen maar erger naarmate mensen ouder worden. Anders dan Leibniz meent, biedt inzicht in de kosmologische ordening geen vertroosting, laat staan verzoening met het lot. Integendeel. Voor wie op de hoogte is van wat komen gaat 'lijken kinderen soms op onschuldige delinquenten, die niet ter dood maar juist tot het leven veroordeeld zijn en die hun vonnis nog niet te horen hebben gekregen'. Zoals gezegd: Schopenhauer is een groot stilist, maar dat wil niet zeggen dat hij zijn lezers spaart. Elders vergelijkt hij hen met spelende lammetjes in de wei, terwijl de slager er al een paar uitzoekt.

Toen Leibniz in een kosmische rekensom alle geluk bij elkaar optelde en daar alle verdriet van aftrok leverde dat een maximaal nettoresultaat op. Een wereld met meer voorspoed en minder pijn is onmogelijk, zodat hij daarvoor een apologie kon schrijven. De huidige wereld verdient het zijns inziens te bestaan. Eenzelfde berekening maakt ook Schopenhauer, maar met een heel andere uitkomst. Bij alle rampspoed die hij waarneemt kan hij niet anders concluderen dan dat 'het veel beter was geweest als de zon op aarde het fenomeen leven niet had kunnen laten ontstaan, zodat de oppervlakte van de aarde zich, net als die van de maan, in kristallijnen toestand zou bevinden'. Verder verwijderd van het standpunt van Leibniz is onmogelijk.

'Nu zal ik wel weer horen dat mijn filosofie geen troost bevat,' voorvoelt Schopenhauer de kritiek die hij zal krijgen, 'alleen omdat ik de waarheid spreek, en de mensen liever horen dat God de Heer alles goed gemaakt heeft.' De idee van een theodicee, die wil bewijzen dat de ordening in de schepping goed is, wijst hij af. Hoe kan hij ook anders na zoveel onverdund pessimisme. Na een bespotting van het fenomeen theodicee, en vooral van de mensen die deze verdedigen, kan een verwijzing naar Leibniz natuurlijk niet uitblijven. Zelfs als hij gelijk zou hebben met zijn these dat de huidige tevens de best mogelijke wereld is, aldus Schopenhauer, dan heeft de optimistische filosoof nog geen theodicee geschreven. Hij maakt zichzelf er te gemakkelijk van af als hij stelt dat God gegeven de mogelijkheden geen betere wereld had kunnen scheppen. Dit verwijt van Schopenhauer laat zich begrijpen aan de hand van een vergelijking. Leibniz klinkt als een voetbaltrainer die ondanks het verlies van zijn team tevreden terugkijkt op een verloren wedstrijd: meer zat er niet in. Gezien het beperkte aantal kansen heeft zijn team het onderste uit de kan gehaald. Meer dan Leibniz neemt Schopenhauer de vermeende almacht van het opperwezen serieus wanneer hij scherpzinnig opmerkt: 'De schepper heeft niet alleen de wereld geschapen, maar ook de mogelijkheid.' Ergo: hij had gunstiger omstandigheden moeten maken zodat 'de best denkbare wereld' beter was uitgevallen. Net zoals de voetbalcoach de beperkte hoeveelheid kansen die zijn elftal gekregen heeft niet zomaar als een fait accompli moet accepteren maar als het resultaat moet zien van de speelwijze van zijn team.

Soms zit het mee en soms zit het tegen

Leibniz en Schopenhauer zijn onmogelijk met elkaar te verzoenen, daarvoor liggen hun standpunten te ver uit elkaar. Wie heeft het bij het rechte eind? Voor zowel Guus Geluk als Donald Duck is dat een uitgemaakte zaak: de eerste schaart zich begrijpelijkerwijs achter Leibniz, de tweede vanzelfsprekend achter Schopenhauer. Zo overzichtelijk is het voor mensen van vlees en bloed niet. Op de as die loopt van Guus Geluk tot Donald Duck bevinden zij zich ergens halverwege. Iemands leven is geen aaneenschakeling van louter meevallers, noch van tegenspoed. Mensen leven in de beste noch in de slechtste wereld. Soms zit het mee en soms zit het tegen.

Soms zit het mee, soms zit het tegen. Niet toevallig was dit lange tijd de slogan van een grote verzekeringsmaatschappij. Deze getuigt namelijk van groot inzicht in de menselijke conditie, dat overigens niet het gevolg is van uitvoerige wijsgerige reflectie maar van de koopmansgeest die inkomsten en uitgaven in de gaten houdt. Die legt hier haarscherp bloot dat Leibniz en Schopenhauer doorschoten in hun opvattingen.

Een verzekering afsluiten is zo gewoon dat je al snel over het hoofd ziet wat een indrukwekkende bewapening tegen het lot zij is. Een inzichtelijke analyse van dit moderne fenomeen is afkomstig van de Leuvense hoogleraar in de economie en de filosofie Antoon Vandevelde. Die begint bij de constatering dat een schadevrij leven onmogelijk is. Zelfs de meest behoedzame mensen kan van alles overkomen. Dat mag zo zijn, maar waarom zou je je daartegen verzekeren? Sparen kan toch ook? De moeilijkheid is dat vooraf niet bekend is wie wordt getroffen door welk leed. Goede financiële buffers zijn natuurlijk verstandig. Maar sommige klappen komen zo hard aan dat daar niet tegenop te sparen valt. Wat te denken van een ernstige en langdurige ziekte? Een week in het ziekenhuis maakt al dat het bankroet in rap tempo dichterbij komt. Zulke gevallen laten zien hoe een verzekering werkt en waarvoor zij is bedoeld. Alle deelnemers betalen regelmatig hun premie. Op jaarbasis is dit veel geld, maar slechts een fractie van het bedrag dat opzij moet worden gezet als je het schadebedrag sparenderwijs bij elkaar wilt brengen. Tezamen vullen de premiebetalers een geweldige spaarpot. Of ze van hun inleg ooit iets terugzien is onbekend, maar het zou kunnen. Slechts aan een klein deel van de verzekerden wordt namelijk uitgekeerd, namelijk aan hen die overkomt waartegen ze zich hebben verzekerd.

Niemand, aldus Vandevelde, weet vooraf precies of hij tot deze categorie behoort. Een verzekering is een antwoord op de ongewisheid van de toekomst. Ze dankt haar bestaansrecht aan deze ongewisheid. Zodra het ongeluk te voorspelbaar wordt, houden verzekeringen op te bestaan. Stel je voor dat de wereld is zoals Schopenhauer die beschrijft: met louter ellende. Daarin kunnen verzekeringsmaatschappijen onmogelijk blijven bestaan. In een wereld vol verliezers blijven ze uitkeren en gaan ze failliet. Om diezelfde reden zullen ze de notoire pechvogel Donald Duck niet accepteren als verzekerde. Voor iemand met zijn pechfactor zou dat uitermate lucratief zijn – want altijd prijs; voor verzekeraars is hij echter een gegarandeerde kostenpost. Omgekeerd hebben ze ook niets aan Guus Geluk. Aan hem hoeven ze weliswaar niets uit te keren, maar het probleem is dat hij dat zelf ook weet. Waarom zou hij zich verzekeren? Of moet ik schrijven: waartégen? Derhalve hoeven verzekeraars van hem geen premie te verwachten.

Wat Donald voor verzekeringsmaatschappijen is, is zijn fortuinlijke neef voor casino's en loterijen en andere gokspelen: hun grootste nachtmerrie. Ze kunnen maar beter een restrictief toelatingsbeleid voeren: geen toegang voor wie jonger is dan achttien én voor Guus Geluk. Of hij nu aanschuift bij blackjack, roulette of poker, hij wint altijd. Derhalve bestaat voor hem het fenomeen 'kansspel' niet. Daarvoor moet je ook kunnen verliezen, iets waartoe hij niet in staat is. Maar als Donald Duck eraan komt, rollen casino's de rode loper uit: welkom!

Feit is echter dat zowel verzekeringsmaatschappijen als casino's bestaan. Dit toont om te beginnen aan dat Guus Geluk en Donald Duck stripfiguren zijn die alleen op papier kunnen bestaan. Maar het toont ook aan dat de wereld een oord is waar ambiguïteit heerst. Doet Leibniz' uitspraak over 'de beste aller werelden' hier recht aan? Of die van Schopenhauer toen hij de wereld een hel noemde? Over het geheel genomen laveren mensen tussen deze posities en beweegt hun leven zich tussen voor- en tegenspoed.

8 'Na 300 meter ritsen.'
Een *road essay*

Had *On the Road* (1957), de bijbel van de beatgeneratie, zich ook in Nederland kunnen afspelen? Ik probeer het me voor te stellen: Sal Paradise, de hoofdpersoon van het boek van Jack Kerouac, die begint: 'Met de komst van Dean Moriarty begon het deel van mijn leven dat je mijn leven onderweg zou kunnen noemen. Ik had er al vaak van gedroomd naar de Achterhoek te trekken om het land te zien.' Tja. Niets ten nadele van het Gelderse achterland, maar een verhollandisering van *On the Road* zou het boek geen goed doen. Weg vrijbuitergevoel, vervlogen de romantiek van het liften. Naar de Achterhoek ga je niet op reis; je maakt er een dagtripje van. Als het verkeer meewerkt ben je 's avonds voor het eten thuis.

Dean Moriarty hoort bij de Verenigde Staten. Hem haal je niet straffeloos naar Nederland. Uiteraard is Amerika veel geschikter om te zwerven. Met bijna tien miljoen vierkante kilometer heeft het land een omvang waar Nederland ruim 200 keer in zou passen. Toch is dat niet direct een antwoord op de vraag waarmee ik begon. Dat *On the Road* maar moeizaam een Hollandse setting verdraagt is niet te herleiden tot het enorme schaalverschil tussen beide landen, hoewel deze factor wel een rol speelt.

Kenmerkend aan de personages uit het boek is dat het ze ontbreekt aan een duidelijke bestemming. Ja, Sal Paradise droomt ervan om naar het westen te gaan. Maar in een uitgestrekt land als de Verenigde Staten heeft die aanduiding nauwelijks betekenis. Hieruit spreekt meer een hunkering naar Arcadië dan dat hij een specifieke plaats in gedachten heeft. Wat hij verwacht aan te zullen treffen in het westen is onduidelijk, en de route die hij aflegt om er te komen is hoogst inefficiënt. Maar dat geeft niet. Het feit dat zijn reis geen rechte lijn is maar een grillig spoor trekt door de Verenigde Staten vormt de kern van het boek. *On the Road* is een ode aan het avontuur. Onderweg zijn – de titel van het boek zegt het al – is belangrijker dan het reisdoel. Elke planning zou die bezigheid om zeep brengen.

Onderweg zijn, in de kerouaciaanse betekenis, is overgens lang niet zo gemakkelijk als het op het eerste gezicht lijkt. Een attitude van ik-zie-wel-waar-ik-beland is een eerste voorwaarde, maar is als zodanig nog geen garantie voor een geslaagde zwerftocht. Doelbewust het spoor bijster raken is sowieso een lastige opgave, om niet te zeggen een contradictio in terminis. Zonder enig vooropgezet plan een reis aanvangen is haast onmogelijk. Zodra je de voordeur uit stapt moet je al kiezen: linksaf of rechtsaf? Wie werkelijk niets geeft om een eindbestemming en maximale vrijheid zoekt, is het om het even. Dit dilemma is een serieuze valkuil. Als hij niet uitkijkt, komt de volbloedzwerver helemaal nergens en eindigt hij als de thuisblijver. Tobbend blijft hij bij de deur staan, terwijl hij krampachtig probeert een keuze voor een richting te vermijden.

Desalniettemin leent zich de ene omgeving beter voor een dwaaltocht dan de andere. Dit betreft niet zozeer de omvang van het landschap, als wel de mate waarin het is gecultiveerd. Om te dwalen moet je ook kunnen *ver*dwalen. De mensenhand mag niet te zeer aanwezig zijn in de omgeving, dat zou het risico danig verkleinen. Hoe nadrukkelijker dat het geval is, des te lastiger de avontuurlijke inborst het heeft.

Welke landen zijn het meest geschikt voor het avontuur? Waar bestaat een gerede kans om te verdwalen? Op zo'n denkbeeldige ranglijst scoren de Verenigde Staten hoog. Vandaar dat *On the Road* ook gelezen kan worden als een ode aan dat land. In andere landen van een vergelijkbare oppervlakte is het ook goed zwerven, zoals Canada of Australië. Bovendien is de bevolkingsdichtheid in deze landen zo gering dat het landschap op veel plaatsen desolaat aandoet. Je kunt er niet zomaar van op aan dat je andere mensen tegenkomt tijdens je omzwervingen. Een andere factor is de aard van de natuur: in welke mate laat zij zich bedwingen? Hoewel België kleiner is dan Nederland en een vergelijkbare bevolkingsdichtheid heeft, heeft het land met de Ardennen een aardige dosis ruigheid in huis, die Nederland ontbeert.

Een teken van beschaving

Probeer het je eens voor te stellen: verdwalen in Nederland. Die missie is nauwelijks te volbrengen. Hier kun je gerust op stap gaan zonder kaart – of de opvolger daarvan: de TomTom. Dat is in grote mate te danken aan de Algemene Nederlandsche Wielrijders Bond (ANWB). Die heeft het land vol geplant met pijlen, bordjes en paddenstoelen, met maar één doel: mensen de juiste kant op sturen, voorkomen dat ze verdwalen. Andere landen hebben parken; Nederland ís één groot park. Geen land is zo volledig gedomesticeerd. Zeldzaam, zo niet onvindbaar, zijn de plekken waar je zuivere natuur tegenkomt. Tegenover het verfijnde complex van richtingaanwijzers staat een even fijnmazig netwerk van hekken, slagbomen en andere versperringen. De eerste groep zegt waarheen je moet voor een bepaalde richting, de tweede waar het verboden is om te gaan. Maar uiteindelijk dienen ze hetzelfde doel, namelijk mobiel Nederland in goede banen leiden.

Ook anderszins zijn voorbereidingen voor een reis nauwelijks vereist in Park Nederland. Achteloosheid ten aanzien van de conditie van de auto wordt amper afgestraft. Tijdens autorijles wordt aanstaande automobilisten aangeraden een aantal basale zaken regelmatig te controleren, zoals het peil van de olie, dat van de koelvloeistof, en de bandenspanning – of om dit in elk geval te doen als je een grote afstand gaat afleggen. Het is raadzaam, dat zeker, maar eerlijk gezegd sla ik het ritueel altijd over. Verstandig is deze laksheid niet. Aan de andere kant: de risico's die aan zulk gedrag kleven zijn beperkt. Een blik op de benzinemeter voor vertrek? Onnodig. De kans dat je zonder benzine komt te staan is gering, zo niet nihil. De concentratie benzinepompen is zo hoog dat zich er altijd wel een aandient als het nodig is. Mocht de auto on-

verhoopt toch stilvallen, dan is de kans groot dat het dichtstbij-
zijnde benzinestation zich op loopafstand bevindt. Laat het defect zich minder eenvoudig verhelpen, dan is er altijd nog de We-
genwacht. Het enige waarover klanten zich opwinden is de tijd die
ze moeten wachten op de felgele hulpdienst van de ANWB. Misschien is dat wel een treffende typering van Nederland: het land
waar automobilisten bij pech geïrriteerd op hun horloge kijken.
'Waar blijven ze nu!' Je moet het je maar kunnen permitteren. Als
die ongedurigheid geen teken is van beschaving…

Zulke irritatie is een luxeartikel, die lang niet iedereen zich kan
veroorloven. Panne in het land van Jack Kerouac, en trouwens
ook in vele andere landen, brengt heel andere emoties teweeg.
Probeer het je eens voor te stellen. De rit begon uren geleden in
Los Angeles. De skyline van de stad is al lang geleden uit het ach-
teruitkijkspiegeltje verdwenen. Je rijdt op een tweebaansweg die
door het glooiende woestijnlandschap meandert. Overal waar je
kijkt alleen maar zand, rotsen en her en der wat bossage. Het is
bloedheet. Dan komt er plotseling een rookpluim onder de motorkap vandaan, aanvankelijk nog wat weifelachtig. De naald die
de temperatuur van de olie aangeeft, klimt zienderogen naar het
rode gebied op de meter. Om de motor te redden zit er niets anders op dan de auto aan de kant van de weg te zetten. Daar sta je
dan. Nu pas wordt de volle betekenis duidelijk van de uitdrukking
in the middle of nowhere. Onwaarschijnlijk dat deze situatie met
een nuchtere benadering van de kritische consument tegemoet
getreden kan worden, die vindt dat hij recht heeft op een accepta-
bele aanrijdtijd van de hulpdiensten. Er zijn tal van andere emoties die zich heviger opdringen, zeker als tot overmaat van ramp
de mobiele telefoon ook geen bereik meer heeft. Wanhoop, boosheid, twijfel, paniek. Of misschien wel het meest waarschijnlijk:
angst, zoals Martin Heidegger die omschreef. Langzaam komt de
broosheid van de vertrouwde wereld aan het licht. Veronderstelde
zekerheden komen op losse schroeven te staan. Heidegger zegt het
als volgt: 'De alledaagse vertrouwdheid stort ineen.' De bewoonde
wereld ligt op maar een paar uur rijden, maar het lijken lichtjaren.
Je kunt nergens meer op rékenen – dat is een luxe die is voorbehou-

den aan het verkeer in meer gedomesticeerde gebieden, zoals de bebouwde kom – hooguit nog hópen op een toevallige passant.

Het is overigens niet verwonderlijk dat Heidegger een kenner van de angst was. Als er één filosoof is die deze emotie uit eerste hand kende, dan was hij het. Dat mag althans vermoed worden. Veel van zijn boeken, waaronder *Sein und Zeit*, heeft Heidegger geschreven in zijn berghut op de Todtnauberg, in het Zwarte Woud. Dit uitgestrekte natuurgebied heeft op verschillende manieren zijn sporen nagelaten in zijn werk. Diverse boektitels verwijzen naar het bos en de nabije omgeving daarvan: *Holzwege*, *Wegmarken* en *Der Feldweg*. Ik kan het niet bewijzen, maar het zou goed kunnen dat de donkere bossen Heidegger de werking van de angst hebben getoond. Als hij tijdens de snel intredende schemering de berg afdaalde, zal hij de dreiging die uitgaat van een donker woud toch weleens hebben ervaren? Hij wist ongetwijfeld de weg, maar zullen de sparren, die met hun kaarsrechte stammen allemaal op elkaar lijken en in het Zwarte Woud extreem dicht bij elkaar staan, nooit hebben geleid tot een radeloze desoriëntatie, al was het maar even?

Laat je held panne krijgen

De overrompelende natuur is ook doorgedrongen in het idioom van Hollywood. Verschillende filmgenres gebruiken haar als een katalysator voor de handeling. Veel thrillers zouden zonder dit motief niet gemaakt zijn. En vermoedelijk had het horrorgenre nauwelijks kunnen bestaan.

Overigens hebben filmmakers hiermee niets nieuws ontdekt. Ze passen de wetten toe volgens welke een goed verhaal verteld moet worden, zoals Aristoteles die 2500 jaar geleden al formuleerde in zijn *Poetica* (ca. 335 v.Chr.). Volgens de Griekse alleskunner dient de plot van een geslaagde tragedie de held in een impasse te brengen. Deze is het gevolg van een verkeerde inschatting van de situatie (in het Oudgrieks: *hamartia*). Diens zonde is niet zozeer dat hij de eigenaar is van een slecht karakter; de rampspoed die hem ten deel valt is te wijten aan naïviteit of achteloosheid. De toeschouwer zit zich ondertussen te verbijten omdat die al lang doorheeft dat hier een blunder wordt begaan. 'Doe het niet!' wil hij de protagonist toeschreeuwen. Maar die doet het natuurlijk wel. Er rest de toeschouwer niets anders dan nagelbijten. Deze poëticale wetmatigheid is niet alleen van toepassing op de tragedie, maar net zo goed op de thriller, de horror en aanverwante filmgenres.

Oneindig veel titels zijn op dit uitgangspunt gebaseerd. Wil je als scriptschrijver een snel verkregen impasse? Laat de hoofdrolspelers panne krijgen. Zie *Vacancy* (2007) van Antal Nimród. De plot is even simpel als doeltreffend: man verlaat de snelweg omdat dat sneller zou zijn (*hamartia*!), hoewel zijn vrouw hem nog zo heeft gewaarschuwd. Dan valt – hoe kan het anders – de auto stil. De getrainde filmkijker weet dat dit de voorbode is van onheil (het echtpaar in de auto uiteraard nog niet). Wat nu? Vlakbij blijkt echter een motel te staan, dat zo te zien sinds de jaren zeventig niet meer is bijgehouden. Inderdaad: de aanstaande plaats delict. Het motel blijkt te worden gerund door een moordlustige manager en zijn handlangers, voor wie het gestrande echtpaar een volgende prooi is. Wat volgt is een ijzingwekkend kat-en-muisspel van anderhalf uur. Een ander voorbeeld is *House of Wax* (2005). Deze film (met Paris Hilton) is een niemendalletje binnen het genre, maar daardoor des te trouwer in de toepassing van de wetten daarvan. Een groepje opgeschoten tieners raakt door een verkeersomleiding van hun route. Ze brengen de nacht in het open veld door. 's Ochtends wil de auto niet starten: de V-snaar is kapot. Op zoek naar hulp belanden ze net op die ene plek (het wassenbeeldenmuseum uit de titel) waar ze niet zouden moeten zijn. De achteloze bezoekers – 'Hallo, is daar iemand?' – valt al snel op hoe levensecht de beelden lijken. Het blijkt dat ze met deze observatie niet ver naast de waarheid zitten. Het museum is gevuld met levende mensen op wie de *bad guy* een laag was heeft aangebracht. Wacht de hoofdpersonen hetzelfde lot? Dit is de vraag die de rest van de film gaande houdt.

'Eenzaam, armoedig, afstotelijk, beestachtig en kort'

De situatie in het desolate niemandsland dat zich uitstrekt buiten de Amerikaanse steden, benadert in veel opzichten de natuurtoestand. De bedenker van dit concept, vermoedelijk het meest invloedrijke in de politieke filosofie, is Thomas Hobbes. Na een carrière als mentor van verschillende adellijke zonen ontwikkelde hij zich als filosoof, wat culmineerde in de publicatie van zijn *Leviathan* in 1651. In dit werk stelt hij zich een tijd voor dat er nog geen staat was die zorg droeg voor veiligheid en de openbare orde, laat staan politieke partijen om op te stemmen. Of de geschiedenis daadwerkelijk zo'n periode heeft gekend waarin elke vorm van macht volkomen afwezig was, is twijfelachtig. Maar dat doet er niet toe. Hobbes was geen historicus die beschrijft hoe gebeurtenissen zich hebben voltrokken, maar een politiek denker die op zoek was naar het bestaansrecht en de functie van de staat.

Het goede leven is een illusie in de natuurtoestand. Daarvoor is iedereen te druk met overleven, elke dag opnieuw. Wie kan zich bezighouden met de vraag wat zijn ambities zijn als hij bij wijze van spreken niet eens weet of hij de volgende dag haalt? Thomas Hobbes schildert de toestand zonder staat in de donkerst mogelijke tinten – als een schilder die slechts drie kleuren op zijn palet heeft: grijs, donkergrijs en pikzwart. Bij de afwezigheid van de staat die als een superscheidsrechter de veiligheid waarborgt, is iedereen op zichzelf aangewezen. Niemand die mensen ervan weerhoudt andermans bezit toe te eigenen, behalve dan de eigenaar, die noodgedwongen het recht in eigen hand moet nemen. In het meest extreme geval is een boer zoveel kwijt aan het bewaken van zijn grond dat hij niet meer toekomt aan het bebouwen ervan. Bovendien kan elke ontmoeting met anderen zomaar ontaarden in een spiraal van vergelding en wedervergelding. Er is geen oppermacht die rechtspreekt en zulke conflicten in de kiem smoort. Onder dit gesternte is het maken van plannen en andere vergezichten die de waan van de dag overstijgen een luxeartikel dat mensen zich niet snel kunnen permitteren. Daarom noemt Hobbes het bestaan in de natuurtoestand 'eenzaam, armoedig, afstotelijk, beestachtig en kort'. Nu is begrijpelijk dat hij de natuurtoestand typeert als een 'oorlog van allen tegen allen'.

Hoewel de natuurtoestand een hypothetische setting verbeeldt, is zij wel degelijk empirisch te onderbouwen. In *Met alle geweld* (2008) beschrijft de Nederlandse denker Hans Achterhuis 'het volgende voorbeeld van wat er gebeurt als de politie verdwijnt'. Op 17 oktober 1969 ging het politiepersoneel in staking in Montréal, een Canadese metropool die ongeveer zo groot is als Amsterdam en Rotterdam samen. Om 11.20 uur werd de eerste bank beroofd, een paar uur later hadden de meeste winkels hun deuren gesloten wegens plunderingen, taxichauffeurs staken de garage van een concurrent in brand. En toen was de dag nog maar net begonnen. Wat was het resultaat van deze orgie van geweld? 'Aan het eind van de dag waren er zes banken beroofd, een honderdtal winkels geplunderd, twaalf branden aangestoken, ontelbare ruiten gesneuveld en was er voor drie miljoen dollar schade aangericht.' Pas toen het leger werd ingezet keerde de rust weer terug in de straten van het normaal zo vredige Montréal.

Natuurlijk wil ik niet betogen dat de Verenigde Staten nog in deze prepolitieke *struggle for life* verkeren. Die hebben ze ruim 200 jaar geleden – in 1787 – al achter zich gelaten. Op 17 september van dat jaar werd de Amerikaanse grondwet aangenomen, die sindsdien nauwelijks is aangepast en wereldwijd nog steeds geldt als een lichtend voorbeeld van hoe de politiek georganiseerd zou moeten zijn. Het is een subtiele mix van machtsoverdracht aan de overheid én beperking van die macht om misbruik te voorkomen. Als er één document is dat een einde zou kunnen maken aan de natuurtoestand dan is dat de Amerikaanse grondwet. Hoe dan vol te houden dat deze hobbesiaanse kwalificatie, tenminste gedeeltelijk, van toepassing is op de situatie aldaar?

Het onovertroffen politieke bestel van de Verenigde Staten kan niet verhelpen dat je er dikwijls op jezelf bent aangewezen, bijvoorbeeld op de stille wegen in het weidse binnenland. Dit gebied is simpelweg te omvangrijk om de belofte van totale veiligheid waar te kunnen maken. Overigens erkent de constitutie haar grenzen doordat het Tweede Amendement burgers het recht geeft om wapens te dragen. Europeanen zien in dit recht vaak het definitieve bewijs dat Amerikanen schietgrage *hillbillies* zijn, van wie wantrouwen de basishouding zou zijn. Deze afwijzing getuigt van weinig inlevingsvermogen. Zou het Amendement werkelijk te herleiden zijn tot een mengeling van xenofobie en paranoia? Of is er wellicht meer aan de hand? In Park Nederland, waar wettelijk vastgestelde aanrijdtijden bestaan, is zo'n recht amper nodig en daardoor ook moeilijk voorstelbaar. De Verenigde Staten zijn te uitgestrekt voor zulke beloftes van de hulpdiensten. In een staat als Kansas, waar een vierkante kilometer gemiddeld dertien inwoners telt, kun je er niet automatisch van uitgaan dat de hulpdiensten snel ter plaatse zullen zijn. In geval van nood wordt noodzakelijkerwijs een veel groter beroep gedaan op de eigen slagvaardigheid.

Dit houdt niet in dat daar, à la *Mad Max*, een heuse burgeroorlog woedt. Het gaat mij er niet om de volledige omvang aan te treffen van wat Hobbes in zijn *Leviathan* heeft beschreven. Maar het concept van de natuurtoestand is wel degelijk bruikbaar als algemene typering van de situatie waarin de door de mens aangebrachte orde is opgeschort. Even kun je geen beroep meer doen op de beschaving en de verwachtingen die je eraan ontleent. Ineens gaat het er een stuk rauwer aan toe. Concreet: als Vrouwe Fortuna automobilisten bezoekt zolang die binnen de bebouwde kom rijden – lekke band, kokende motor, kapotte V-snaar – laten haar grillen hen relatief onberoerd. Dankzij de wetenschap dat bijstand nabij is, hoeven ze niet in wilde paniek te raken. Vertraging van onze reis is zo ongeveer de grootst denkbare schade. Die luxezetel verlaten automobilisten zodra ze de woestenij van het Amerikaanse binnenland binnengaan, habitat van avonturiers als Sal Paradise. Het gebrek aan beschaving doet een groter beroep op zelfredzaamheid, als onder de motorkap rookpluimen vandaan komen.

Cultuurtoestand

Onderweg leer je een land kennen. Als in de Verenigde Staten, althans in de leegte tussen de kusten, de natuurtoestand immer nabij is, dan geldt voor Nederland het omgekeerde. Nederlanders bevinden zich in de cultuurtoestand. Daarmee doel ik op de vrijwel voltooide domesticatie van de natuur alhier. Voordat deze typering de betekenis krijgt die ze verdient, is nadere toelichting gewenst. Want wat is cultuur? Er zijn eerder te veel dan te weinig definities voorhanden. Ik sluit me aan bij die van Rüdiger Safranski, biograaf van onder meer Arthur Schopenhauer en Friedrich Nietzsche. In de levensschets van de laatste noemt hij cultuur 'de duurzaam geworden inspanning om de onverschilligheid' van de natuur te overwinnen. Het is de natuur namelijk om het even of er mensen zijn en in welke conditie zij verkeren. Ze doet niet aan mededogen (ook niet aan doelbewuste kwellingen trouwens, hoewel de verschillende geloven menen van wel). Mensen zijn bijzonder vindingrijk gebleken in hun strijd tegen deze onbarmhartigheid. Sinds Prometheus hun het vuur heeft geschonken, hebben ze tal van manieren bedacht om in opstand te komen tegen de natuur, van paraplu's tegen de regen tot medicijnen tegen ziekte. In deze categorie vallen ook de instructies boven en langs de weg, die richting wijzen en het verkeer in goede banen leiden. De natuur is stom en zal dit niet doen. Zulke technische vindingen ontdoen het bestaan van zijn scherpste kantjes.

Het succes waarmee mensen de natuur naar hun hand zetten verschilt per land. De mate waarin dit slaagt – kán slagen – is van verschillende factoren afhankelijk. Een gezonde dosis optimisme alleen is niet voldoende. De natuurlijke eigenschappen van het landschap spelen ook een rol. Hoe groter – zie Amerika – hoe lastiger om het in de greep te krijgen. Maar ook Zwitserland, ongeveer even groot als Nederland, is immer in gevecht. Welke inspanningen de Zwitsers ook plegen, het lukt ze niet de onherbergzaamheid van de Alpen teniet te doen. De lakmoesproef blijft: hoe raadzaam is het om zonder enige voorbereiding met de auto op pad te gaan? Zwitsers kunnen zich geen Hollandse achteloosheid toestaan. Als je dan toch getroffen wordt door het lot, dan het liefst in het platte, aangeharkte Park Nederland.

Als aanwijzing voor deze stelling mag ook de enorme verfijning en diversiteit aan berichtgeving langs de weg worden aangevoerd. De tijd waarin daar één enkel stoplicht of snelheidsbord stond, is al lang voorbij. Tegenwoordig vindt er een heus bombardement van de zinnen plaats. Het is echter niet alleen de hoeveelheid boodschappen, maar ook de inhoud daarvan die verbazing wekt. Zo kun je zomaar een bord tegenkomen dat de weg wijst naar een 'spiegelafstelplaats'. En hier blijft het niet bij. Je zou op deze manier een aardig lexicon van de regelzucht kunnen samenstellen – in de geest van Flauberts *Dictionnaire des idées reçues* (1951). Naast spiegelafstelplaatsen bestaan er ook toeritdoseerlichten. Speciaal voor de vrouwelijke bestuurders zijn er vrouwenparkeerplaatsen. De wandelaar, tenslotte ook een verkeersdeelnemer, krijgt weer te maken met hondenloslooplaatsen. Gemakshalve laat ik de redresseerstrook, noodstopstrook en wildspiegel buiten beschouwing.

In het meeslepende essay 'De wanschapenheid van oranje', dat begint als een jeugdherinnering en eindigt als een duiding van het heersende maatschappelijke klimaat, gaat Kees van Kooten in op de implicaties van het oranje stoplicht. Over de betekenis van rood kan geen misverstand bestaan: stoppen, net zoals de boodschap van groen kraakhelder is: rijden. Aan deze overzichtelijke situatie – er waren maar twee smaken: verbod of gebod – kwam een eind met de introductie van oranje in het verkeer. Van Kooten: 'Toen en daar begon het fout te gaan met Nederland. Vanaf dat moment werd er op steeds grotere schaal getornd aan de normen en waarden (het rood en het groen) van ons dagelijks leven.' Want dat is de moeilijkheid van deze kleur: ze doet een beroep op de goedwillendheid van automobilisten, die moeten stoppen als dit nog lukt. Misschien dat dit appel in de begindagen van het licht nog werkte. Tegenwoordig grijpen automobilisten deze speelruimte echter aan als een kans om een verkeerssituatie zo gunstig mogelijk voor henzelf uit te leggen. Vaart minderen? In plaats daarvan is oranje steeds meer gaan fungeren als een aansporing nog even een flinke dot gas te geven voordat het licht op rood springt. De pointe van het pleidooi van Van Kooten? Afschaffen die oranje ambiguïteit!

Zover zal het vermoedelijk niet snel komen. De tijd is er simpelweg niet naar. Die juicht juist een oranje lichtachtige benadering van het verkeer toe. Het meest exemplarisch voor deze tendens is de overdonderende populariteit van de rotonde, die in rap tempo het traditionele verkeersplein met stoplichten vervangt. Deze ontwikkeling maakt zelfs dat Martin Bril, chroniqueur van het dagelijks leven, Nederland het ronde land noemt. Waardoor kenmerken rotondes zich, behalve hun vorm natuurlijk? Ze regelen het verkeer zonder de ondubbelzinnige instructies van het stoplicht (eigenlijk moet ik schrijven: van de ondubbelzinnige instructie van de kleuren rood en groen op dat stoplicht). Natuurlijk gelden ook op rotondes verkeersregels, maar er is geen hogere instantie die zegt hoe het moet; elke zweem naar *law and order* is verdwenen. De opdracht aan de automobilisten is: los het samen op.

Is deze situatie geen toppunt van beschaving? Dat valt nog te bezien als je het gedrag van automobilisten in ogenschouw neemt terwijl ze een rotonde naderen. Ze remmen af en werpen een eerste blik naar links. Daar komt een auto aan. Wat nu? Afremmen of juist gas bijgeven? In een fractie van een seconde moet worden besloten: krijgt de andere partij voorrang of neem je die zelf? Dat vraagt om *virtù*, het vermogen om situaties in te schatten, dat onontbeerlijk is voor politici, aldus Machiavelli in *De heerser* (1532), maar dat ook zeer bruikbaar is in het leven van alledag, zoals bij het naderen van een rotonde. Komt daar een BMW 3-serie begeleid door pompende bassen met hoge snelheid aan, dan krijgt die van mij alle ruimte. Maar als het een Hyundai Atos betreft, het stadsautootje bij uitstek, vooral onder zestigplussers, dan weet ik: alle tijd om mij veilig op de rotonde te wagen. Zulk gedrag – elkaar voortdurend taxeren – lokken deze geasfalteerde cirkels blijkbaar uit. Ogenschijnlijk heerst hier de gulden regel van het poldermodel: we komen er samen wel uit.

Vaak werkt het zo, maar de scheidslijn met ongetemde anarchie is dun. Het valt niet vol te houden dat ik samen met de bestuurder van eerdergenoemde BMW in goed overleg tot de conclusie was gekomen dat het asfalt aan hem was. Hier gold toch echt het recht van de sterkste.

'Panta rhei'

Sla links af! Stoppen! Verboden in te halen! Dergelijke richtlijnen maken van een ontketende horde automobilisten een – enigszins – ordentelijke verkeersstroom, wat een klein wonder mag heten. Nederland telt miljoenen voertuigen. Al dat staal dat met hoge snelheid in- en uitvoegt, optrekt en weer tot stilstand komt... Elke dode is er één te veel, maar afgezet tegen de omvang van het wagenpark is 750 verkeersdoden in 2008 (volgens het Centraal Bureau voor de Statistiek) een indrukwekkend laag getal. Dit maakt het Nederlandse verkeer tot het veiligste ter wereld. Ter vergelijking: in België vallen per miljoen inwoners ruim twee keer zo veel slachtoffers.

Alle mooie resultaten ten spijt, *loners* als Dean Moriarty zullen de talrijke aanwijzingen in het verkeer eerder ervaren als een keurslijf. Hij laat zich de wet niet zomaar voorschrijven – dat geldt in het algemeen, en dus ook in het verkeer. Hij bepaalt zelf wel wat hij doet en wat hij laat. Voor hem werken risico's juist als een magneet op een stuk metaal. Als de vrijheid wordt geofferd aan de veiligheid, gaat zijn redenering, is dat een concessie aan de burgerlijke mores. De meeste mensen, te weinig bohemien, zullen de omgekeerde redenering volgen en dat offer graag brengen om het op de weg veiliger te maken. Dan maar burgerlijk.

Veiligheid en vrijheid staan met elkaar op gespannen voet. Het zijn communicerende vaten: als de een toeneemt, neemt de ander af en omgekeerd. Deze claim klinkt zo vanzelfsprekend dat zelden wordt verzocht om nadere toelichting. Terwijl die toelichting o zo nodig is voor de broodnodige nuancering. Regels zouden de vrijheid om zeep brengen? Een uitstapje naar de biologie laat zien dat het zo eenvoudig niet werkt. De Amerikaanse evolutiebioloog Daniel Dennett heeft de natuurwetenschappen – en het darwinisme in het bijzonder – dikwijls moeten redden van een vergelijkbaar verwijt. Als de mens onderhevig is aan wetmatigheden in de natuur, luidt de kritiek, wat blijft er dan nog over van zijn autonomie? Onverbiddelijke natuurwetten doen de vrije wil verschrompelen – toch?

Nee, luidt het resolute antwoord van Dennett in onder meer *Freedom Evolves* (2003). Stel je bij wijze van gedachte-experiment eens de tijdelijke opheffing van natuurwetten en andersoortige regelmatigheden voor. Dat lijkt een maximum aan vrijheid voort te brengen. Het tegendeel is echter waar: ze leidt tot maximale chaos. In de situatie waarin alles mogelijk is, waarin Heraclitus' spreuk 'Panta rhei' (alles stroomt) de enige wetmatigheid is, bestaat namelijk geen toekomst. Wat mag je redelijkerwijs verwachten dat er komen gaat? De toekomst is een pan maïs die op het vuur staat: eenmaal getransformeerd in popcorn schieten de maïskorrels alle kanten op. Als werkelijk alles mogelijk is, heerst totale onvoorspelbaarheid. En niets is zo fnuikend voor de vrije keuze als deze situatie, waarin je nergens op kunt rekenen. Wie wil kiezen, moet om te beginnen weten waarúít hij kan kiezen.

Om te overleven – hier is de darwinist Dennett aan het woord – is het noodzakelijk dat sommige zaken simpelweg uitgesloten zijn, zoals de plotselinge ongeldigheid van de natuurkundige wetten van Isaac Newton. Waarom zou je een huis bouwen als morgen de bouwmaterialen ergens in het luchtruim zouden kunnen zweven wegens opheffing van de zwaartekracht? Alleen als de absolute willekeur is ingeperkt, is er ruimte voor verwachtingen ten aanzien van wat komen gaat. Dan pas kan zich de toekomst melden, als een tegenligger waarvan de contouren aanvankelijk nog vaag zijn, maar die duidelijker worden naarmate de afstand kleiner wordt. Hoe ga je daarop reageren? Ineens wordt die vraag actueel. Er zijn vele manieren om op de toekomst te anticiperen, maar – leve het determinisme – niet oneindig veel. Dit zou namelijk niet leiden tot oneindige keuzevrijheid. Wie alles kan kiezen, kan helemaal niets kiezen. Met de opschorting van elk handelen als resultaat.

Deze paradox – voorspelbaarheid brengt vrijheid voort – is van toepassing op de wetten die de natuur tot een overzichtelijk geheel maken, maar ook op de regels die het maatschappelijke verkeer in goede banen leiden. Dit wordt goed zichtbaar op de weg. Wat als niemand zijn knipperlicht meer gebruikt? De natuurtoestand van Thomas Hobbes komt akelig dichtbij. Het verkeer zou een grillig wezen zijn dat zich niet laat kennen, laat staan temmen. Van baan wisselen wordt een levensgevaarlijke manoeuvre, die automobilisten net zo goed met hun ogen dicht kunnen verrichten. Waarom zouden ze nog in de spiegels kijken en het moment waarop ze een baan opschuiven zorgvuldig kiezen? Het is een betekenisloos ritueel geworden. Links of rechts? Het mag geen keuze genoemd worden; wat je ook doet, het is om het even. Vandaar de behoefte aan regels, die de realiteit het broodnodige minimum aan voorspelbaarheid verlenen, wat nadrukkelijk níét impliceert: hoe meer regels, hoe beter. De veiligheid moet veiliggesteld zijn – meer niet. Dus hoewel *On the Road* en Nederland een lastige combinatie blijven – ik zie Dean Moriarty nu eenmaal niet zo snel met zijn maten afspreken op een carpoolplaats – doen we een strenge ordening van het verkeer tekort als we haar een zachte verstikkingsdood van de vrijheid verwijten.

9 Geef de verleider niet de schuld!

Met schoonheid is iets merkwaardigs aan de hand – althans: met de heersende houding tegenover mooie dingen. Tot voor kort lieten mensen zich daarmee graag omringen; eeuwenlang waren ze het erover eens: het is prettiger naar iets fraais te kijken dan naar iets lelijks. Hoe evident deze waarheid ook lijkt, ze boet in aan vanzelfsprekendheid. Schoonheid wordt in toenemende mate als bedreigend ervaren.

Dit gevoel heeft een stem gekregen met *Beperkt houdbaar*. Het is inmiddels een paar jaar geleden dat deze documentaire van Sunny Bergman werd uitgezonden, maar nog steeds houdt zij, en de thematiek die erin wordt aangesneden, de gemoederen bezig. *Beperkt houdbaar* is een krachtig visueel pamflet, een aanklacht tegen de dominantie van de schoonheidsindustrie. Overal waar je kijkt – in de abri's langs de weg, de videoclips op televisie, de advertenties in de glossy's – zien we vrouwen met een uiterlijk dat volstrekt onrealistisch zou zijn. Al hun onvolkomenheden zijn met de computer weggewerkt. De toeschouwer ziet een gefotoshopte versie van de werkelijkheid.

De alomtegenwoordigheid van deze supervrouwen zou een grote sociale druk op echte vrouwen leggen. Ze vormen een schoonheidsideaal waaraan niemand kan voldoen. De kloof tussen beeld en realiteit kan niet worden gedicht. En dat leidt tot frustratie en onzekerheid, zeker bij adolescenten. Vergeleken met de onmenselijke schoonheid in de media voelen zij zich lelijk en onvolmaakt.

Beperkt houdbaar is het product van een vakvrouw. Dat betekent niet dat Bergman veilig achter de camera blijft en van een afstand bepaalde ontwikkelingen in de samenleving registreert. Ze durft zichzelf bloot te stellen aan de maatschappelijke krachten die zij ontwaart. In een van de meest aangehaalde scènes gaat ze voor een consult op bezoek bij een Amerikaanse plastisch chirurg. Hij vorst het lichaam van Bergman zoals een aannemer dat doet met een oud huis dat renovatie behoeft. 'Er moet wat aan je heupen gebeuren en aan je dijen,' begint hij een lange opsomming van reparatiewerkzaamheden. 'Eigenlijk is het heel simpel: *you need the full works, my dear.*' Je zult het maar te horen krijgen. Zoals gezegd: lef kan Bergman niet ontzegd worden.

Sunny Bergman is niet alleen een virtuoos programmamaker, maar ook een bevlogen actievoerder. Onder het mom van *'the people versus the beauty industry'* bindt zij, als David tegen Goliath, de strijd aan tegen de schoonheidsindustrie. Zo is zij de actie 'Photoshop-vrij' gestart. Middels een vignet kunnen bladen aangeven of ze aan beeldbewerking doen of niet. Anders gezegd: of ze echte vrouwen tonen of modellen die een digitale facelift hebben ondergaan. Een ander initiatief van Bergman: op haar website roept ze iedereen op zich te melden die meent dat zij psychische klachten heeft als gevolg van cosmetische producten, glossy's of privéklinieken. Een letselschadeadvocaat bekijkt of het mogelijk is die juridisch aan te pakken. De schoonheidsindustrie wordt blijkbaar direct verantwoordelijk gesteld voor de psychische conditie van vrouwen. Hoe terecht is die claim? Is het voorwerp van je verlangens aansprakelijk te stellen voor die verlangens?

Hoezo onrealistisch?

Bergman heeft gelijk als ze stelt dat vrouwen tegenwoordig van alle kanten worden bestookt met prikkels, die verlangens doen ontwaken zoals een stuk vlees een tijger in opperste staat van paraatheid brengt. Dat maakt het tegenwoordig wellicht niet gemakkelijk. Ook daar valt het nodige voor te zeggen. Sterker nog, ik zou de observatie van Bergman, dat vrouwen moeten rekenen op een overdaad aan met name visuele indrukken, willen uitbreiden naar alle mensen. Iedereen heeft met dit fenomeen te maken. Een kleine bloemlezing van momenten waarop een beroep wordt gedaan op je nieuwsgierigheid: als een pak folders op de deurmat ploft met daarin de aanbiedingen voor de aankomende week, wanneer een banner op het computerscherm druk knipperend een romantisch weekend voor twee aanprijst of zodra de spam bezit neemt van je mailbox na hapering van de firewall. Allemaal schreeuwen ze: neem mij!

Hoe ga je om met al deze brokjes informatie, die strijden om tijd en aandacht? Eén manier is die van de kluizenaar, die zich resoluut van de wereld afkeert. Dit is een offer dat ik niet graag zou brengen. Maar er is een ander bezwaar: is het werkelijk zo overzichtelijk dat die vele prikkels louter gedoe opleveren? Of kunnen ze wellicht ook bijdragen aan aangenamere emoties? De laatste mogelijkheid hoeft de kluizenaar niet eens in overweging te nemen, hij gaat alle prikkels gewoon uit de weg. Zo bezien heeft het kluizenaarschap veel weg van een vroegtijdige capitulatie. De witte vlag wordt gehesen voordat het eerste schot gevallen is.

Een andere optie is de verzamelde media aanklagen. Dit is tegenwoordig het populairste middel, dat ook Sunny Bergman toepast. In het kort komt dit erop neer dat reclamemakers in samenwerking met de verschillende media via geraffineerde strategieën het publiek bespelen. Als ware ingenieurs van de ziel brengen ze de wensenhuishouding danig in de war en ze roepen verlangens op waarvan niemand het bestaan zelfs maar vermoedde. Op virtuoze wijze scheppen ze imago's en ideaalbeelden waaraan consumenten zich graag afmeten. De lat ligt echter zo hoog dat ze wel moeten falen. Vervolgens is frustratie hun deel. Tot zover de gangbare analyse. Ik vraag me af of het probleem inderdaad is dat reclamemakers onrealistische beelden scheppen. Volgens mij is precies het omgekeerde waar: de beelden worden steeds realistischer.

Dit heeft alles te maken met het feit dat mensen leven in het tijdperk van de mogelijkheid. Vroeger lag veel meer vast. Het bestaan was grotendeels een fatum, iets wat je vooral overkwam. Uiteraard waren mensen ook toen geen volmaakt gedetermineerde wezens. Naar hun aard komen ze nu eenmaal in opstand tegen hun lot. Alleen waren de middelen die hun ter beschikking stonden uiterst beperkt als je het vergelijkt met tegenwoordig. Heel concreet: de discussie die Sunny Bergman aanzwengelt in *Beperkt houdbaar* zouden vroegere generaties domweg niet begrijpen. Schoonheid was helemaal geen issue en kon dat ook niet zijn. Met uitzondering van een toplaag van aristocraten en monarchen had niemand er tot in de twintigste eeuw enige invloed op. De een was mooi, de ander lelijk. Dat waren de brute *facts of life*. Gelukkig hadden mensen schouders: konden ze die tenminste ophalen. Lang was berusting noodgedwongen een deugd en een remedie tegen ontluikende gevoelens van rebellie tegen de grillen van de natuur. Een te grote neus? *So what?*

Dankzij de techniek is de rol van het lot (datgene waarin je nu eenmaal hebt te berusten) fors teruggedrongen. Natuurlijk komt niemand helemaal los van de natuur, of het nu zijn eigen natuur is of de natuur buiten hem. Volledige zeggenschap blijft een illusie. Dat neemt niet weg dat de geschiedenis een gestage bevrijding heeft laten zien, die zich doet gelden in alle facetten van het leven. Bijvoorbeeld: de koel-vriescombinatie heeft de houdbaarheidsdatum van voedsel geweldig opgerekt, waardoor een mislukte oogst of jacht niet direct tot honger hoeft te leiden. De medische wetenschap heeft ervoor gezorgd dat een bevalling geen Russisch roulette meer is voor de aanstaande moeder. En bevalt iemand zijn uiterlijk niet is daar iets aan te doen, met cosmetische middelen of rigoureuzere ingrepen als plastische chirurgie. Wil en werkelijkheid zijn steeds dichter bij elkaar komen te liggen, het tweede heeft zich in toenemende mate geconformeerd aan het eerste.

Deze overdonderende autonomie is een enorme verworvenheid. Maar, toegegeven, dankzij deze ontwikkeling is berusting ietwat uit de gratie geraakt. Schouders ophalen? Kiezen moet je als nagenoeg niets meer vastligt. Zo ook wat betreft je voorkomen. Schoonheid is een keuze geworden. Deze observatie is in flagrante tegenspraak met de visie van Sunny Bergman, die vindt dat vrouwen zich juist steeds moeilijker kunnen meten met beelden in de media. Die zijn van elk realisme gespeend, is haar klacht.

Volgens mij is het probleem niet dat vrouwen moeten opboksen tegen onrealistische vrouwbeelden, zoals *Beperkt houdbaar* meent. Als iets onrealistisch is hoef je dat niet als een persoonlijk appel te ervaren. Je kunt het bewonderen, maar er gaat geen verleiding van uit. Daarvoor staat het te ver af. Lastiger wordt het als de verwerkelijking van je wensen binnen handbereik komt. En dankzij technisch ingrijpen is er veel haalbaar geworden, inclusief het uiterlijk dat iemand het liefste zou hebben. Als perfectie niet voor de volle honderd procent haalbaar is kun je er tenminste een serieuze gooi naar doen. Waarmee de zorgen beginnen over het uiterlijk.

Liberalisme 2.0

Zeggenschap over je eigen lot is de inzet geweest van een lang emancipatorisch proces. De politieke filosofie die hiervoor opkomt is het liberalisme. Opmerkelijk genoeg zijn de reacties lauw nu de liberale agenda grotendeels is verwerkelijkt. Hoe vaak hoor je niet verzuchten dat er tegenwoordig zoveel te kiezen valt? Vrijheid wordt dikwijls eerder als een last ervaren dan als een zegening. Hoe is dat mogelijk? Zijn burgers bij nader inzien toch minder vrijheidsminnende wezens dan aanvankelijk werd gedacht? Het ligt iets subtieler, blijkt uit een korte geschiedenis van het liberalisme.

Het exacte geboorte-uur van het liberalisme is lastig te bepalen. Het thema vrijheid speelde al een belangrijke rol in de Griekse filosofie, maar doorgaans wordt het ochtendgloren van het liberalisme in de vroege zeventiende eeuw gesitueerd, toen politiek een exclusieve aangelegenheid was van alleenheersers, die Europa gebruikten voor een levensgroot spelletje risk. Keizers, koningen, hertogen en bisschoppen waren meer met elkaar bezig dan met hun bevolking; individuele belangen van hun bevolking telden nauwelijks. Filosofen als Baruch de Spinoza en John Locke kwamen daarvoor op. Ze ontwierpen politieke theorieën die tiranniek gedrag moesten inperken en individuen bescherming bieden.

Poneren dat individuen vrij horen te zijn is loffelijk, maar hoe voorkom je dat vrijheid een theoretisch construct blijft en niet dezelfde statuur heeft als de formele toestemming vijfentwintig meter hoog te springen? Het is de verdienste van onder meer Spinoza geweest dat hij het nietige individu middelen heeft gegeven om zijn vrijheid op te eisen – waardoor het zich niet meer zo nietig hoefde te voelen. Via een weloverwogen pakket rechten kunnen burgers anderen, maar vooral de staat, een halt toeroepen als die zich al te opdringerig gedragen. Een van die rechten is de vrijheid van meningsuiting. De Britse historicus Jonathan Israel wijst er in zijn monumentale studie *Radical Enlightenment* (2001) op dat mede hierdoor een publiek domein ontstond waar burgers zich onbelemmerd konden bewegen. Ook werd er een ruimte geclaimd waar de staat in beginsel niets te zoeken heeft: de privésfeer, waarbinnen je mag doen en laten wat je wilt. Je kunt je deze 'area of non-interference', zoals John Stuart Mill deze ruimte halverwege de negentiende eeuw noemde, gerust plastisch voorstellen. Ze wordt verzinnebeeld door de voordeur, waarachter de staat niets te zoeken heeft, tenzij daar gegronde redenen voor zijn. Of door de schutting om het erf, die maakt dat de buurman eerst moet aankloppen voordat hij zich op andermans grond kan begeven. Natuurlijk zijn deze rechten, naast vele anderen, niet de exclusieve producten van de zeventiende-eeuwse liberalen. Maar zij hebben burgers wel geleerd te denken in termen van rechten, waarvoor het de moeite waard is om op te komen.

In de literatuur heet deze opvatting negatieve vrijheid, een duiding die canoniek is geworden dankzij de politieke filosoof Isaiah Berlin. In zijn beroemde essay 'Two Concepts of Liberty' (1958) definieert hij deze toestand als de afwezigheid van zoveel mogelijk belemmeringen. Ze maakt burgers alert op ontoelaatbare bemoeizucht en paternalisme, in de eerste plaats van de staat. Wat ik uitspook in mijn eigen huis gaat niemand iets aan. Tegenover deze interpretatie staat – hoe kan het anders? – positieve vrijheid. Met rust gelaten worden is al te mager, vinden de verdedigers van deze positie. De vraag is wat je doet met die speelruimte. Wat als je deze gebruikt voor weinig verheffende activiteiten, zoals tot diep in de nacht slechte films kijken met bier en chips binnen handbereik? Is er dan überhaupt nog sprake van vrijheid, vragen de verdedigers van de positieve vrijheidsopvatting zich af. Of is de nachtbraker hierboven eerder de slaaf van zijn passies? Deze twee opvattingen kunnen ook als volgt worden getypeerd: ben je vrij ván enige vorm van belemmering of ben je vrij tót (vermeend) rationeel gedrag?

De aanwezigheid van negatieve vrijheid wordt inmiddels zo vanzelfsprekend gevonden als het feit dat de zon elke dag weer opkomt. Tegenwoordig worstelen mensen vooral met hun positieve vrijheid. Tekenend waren de reacties toen enkele jaren terug het zorgstelsel opnieuw werd ingericht: er moest meer concurrentie zijn tussen zorgverzekeraars. Het werd eenvoudiger om over te stappen op een andere zorgverzekeraar, die wellicht goedkoper was of betere zorg leverde. Dit had grote gevolgen voor de klant, die verschillende polissen naast elkaar moest leggen en vergelijken. Nederland kreunde onder de last van deze inspanning. *HP/De Tijd* wijdde destijds een commentaar aan deze reflex. 'Deze houding doet sterk denken aan die van de Oostblokkers die na de val van de Muur voor het eerst het Westen bezochten,' aldus het opinieblad. 'Wat een keuze! Wat een stress! Waarom is Vadertje Staat er niet om voor ons te kiezen?' Eenzelfde stemming viel in 2009 te beluisteren toen werd herdacht dat de Muur twintig jaar eerder was gevallen. Die herdenking was bepaald geen viering van de vrijheid. Talrijk waren de reportages van voormalig Oost-Duitsers die zich beklaagden over de overdonderende keuzevrijheid van tegenwoordig, vaak in combinatie met een hunkering naar de tijden van weleer toen de keuze beperkt was en het bestaan overzichtelijk.

Nee, de consumptiemaatschappij kan zelden op een goedkeurend schouderklopje rekenen. En wat nog erger is voor de somberaars: er gloort voor hen geen hoop aan de horizon. Wie meent

dat momenteel sprake is van een hoogconjunctuur van het consumentisme vergist zich. Er staat consumenten nog het nodige te
wachten; tot nog toe was het kinderspel. Aanvankelijk was de consumptiemaatschappij voor iedereen hetzelfde. Door internet is
dit veranderd. Het heet dat het world wide web zich momenteel in
fase 2.0 bevindt. Door slimme technieken leert het internet de
wensen van zijn gebruikers kennen en stemt daarop zijn aanbod
af. Iemand die op Amazon boeken zoekt over willekeurig welk
onderwerp, zal blijvend worden geïnformeerd over nieuwe titels
rond dit thema. In het verleden hebt u boek A gekocht, wellicht is
titel B dan ook iets voor u.

Onderschat het revolutionaire karakter van deze ontwikkeling
niet. Ze is vergelijkbaar met de situatie waarin de postbode voortaan alleen folders in de bus gooit met producten waarin je daadwerkelijk geïnteresseerd bent. De een krijgt materiaal over keu-
kens omdat hij aan het verbouwen is, zijn buurman ontvangt
informatie over breedbeeldtelevisies wegens een recente uitbreiding van zijn dvd-collectie. De oude consumptiemaatschappij
sloot slecht aan op de wensenhuishouding van mensen. Ze was
een kwestie van *one size fits all*. Iedereen kreeg zogezegd hetzelfde
pakket folders in de brievenbus – waarvan 95 procent linea recta
naar het oud papier kon. Wat moet een carnivoor met een folder
met sojaburgers en andere vleesvervangende producten? Web 2.0
levert daarentegen geen confectie meer, maar biedt maatwerk.
Die belofte is bepaald klantvriendelijk, maar tegelijk van een
groot verleidend potentieel. Dat dwingt tot een kritische houding. Niet zozeer jegens het aanbod als zodanig, zoals Sunny
Bergman meent, maar jegens de eigen wensen. Welke honoreer je
en welke niet? Welkom in de tijd van liberalisme 2.0!

Boerkaficatie

Zoals gezegd: de observaties van Bergman zijn raak. Ze winnen
zelfs aan zeggingskracht als je die in de bredere context van het liberalisme 2.0 plaatst. Hoe houd je je in die complexe wereld vol

prikkels staande? Bergmans antwoord op die vraag is minder in-spirerend. Dat formuleert zij aan de hand van een al te eenvoudig schema van oorzaak en gevolg, van daders en slachtoffers. De schoonheidsindustrie veroorzaakt psychische schade bij vrou-wen. Zodra Bergman dit schema als verklaringsmodel heeft aan-genomen is de oplossing simpel. De schoonheidsindustrie moet zich minder opdringerig opstellen, desnoods daartoe gedwongen door de wet. Verbied de verleider, is in het kort haar oplossing.

De methode-Bergman staat niet op zichzelf. Neem dit voor-beeld uit de krant. Een echtpaar ging op vakantie naar Grieken-land. Deze mondde echter uit in een deceptie voor de vrouw om-dat haar echtgenoot vooral aandacht had voor de topless dames op het belendende balkon. Weg vakantiestemming. Maar de echt-genote liet het er niet bij zitten en eiste van de reisorganisatie een schadevergoeding. Een ander voorbeeld vond plaats in de nasleep van Koninginnedag 2009, toen Karst T. met zijn zwarte Suzuki in Apeldoorn een mislukte aanlag pleegde op de koninklijke familie. Prompt stroomden bij verzekeraar Reaal de schadeclaims bin-nen: meerdere mensen zouden 'schokschade' hebben opgelopen. Let wel, het gaat hier niet om mensen die aan de kant van de weg stonden en op een haar na werden geraakt. Ze hadden, als zovelen die dag, de beelden gezien op televisie. Of zelf opgezocht op You-Tube.

De rode draad in deze voorbeelden is dat ze allemaal uitmond-den in een claim. Ze stellen de omgeving in staat van beschuldi-ging. 'J'accuse!' is een steeds normalere reflex aan het worden. Rotvakantie? Dat moet je op iets of iemand kunnen verhalen. Zit de schrik er goed in na een gebeurtenis als op Koninginnedag? Daar moet iemand, of in dit geval een instantie, voor opdraaien. Elders heb ik deze neiging boerkaficatie van de wereld genoemd. De islam beschrijft – of moet ik schrijven: beschuldigt? – vrouwen als wezens die mannen het hoofd op hol (kunnen) brengen. Tegen deze observatie valt weinig in te brengen. Dat geldt echter niet voor de oplossing die de Koran aandraagt: vrouwen moeten hun schoonheid verbergen door zich met een sluier te bedekken – af-hankelijk van de interpretatie van het boek kan dit variëren van een hoofddoek tot een alles bedekkende boerka. De lust wordt volledig op conto geschreven van het lustobject; hiervan wordt verwacht dat het zich aanpast.

Het lijkt zo gemakkelijk: schrap alle prikkels die op de een of andere manier verstorend werken, zodat uiteindelijk een omgeving overblijft die het gemoed met rust laat. In de praktijk is dit echter ondoenlijk. Zodra je eenmaal begint te verbieden is het einde zoek. Zoals pubermeisjes de aanblik van een overdosis schoonheid in de media moeilijk kunnen verdragen, raken anderen gefrustreerd als ze het nieuwste type van een automerk niet bezitten. Moet de autofabrikant daarom worden aangeklaagd? Of mag je van de eigenaar van dit felbegeerde model eisen dat hij er, in de geest van de islam, een doek overheen gooit opdat niemand in een staat van jaloezie wordt gebracht? Er zou weinig moois meer overblijven als je deze werkwijze consequent doorvoert. Een onwenselijk bijeffect hiervan is dat het schone in het beklaagdenbankje komt te staan. Alsof het zich moet verantwoorden en verontschuldigen voor zijn voorkomen.

'Verdikkie'

Er is echter een veel fundamenteler bezwaar tegen het betoog van Bergman. Haar uitgangspunt is dubieus. Als zij de wereld met al haar verlokkingen verantwoordelijk stelt voor de wensen die consumenten koesteren, getuigt dat van een te somber mensbeeld. Consumenten zijn overgeleverd aan krachten die groter zijn dan zijzelf; ze zijn weinig meer dan een speelbal van hun verlangens. Vanuit deze visie wordt begrijpelijk dat veel keuzemogelijkheden in de eerste plaats als bedreigend worden ervaren.

Bergman maakt deel uit van een koor cultuurpessimisten dat mensen reduceert tot willoze consumenten, dat helaas veel te dominant is geworden. Ik geef toe: het is soms niet gemakkelijk in een wereld vol verleidingen. Maar onmogelijk is het zeker niet om daarin overeind te blijven. Sterker nog, mits op de goede manier aangewend vormt de hedendaagse samenleving niet in de eerste plaats een last maar een geweldig potentieel aan mogelijkheden, waarvan het zonde zou zijn die in te perken. In dit verband is het raadzaam in de leer te gaan bij Aristoteles, auteur van de *Ethica Nicomachea*, een doorwrochte deugdethiek van 2500 jaar oud, die nog steeds actueel is.

De centrale notie van het boek is het goede leven, waaromheen vele andere thema's cirkelen als satellieten rond de aarde. Een van die thema's is het gevoelsleven. Mensen worden beroerd door een variëteit aan emoties. Aristoteles noemt: begeerte, woede, angst, durf, afgunst, vreugde, liefde, haat, verlangen, wedijver, medelijden – en de opsomming is moeiteloos verder uit te breiden. Filosofen wordt vaak verweten dat ze de rede op een altaar plaatsen en het gevoelsleven verwaarlozen. Dat verwijt kan Aristoteles niet gemaakt worden. Hij is bepaald geen stoïcijns denker die emoties categorisch het predicaat 'verdacht' geeft. Integendeel, ze zijn onmisbaar voor het goede leven. Zoiets als vriendschap, volgens Aristoteles een essentieel bestanddeel van het goede leven, kan onmogelijk een kwestie van het hoofd zijn. Anders zou niemand het niveau ontstijgen van een vage kennis, met wie de relatie niet is gebaseerd op hartstocht maar op de wederzijdse uitwisseling van beleefdheden. Hier is vooral het verstand aan het woord, terwijl in het geval van echte vriendschap het hart minstens zoveel recht van spreken heeft.

Als zodanig zijn emoties goed noch slecht. Aristoteles neemt er met andere woorden een amorele houding tegenover in. 'Om onze emoties worden wij ook niet geprezen of bekritiseerd. Een mens die angst of woede voelt wordt niet geprezen; en evenmin wordt iemand die woedend is zonder meer bekritiseerd.' Iemand zijn angst of boosheid verwijten is net zoiets als een pan water op het vuur aanklagen wegens overkoken. Datzelfde geldt voor de consument die na het zien van een commercial denkt: dat wil ik ook! Bedoelt Aristoteles dan dat mensen zich gewoon moeten overgeven aan de emoties die zich aandienen? Geenszins. Een amorele benadering van het gevoelsleven is namelijk iets anders dan onverschilligheid jegens dat gevoelsleven. De kunst is daar zo wijs mogelijk mee om te gaan. Je wilt niet overspoeld worden door emoties. Daarom is het van cruciaal belang de juiste innerlijke houding te vinden – *hexis*, zoals zij in het Oudgrieks heet. De functie hiervan is vergelijkbaar met die van de wortels van een boom. Die voorkomen dat de boom bij het minste zuchtje wind omver wordt geblazen. Aristoteles zei dat iemand die boosheid ervaart, geprezen noch bekritiseerd kan worden. Dat geldt niet voor de manier waarop mensen boos worden. In welke mate laat je die woede toe? Dat is de kernvraag, die dieren zich niet kunnen stellen, maar mensen wel. Aristoteles licht toe: 'Onze houding tegenover woede bijvoorbeeld is verkeerd als we dat gevoel op een te heftige of te zwakke wijze ervaren.' De boel kort en klein slaan in blinde razernij naar aanleiding van een splinter in je vinger is een disproportionele reactie op dit hinderlijke, maar kleine ongemak. Dat geldt echter evenzeer voor een uitroep als 'Verdikkie' wanneer je vol in de flank wordt geraakt door een auto die veel te hard rijdt en het rode licht heeft genegeerd. Het is de kunst op passende wijze boos te worden – en dat is een stelregel die geldt voor alle emoties.

Voorproevers van de wereld

Waar Bergman aanpassing van de buitenwereld eist, situeert Aristoteles het probleem in de binnenwereld van mensen. Zeker meisjes die in de puberteit zitten, aldus *Beperkt houdbaar*, worden geteisterd door een verlangen naar volmaaktheid. Met behulp van de *Ethica* kun je je afvragen of deze innerlijke houding juist is. Láten ze zich niet ontzettend overrompelen door hun begeertes? Vertaald naar het schema van Aristoteles: dát pubermeisjes dergelijke begeertes ervaren kan hun nauwelijks worden verweten, wel dat ze zich daardoor zo laten meeslepen. Preciezer: voor een belangrijk deel kan dat hun ouders worden verweten.

De juiste innerlijke houding wordt namelijk niet bij geboorte meegeleverd. Mensen hebben die weliswaar in aanleg, aldus Aristoteles, maar die vereist ontwikkeling. Niet door hard te studeren uit boeken met leefregels, maar door te doen. Als je iets vaak genoeg doet, word je er goed in. 'Door huizen te bouwen wordt men bouwmeester,' zegt de Griekse denker, 'door de citer te spelen wordt men citerspeler.' Op soortgelijke wijze kweek je *hexis*. Die is het resultaat van gewoonte. Daarom zegt Aristoteles: 'Het maakt dan ook niet weinig verschil of wij meteen van jongsaf aan de ene of de andere gewoonte aanleren; integendeel, dat maakt zeer veel verschil, of liever gezegd het geeft de doorslag.' Dit gegeven legt een grote verantwoordelijk bij de ouders. Zij moeten ervoor zorgen dat ze hun kroost de juiste gewoontes aanleren. Ouders fungeren als voorproevers van de wereld. Zo zou het althans moeten gaan. Zij weten immers wat er te koop is en welke verlangens je honoreert en welke niet.

Daarom is de sleutelscène van *Beperkt houdbaar* níét die waarin Bergman zelf plaatsneemt in de stoel van de plastisch chirurg en zich door hem laat keuren. Voor die titel komt een andere scène in aanmerking. De kijker ziet een meisje van vijftien jaar op het strand. Ze heet Victoria en vertelt over de eindeloze stroom porno op het internet. Haar vriendje blijkt moeite te hebben met de kloof tussen haar voorkomen en dat van de gemiddelde pornoactrice. Dat licht Victoria toe: 'Als mensen iets zien wat er niet zo uitziet als in films of op foto's vinden ze dat soms raar.' Daarom is ze voornemens een schaamlipcorrectie te doen. Het moet allemaal 'wat korter en wat strakker'. Punt voor Bergman, zou je denken. Totdat de moeder van Victoria in beeld komt. In alle kalmte legt ze uit dat een operatie haar een goed idee lijkt. 'We hebben ernaar laten kijken om te zien of ze een kandidaat was.' Wat de moeder van Victoria in een staat van verontwaardiging brengt, is het feit dat de verzekering plastische chirurgie geen medische noodzaak vindt. Het laatste shot van deze scène toont Victoria op de operatietafel.

Hoe is het mogelijk dat dit meisje uiteindelijk op de operatietafel belandt! Qua verbijstering komen de positie van Bergman en die van mij aardig overeen. Maar is de schoonheidsindustrie hier de grote boosdoener, zoals Bergman meent? Of treft de moeder van Victoria hier blaam? Als ik vroeger een nieuw paar Nikes of een Levi's 501 wilde, in de jaren negentig belangrijke attributen om de puberteit ongeschonden door te komen, was het bepaald geen uitgemaakte zaak dat ik de felbegeerde kledingstukken daadwerkelijk kreeg. Leuk waren zulke afwijzingen nooit. Pas later begreep ik dat nee zeggen een substantieel onderdeel van het opvoeden is. Niet alle verlangens moeten worden gehonoreerd. Peuters geven aan dat ze een boterham met chocoladepasta verkiezen boven een boterham met kaas. Natuurlijk doen ze dat. Maar dan is het aan de ouders ze het gezonde voor te schotelen in plaats van het lekkere. En dan te bedenken dat dit nog maar de ouverture is van de strijd tussen de generaties die in elk geval achttien jaar duurt en zijn hoogtepunt vindt als de kinderen in de puberteit zitten. De resultante van deze strijd is uiteindelijk *hexis*, de houding waarvan Aristoteles zei dat die stabiliteit gaf en voorkwam dat mensen overal evenzeer door worden meegesleept. De scène uit *Beperkt houdbaar* waarin de moeder van Victoria haar dochter gelijk geeft in de hunkering naar een ander uiterlijk is zo ontluisterend omdat ze weigert die confrontatie aan te gaan. In plaats daarvan knikt ze instemmend als haar dochter haar plan voor de camera uiteenzet. Geen wonder dat het meisje zo vatbaar is voor hetgeen de bladen en de billboards tonen.

Waarom links nooit lacht

Het cliché wil dat je met linkse politici niet kunt lachen. Lol schijnt meer te horen bij partijen aan het andere einde van het politieke spectrum. Natuurlijk zijn er uitzonderingen. Er zijn heus linkse politici die in zijn voor een geintje (Ronald Plasterk van de PvdA), net zoals bij sommige rechtse politici de vrolijke noot ver te zoeken is (Rita Verdonk van TON). De vraag is echter of deze gevallen op zichzelf staan of dat het gaat om uitzonderingen die de regel bevestigen. Het laatste blijkt het geval. De Aarhus School of Business uit Denemarken heeft onderzoek gedaan naar het verband tussen iemands politieke overtuiging en diens persoonlijk welzijn. Maar liefst 90.000 mensen uit 70 verschillende landen deden mee. Wat bleek? 'Hoe linkser de ondervraagden bleken te zijn, hoe ongelukkiger ze waren, en andersom.'

In het cliché zit dus een kern van waarheid – zodat het beter is niet langer te spreken over een cliché. De vraag is hoe het komt dat links en somberheid zo bij elkaar horen. Want het Deense onderzoek stelt dát er een relatie bestaat tussen iemands gemoedstoestand en zijn politieke voorkeuren. Maar waarom is dit het geval? Alain Finkielkraut, de dwarse denker uit Frankrijk, biedt uitkomst. In september 2003 was hij te gast in Amsterdam, waar hij de jaarlijkse Thomas More-lezing hield onder de titel *Dubbelzinnige democratie*. De vraag die hij daarin aan de orde stelt is: wat vermag de politiek? Niet iedereen koestert namelijk dezelfde verwachtingen van het metier. Doorgaans is links veeleisender dan rechts. In de meest zuivere variant van het socialisme ligt er een heuse heilstaat aan de einder. Zulke hooggespannen verwachtingen monden gemakkelijk uit in wat Finkielkraut radicale politiek noemt. De genealogie van dit begrip leidt hem naar het Frankrijk van medio achttiende eeuw. Dáár vindt Finkielkraut de erflater die hij zoekt: 'Rousseau was de uitvinder en ontwerper van de radicale politiek.'

Rousseau is natuurlijk Jean-Jacques Rousseau, de achttiende-eeuwse alleskunner uit Zwitserland. Hij schreef muziek, was botanicus, weergaloos schrijver, maar bovenal bedenker van ideeën waarvan de invloed nauwelijks overschat kan worden. Overzichten van de belangrijkste intellectuele erflaters worden vaak aangevoerd door Friedrich Nietzsche: heeft de filosoof met de hamer de secularisering niet haarscherp voorvoeld én verwoord toen hij God eind negentiende eeuw dood verklaarde? Sommigen zullen wellicht Sigmund Freud noemen als degene met de grootste nalatenschap. Via de 'freudiaanse verspreking' is hij doorgedrongen tot het alledaagse taalgebruik. Net zoals het sinds hem doodnormaal is om te verwijzen naar iemands onderbewustzijn als hij A zegt en B doet. Hij kan A wel willen, maar blijkbaar dwingt zijn onderbewustzijn hem tot B. Weer anderen zullen misschien aanvoeren dat Karl Marx het grootste stempel op de hedendaagse tijd heeft gedrukt. Op het hoogtepunt van zijn populariteit, enkele decennia terug, had het socialisme meer volgelingen dan Jezus Christus. Maar zelden is Jean-Jacques Rousseau in de race voor een hoge notering op de lijst met belangrijkste erflaters.

Veel maatschappelijke fenomenen zijn tot Rousseau te herleiden. Zoiets onschuldigs als kamperen verwijst naar zijn werk. In het dagelijks leven willen mensen een thermostaat aan de wand en een stortdouche in de badkamer. Wel zo comfortabel. Op de camping geldt precies het omgekeerde: het kan er niet bar genoeg zijn. Plots worden ongemakken gekoesterd. Vanwaar deze wonderlijke omkering aller waarden? Het sleutelbegrip is hier de hunkering naar authenticiteit. Als de vakantie zich aandient, raakt men bevangen door het typische rousseauiaanse idee dat de samenleving haar leden tal van valse verlangens aanpraat. Zuiver leven is, aldus de Zwitserse filosoof, hetzelfde als primitief leven. Zie de natuurmens, die volgens Rousseau in harmonie was met zichzelf. Wie op zoek is naar primitieve omstandigheden komt op de camping niet bedrogen uit. Koken doe je op een wankele eenpitsgasbrander, slapen op een matje dat de kiezels onder het tentdoek maar nauwelijks verhult en douchen onder een waterstraaltje dat even teleurstellend is in kracht als in temperatuur.

Ander voorbeeld van hoe Rousseau nog immer razend actueel is: het diepe wantrouwen van grootschalige vaccinatieprogramma's van de overheid. Veel aandacht gaat altijd uit naar de weerstand tegen zulke maatregelen in de Bijbelgordel: mensen dienen niet in te gaan tegen Gods plan, maar hebben zich daarbij neer te leggen. Minstens zo groot zal de groep zijn die zich ook uitspreekt tegen vaccinatie, maar daar een ander motief voor heeft: niets is zo heilzaam als de natuur zelf. Opnieuw: Rousseau *revisited*. Wat van buitenaf in het lichaam wordt gestopt kan niets anders zijn dan gif. Bovendien, gaat de redenering verder, zijn artsen de marionetten van de farmaceutische industrie, wat een waarachtige behandeling van hun patiënten in de weg staat. Ze worden gedreven door hun eigenbelang. Ook deze overtuiging wordt gevoed door het gedachtegoed van Rousseau, dat stelt dat de maatschappij een verdorven oord is dat de hebzucht van mensen aanwakkert.

Een andere sector die een stevige rousseauiaanse inslag verraadt is de zwangerschapsindustrie. Vrijwel nergens wordt de natuur zo op een voetstuk gezet als daar. Pijnbestrijding wordt hooguit schoorvoetend toegestaan als het kind ter wereld moet worden gebracht. De moeders in spe wordt geleerd die pijn niet alleen te accepteren, maar zelfs te koesteren: die zou een goede band met het kind tot stand brengen. Eenzelfde taboe ligt op het gebruik van kunstmelk. O wee als kersverse moeders besluiten geen borstvoeding te geven. Zo verloochenen ze de wijsheid van de natuur.

Al deze gevallen zijn uitwerkingen van dezelfde gedachte, namelijk dat de natuur een goede kracht is. Ikzelf zou denken dat zij een amoreel domein vertegenwoordigt, dat zich met andere woorden voorbij goed en kwaad bevindt. Je kunt het sterke roofdieren niet verwijten dat ze jagen op zwakke prooien (terwijl het wel laakbaar is als mensen ditzelfde doen bij andere mensen). Jean-Jacques Rousseau kijkt hier anders tegenaan. 'Natuurlijk' is voor hem identiek aan 'goed'. Deze stellingname heeft grote gevolgen. Hiermee, aldus Alain Finkielkraut in zijn Thomas More-lezing, begint de radicale politiek. De oorspong daarvan situeert hij in de openingszin van *Emile, ou de l'éducation* (1762), het pedagogische traktaat van Rousseau. 'Alles is goed wat voortkomt uit de handen van de Schepper. Alles raakt verdorven in de handen van de mens.'

Aan pathos geen gebrek. Maar wat staat hier nu precies? Het komt hierop neer: mensen zijn van nature niet slecht maar worden slecht gemaakt zodra ze gaan meedraaien in de samenleving en zich gedragen volgens de mores die daar gelden. Rousseau schetst de maatschappij als een oord waar hebzucht de boventoon voert; belangeloze relaties zijn er nauwelijks mogelijk. Elke onwenselijke situatie (armoede) duidt in deze optiek op een misstand (uitbuiting) en iedere tegenvaller (te weinig vrouwen op topposities) is een teken van onrechtvaardigheid (glazen plafond). Deze constatering is pessimistisch en optimistisch tegelijk. Ja, er is reden tot treurnis, maar gelukkig is de bron van alle ellende gemakkelijk aanwijsbaar. Lokaliseer het probleem en je hebt het al voor de helft opgelost.

Deze denktrant heeft verraderlijke consequenties, vindt ook Finkielkraut in zijn lezing: 'Als de bron van het kwaad echter in de geschiedenis en de maatschappij en niet in de menselijke natuur gezocht moet worden, dan kan het ook met politieke middelen bestreden en uiteindelijk verslagen worden.' Zo komt de deur open te staan voor een vorm van politiek die alleen maar hyper-pretentieus kan worden genoemd. Handhaving van de openbare orde en zorg dragen voor de meest basale scholing en zorg van burgers, min of meer het programma van de klassieke liberalen, is voor Rousseau veel te mager. De overheid moet streven naar het allerhoogste: uitroeiing van het kwaad. Het kwaad hoeft er namelijk niet te zijn, wil de auteur van *Emile* zijn publiek doen geloven. Finkielkraut vat de gevolgen van deze opvatting als volgt samen: 'Met Rousseau treden we het tijdperk binnen van de politiek als oplossing.' Zit het tegen? Er is altijd nog de overheid, de superoplosser bij wie je altijd kunt aankloppen als er verder niemand thuis geeft.

Sint-Maarten

En inderdaad, de overheid moet flink aan de bak – als je de commentaren in de kranten en de opiniebladen tenminste mag geloven. Er zou nogal wat mis zijn met de huidige samenleving. Zo zouden mensen geen oog meer voor elkaar hebben. Het is een veelgehoorde klacht onder politici en opiniemakers, maar ook van de koningin toen zij in 2009 haar jaarlijkse kerstrede uitsprak: 'We zijn geneigd van de ander weg te kijken en onze ogen en oren te sluiten voor de omgeving.' De teneur: egoïsme en cynisme vieren hoogtij. Wie deze mening is toegedaan ziet in het werk van Rousseau zijn gelijk bevestigd. Veel mensen, vooral als ze links angehaucht zijn, voelen zich aangesproken door de actiebereidheid die het uitademt. Zoveel zaken waarover je je schouders niet mag ophalen; daar moet toch zeker iets aan gedaan worden! Voor een samenleving is het inderdaad onmisbaar dat burgers zich enigszins om elkaar bekommeren. De vraag is echter of het werkelijk zo slecht gesteld is met deze bekommernis als men doet voorkomen. Gaat de samenleving ten onder aan burgers die zich laten leiden door hun eigenbelang? Die klacht is moeilijk vol te houden. Al was het maar omdat je met een dergelijke cultuurpessimistische analyse geen recht doet aan de fiscale prestatie die in Nederland wordt geleverd. Er zijn weinig landen waar meer belasting wordt geheven: de belastingdruk was in 2007 haast 40 procent en is de afgelopen jaren gestegen. Uit het rapport 'Taxation Trends in the European Union' uit 2009 blijkt dat de gemiddelde Nederlander van elke euro slechts 60 cent zelf kan uitgeven. Als hij werkelijk alleen maar zou streven naar bevrediging van zijn eigen behoeften, zou hij echt niet accepteren dat de resterende 40 eurocent door de overheid wordt besteed. Bijna de helft van zijn bezit komt dus ten goede aan het algemeen nut – wegen, onderwijs, sociale voorzieningen – waarvan (in principe) iedereen de vruchten plukt.

Wie niet onder de indruk raakt van deze transactie, kan ik wellicht op andere gedachten brengen via de volgende overweging van de Duitse filosoof Peter Sloterdijk. In het voorjaar van 2009 was hij een week in Nederland. Tijdens zijn tournee deed hij ook de Universiteit voor Humanistiek aan voor een seminar. Een van de kwesties die ter sprake kwam was het wijdverbreide individualisme. Of liever het *vermeende* wijdverbreide individualisme. Want Sloterdijk kon zich niet zomaar vinden in deze populaire diagnose van de huidige tijd. Hij stelde zelfs dat mensen nog nooit zo solidair met elkaar zijn geweest. Zijn argumentatie sloot aan bij de onderzoeksresultaten van het bovengenoemde rapport: mensen zien zowat hun halve inkomen opgaan aan belastingen. Vooral die (bijna) vijftig procent zette Sloterdijk aan het denken. Wie geldt bij uitstek als symbool van naastenliefde en solidariteit? Dat is bisschop Maarten van Tours, beter bekend als Sint-Maarten. Zijn beroemdste wapenfeit verrichtte hij toen hij vijftien jaar was: toen gaf hij een bedelaar, die hij ontmoette bij de stadspoort van Amiens, een deel van zijn mantel. Saillant in dit verband is niet dat hij zomaar een deel wegschonk, maar de helft ervan. Daar komt de hedendaagse belastingsbetaler een aardig eind bij in de buurt, zodat Sloterdijk hem niet zonder reden doopte tot de reïncarnatie van de heilige Sint-Maarten.

'War'

Met de sombere diagnose dat niemand zich tegenwoordig nog bekommert om anderen doe je de generositeit van de belastingbetaler ernstig tekort. En dan heb ik het nog niet eens over de vele vrijwilligers die Nederland telt en de gulheid waarmee wordt gegeven als zich een (natuur)ramp heeft voorgedaan. Te weinig zorg om de medemens? In sommige gevallen is het precies andersom en zijn mensen juist te gretig met het verlenen van hulp. Ze willen eerder te graag, dan dat ze laks zouden zijn. Deze conclusie dringt zich onder meer op bij het lezen van *Interventies voor integratie*

(2007) van het Sociaal en Cultureel Planbureau (SCP), een rapport dat de effecten beschrijft van het integratiebeleid van de afgelopen jaren. Miljarden euro's zijn er besteed aan maatregelen – de onderzoekers tellen er ruim 400! – om verschillende bevolkingsgroepen nader tot elkaar te brengen. Brunches, buurtfeesten en barbecues moesten de dialoog tussen autochtonen en allochtonen bevorderen. Dergelijke initiatieven zijn goeddeels tevergeefs gebleken. Het rapport van het SCP laat zien dat ze nauwelijks tot meetbare resultaten hebben geleid.

Afgezet tegen de kosten zijn de baten van het huidige integratiebeleid erg mager. Alle reden dus om dit grondig te herzien. Toch is de kans klein dat dit gebeurt. Sneller zullen politici betogen dat er extra geld moet worden vrijgemaakt. Een schepje erbovenop! is de remedie. In theorie zou het natuurlijk zo kunnen gaan. Erg waarschijnlijk is dit echter niet. De SCP-onderzoekers hebben namelijk ook andere landen in hun rapportage betrokken. Duitsland bijvoorbeeld stimuleert de dialoog tussen bevolkingsgroepen minder actief en laat de integratie op dit punt veel meer op zijn beloop. Gevolgen voor de integratie heeft dit niet: die verloopt daar net zo goed (of net zo slecht) als hier. Dus moet je de overweging toelaten dat het integratiebeleid in de huidige vorm net zo goed achterwege kan blijven.

Sommige vormen van hulp, hoe goedbedoeld ook, blijken vruchteloos. Of ze er nu wel is of niet, het doet er niet wezenlijk toe. Veel ernstiger zijn de gevallen waarin hulp, paradoxaal genoeg, de kwaal verergert die ze wilde oplossen. In sommige gevallen pakken goede bedoelingen averechts uit. Dit legt journaliste Linda Polman bloot in *De crisiskaravaan* (2008), een boek dat een toonbeeld is van wat onderzoeksjournalistiek vermag. Het gaat over wat zij de 'noodhulpindustrie' noemt. Hiermee doelt ze op de humanitaire hulp die op gang komt als ergens sprake is van oorlog, genocide of hongersnood. Haar boek is mede zo goed doordat ze in de frontlinie van menig conflict heeft gestaan. Ze baseert zich zogezegd niet alleen op de droge rapporten van internationale organisaties als de Verenigde Naties en Artsen zonder Grenzen, maar zoekt óók de droogte op van Goma, het gigantische vluchtelingenkamp in Rwanda in de jaren negentig. De drijfveer voor haar omzwervingen is telkens weer: uitzoeken hoe effectief de humanitaire hulp eigenlijk is.

Alle casuïstiek in het boek wijst erop dat die hulp verre van effectief is. Neem het – willekeurige – voorbeeld van Clare Lockhart, die adviseur was voor de Verenigde Staten in Afghanistan. Na de omverwerping van het Talibanregime moest het land opnieuw worden opgebouwd. Onderdeel van de wederopbouw was een groot huizenbouwproject met een budget van maar liefst 150 miljoen dollar. De bouwopdracht werd door de donorregeringen gegeven aan een hulporganisatie, die voor de uitvoering een andere organisatie aanwees, die ook een deel van de klus uitbesteedde aan een andere partij, die… Enfin, u begrijpt het principe. Van de oorspronkelijke 150 miljoen resteerde uiteindelijk een bedrag waarmee een partij balken werd gekocht. Eenmaal op de plaats van bestemming bleken die te zwaar voor de lemen muren van de Afghaanse huizen. Om er nog enig profijt van te hebben stookten de dorpsbewoners het hout maar op.

Echt ongemakkelijk voor de lezer is het laatste hoofdstuk. Daarvan luidt de titel 'De logica van het humanitaire tijdperk'. Deze logica illustreert Polman aan de hand van de burgeroorlog in Sierra Leone. Ze heeft een ontmoeting met Mike Lamin, leider van de rebellenbeweging Revolutionary United Front (RUF). Hij legt uit waarom geweld, liefst zo bloedig mogelijk, lonend is. 'Pas toen er amputees tevoorschijn kwamen, kregen jullie aandacht voor ons lot.' Aldus verklaart hij waarom de rebellenbeweging haar slachtoffers van hun ledematen berooft. De logica van het humanitaire tijdperk dringt zich steeds prangender aan Polman op. 'Zonder geweld en verwoesting geen hulp en hoe gruwelijker het geweld en hoe totaler de verwoesting, hoe omvangrijker de hulp.' Dat de rebellen dit haarscherp in de smiezen hebben, blijkt ook uit het feit dat 'war' in hun kringen een staande uitdrukking is geworden. Dit betekent geen 'oorlog', zoals de argeloze lezer zou denken, maar is een afkorting voor de strategie van de rebellen: 'waste all resources'. Alles stukmaken, want dan komt de internationale gemeenschap over de brug met geld en hulpgoederen.

De gangbare zienswijze is deze: er is ergens een conflict, waarna hulp van de internationale gemeenschap volgt. Uit het relaas van Polman blijkt dat het niet altijd zo eenvoudig ligt. Hier dient zich de onverteerbare waarheid aan dat de volgorde precies andersom kan zijn: het vooruitzicht van hulp gaat juist vooraf aan de ramp en houdt deze gaande zoals zuurstof een brandhaard voedt. Zij heeft niet de gehoopte dempende werking op het conflict, maar lokt juist nieuw geweld uit. Let wel, zo hoeft het niet te gaan. En ook is het onzinnig de internationale gemeenschap verantwoordelijk te stellen voor deze extra dosis geweld. Die komt toch echt voor rekening van de rebellen. Maar de internationale gemeenschap moet zich wel realiseren welke dynamiek er op gang kan komen.

Trauma

Natuurlijk zijn de gruwelen in Sierra Leone vreselijk. Maar is er een alternatief? Je kunt toch niet helemaal niets doen! Voor de meeste mensen is dit een retorische vraag. Zo niet voor Polman, die op de plaats van het uitroepteken een vraagteken zet. Moet je weggaan en de bevolking van Sierra Leone in de steek laten? 'In dit humanitaire tijdperk moeten we ons die vraag op zijn minst stellen. Anders bereiden we het ergste voor morgen voor.'

Zeker linkse politici en beleidsmakers moeten zich het betoog van Polman aantrekken. Zij zijn de grootste voorstanders van humanitaire hulp en ontwikkelingshulp. Instemmend knikken en toegeven dat niet alle hulp even effectief is, is in elk geval geen gepaste reactie. Daarmee ga je voorbij aan het venijn van Polmans betoog. Over het balkendebacle in Afghanistan kun je (net als het falende integratiebeleid in Nederland) met veel moeite nog stellen: baat het niet, dan schaadt het niet. Zelfs al valt de opbrengst van humanitaire hulp tegen, er is in elk geval niemand echt slechter van geworden. Met veel goede wil zou je de hulp nog het voordeel van de twijfel kunnen geven en kunnen stellen: niet geschoten is altijd mis. Zo gemakkelijk komen de voorstanders van humanitaire hulp en ontwikkelingshulp er echter niet van af. Dan houden ze geen rekening met de mogelijkheid dat hulp ook contraproductief kan uitpakken.

Hoe groot is de kans op een herbezinning van de humanitaire hulp? Hoe waarschijnlijk is het dat de overheid in voorkomende gevallen haar reflex om in actie te komen bedwingt en zich terughoudend opstelt? Niet groot, vrees ik. Deze optie zullen de meest geestdriftige wereldverbeteraars ter linkerzijde van het politieke spectrum niet snel toelaten. Ze kúnnen haar niet toelaten, want deze betekent het einde van de radicale politiek, zoals Finkielkraut die definieert. In zijn meest zuivere vorm doet deze vorm van politiek immers de belofte dat het kwaad uitroeibaar is en leed niet hoeft te bestaan. Deze benadering begint zo hoopvol: honger, armoede, oorlog – elke kwestie is in principe oplosbaar míts de inspanningen maar groot genoeg zijn en de juiste middelen worden gebruikt. Van de aanvankelijke monterheid blijft uiteindelijk weinig over. Want zodra je het leed in de wereld op deze manier benadert, blijf je bezig. De wereld telt immers de nodige tekortkomingen – en dan maak ik me schuldig aan een eufemisme van jewelste – en dat zal zo blijven. Natuurlijk moet je waken voor onverschilligheid voor misstanden en onrecht. Maar een ander uiterste is het, als kijken naar het journaal en de krant lezen een ware martelgang wordt, een serieus risico voor wie gelooft in radicale politiek. Hoe fanatieker de wereldverbeteraar, hoe groter het gevaar dat hij in staat van permanente verontwaardiging het nieuws consumeert. Het nieuws laat hem keer op keer zien dat de wereld niet zo is zoals die zou moeten zijn. Hoe ga je om met deze discrepantie? In al haar onvolmaaktheid doet de wereld steeds weer een appel op de wereldverbeteraar. Ze herinnert hem eraan hoeveel werk er nog moet worden verzet. Het is zelfs oppassen geblazen dat ze niet uitgroeit tot een trauma dat zijn hele leven gaat beheersen. Maar ook als het zover niet komt, valt er voor hem weinig te lachen, om terug te komen op het cliché waarmee dit hoofdstuk begon.

DE MENS

11 Wie maakt zich hier nu schuldig aan kitsch? Op de bres voor Hollywood

Een man en zijn vrouw worstelen om het hoofd boven water te houden. Zij heeft twee banen en hij gaat als verkoper langs de deuren. Haar wordt de armoede te veel, waarop ze haar gezin verlaat en de man het vaderschap moet combineren met zijn werk én een loodzware opleiding tot beursmakelaar. Van de twintig trainees wordt er maar één aangenomen. Ondertussen wordt de financiële situatie van de man steeds nijpender: de belastingdienst aast op zijn laatste spaargeld en de huisbaas pikt de betalingsachterstand niet langer, waardoor een gang naar de daklozenopvang onvermijdelijk wordt. De man moet zelfs een nacht in de cel doorbrengen. En dan, als de nood het hoogst is, komt de uitslag van het opleidingstraject: hij krijgt de felbegeerde functie van beursmakelaar.

Ziehier de synopsis van *The Pursuit of Happyness* (2006) – geen tikfout! – van regisseur Gabriele Muccino. Maar ook zonder deze informatie was vermoedelijk al duidelijk dat het hier een film uit Hollywood betreft. Een dergelijke plot – van armlastige huis-aan-huisverkoper tot beursmakelaar – zul je namelijk niet snel aantreffen in de Europese cinema, die doorgaans een tobbender toon aanslaat. Niet zelden leidt dit verschil in inzicht tot een zeker dedain jegens Hollywood. Als iemand spreekt van 'een typische Hollywoodfilm' is dat meestal niet bedoeld als aanbeveling.

Hoewel de recensies van *The Pursuit of Happyness* alleszins meevielen, leidt het schema dat aan deze (en vele andere films) ten grondslag ligt over het algemeen tot schamperende reacties.

Het echte leven is oneindig veel complexer dan de moraal van het verhaal: geluk dwing je af via hard werken en doorzetten. Het goede beloond en het slechte bestraft? Als het zo overzichtelijk is, heb je te maken met sprookjes. Of met kitsch.

Het laatste verwijt is interessant. Kitsch zal vermoedelijk voor altijd verklonken blijven met het zigeunerjongetje bij wie een iets te glimmende traan over zijn wang biggelt. Maar wat betekent kitsch eigenlijk? Inzichtelijk zijn de opmerkingen van de Tsjechische schrijver Milan Kundera in – is het een roman of een filosofisch essay? – *De ondraaglijke lichtheid van het bestaan* (1984). Daarin laat hij een van zijn hoofdpersonages een lucide analyse maken van de 1-meioptochten in het communistische Tsjechië, tegen welke achtergrond het boek is gesitueerd. Het enthousiasme langs de kant van de weg was net iets te krampachtig, de glimlachen waren net iets te breed. Alsof de mensen aan elkaar, maar vooral aan zichzelf wilden bewijzen dat met het communistische regime het bestaan eindelijk was zoals het zou moeten zijn. Idealen zijn overbodig geworden, omdat er niets meer te wensen viel. Dit is het gevoel dat kitsch wil opwekken. Ze is, om de interpretatie van Kundera's boek door de Amerikaanse moraalfilosofe Susan Neiman aan te halen, 'de absolute ontkenning van rommel en ellende'.

De ondraaglijke lichtheid van het bestaan brengt kitsch nadrukkelijk in verband met politiek. Dit is echter niet het enige maatschappelijke terrein waarop ze zich manifesteert. De reclamewereld bestaat zo ongeveer bij de gratie van geestdriftige steunbetuigingen aan het smetvrije bestaan. BMW die een spierwitte sportcoupé aanprijst met modderspatten op de zijflanken? Ondenkbaar. Reclamewit betekent zó stralend wit dat het pijn doet aan je ogen. Wat te denken van de filmindustrie? De wetten van het genre lijken voor te schrijven dat twee geliefden elkaar na 120 minuten en de nodige omtrekkende bewegingen in de armen vliegen. Zo zou het móéten gaan. Net als iemand die hard werkt – zie *The Pursuit of Happyness* – zijn verdiende loon zou móéten krijgen.

Daarmee lijkt de film het stempel 'kitsch' glansrijk te verdienen. En toch is terughoudendheid op zijn plaats. Of hier sprake is van kitsch, is niet zonder meer evident. Veel hangt af van de reactie op het thema van de film: geluk dwing je af. Ben je het ermee eens of wijs je dit af? Getuigt het van diep inzicht in de manier waarop geluk zich gedraagt, of is hier sprake van volksverlakkerij? Aanhangers van het tweede standpunt zullen *The Pursuit of Happyness* eerder wegzetten als kitsch dan aanhangers van het eerste standpunt. Wie vindt dat geluk zich niets aantrekt van de inspanningen die mensen plegen, ervaart de film al snel als een poging zaken net te glimmend op te poetsen, net zoals de BMW-reclame dat doet met de automobiel in kwestie. Vind je daarentegen dat er wel degelijk een verband bestaat tussen de moeite die mensen doen en de mate van geluk, dan is het verhaal van de armoedzaaier die beursmakelaar wordt veel beter verteerbaar en kan het transformeren van kitscherig naar inspirerend.

Over dit twistgesprek gaat dit essay. Ik kan me vergissen, maar volgens mij loopt de scheidslijn tussen de partijen ergens over de Atlantische Oceaan. Amerikanen zullen eerder verdedigen dat je geluk afdwingt, terwijl Europeanen dit sneller relativeren. Vanzelfsprekend is hier sprake van een generalisatie. Op beide continenten zijn heus verdedigers die zich meer verwant voelen met het gedachtegoed aan de overkant van de oceaan. Maar dat neemt niet weg dat over het algemeen wel degelijk een verschil van inzicht bestaat, dat zijn weerslag heeft op verwachtingen die je mag koesteren ten aanzien van politieke en sociaal-economische beslissingen. Wie het beste in de smiezen heeft hoe geluk zich gedraagt, Amerikanen of Europeanen, zal moeten blijken.

Biografie

Iedereen wil gelukkig zijn. Aan de vraag hoe je dat wordt gaat een andere vooraf: wat is geluk? Aanknopingspunten genoeg. Het probleem van deze vraagstelling is dat er eerder te veel dan te weinig over het onderwerp is geschreven, zowel binnen als buiten de filosofie. Het loont de moeite te beginnen bij de oudste systematische uiteenzetting van de felbegeerde toestand van het geluk: de

Ethica Nicomachea van Aristoteles. Artikelen in kranten of bladen over het thema zijn vaak hiertoe te herleiden, overigens vaak zonder die schatplichtigheid te erkennen.

De *Ethica* is een rijk boek. Een breed scala aan thema's komt aan bod: moed, rechtvaardigheid, vriendschap, opvoeding en nog veel meer. Allemaal brandende kwesties, toen al en nu nog steeds, die Aristoteles met uitzonderlijke scherpzinnigheid behandelt en die hij bovendien nog eens weet in te passen in een systematisch geheel. Maar ja, naar het Louvre ga je uiteindelijk om dat ene schilderij te zien: de *Mona Lisa*. Zo werkt het ook met de *Ethica*. Die lees je om over geluk te leren. Aristoteles schroomt niet om hoog in te zetten. In het eerste hoofdstuk lauwert hij het geluk dusdanig dat als een mens het onderwerp van die bewieroking was geweest, diens wangen een dieprode kleur van het blozen hadden gekregen. Het is 'het hoogste goed', begint hij. Even verderop heet het geluk 'het hoogste, edelste en aangenaamste dat er is'. Gegeven deze aanprijzingen is het niet meer dan vanzelfsprekend dat Aristoteles het beschouwt als 'het meest verkieselijke van alles wat er is'.

Zulke uitbundige lofprijzingen scheppen verwachtingen bij de lezer én verplichtingen bij de auteur. Want als je niet oppast geldt voor geluk wat de kerkvader Aurelius Augustinus in zijn autobiografische *Belijdenissen* (397-398) schreef over tijd: 'Wat is dus de tijd? Wanneer maar niemand het me vraagt, weet ik het; wil ik het echter uitleggen aan iemand die het vraagt, dan weet ik het niet.' Iedereen gebruikt het woord, terwijl maar weinig mensen een definitie van geluk kunnen geven. Ja, het duidt op een prettige gemoedstoestand. Maar ja, een paar biertjes zorgen ook voor een goede stemming. Terwijl niemand dit als een betrouwbaar recept voor geluk zal beschouwen. Daarvoor is een duurzamere aanpak vereist. Om de definitie van Aristoteles te begrijpen zijn enige voorbereidende opmerkingen noodzakelijk, onder meer over het cruciale verschil tussen mensen en dieren, een thema dat telkens weer terugkeert in zijn oeuvre. Zo komt hij ook tot zijn beroemde definitie van de mens, die nog steeds de meest gangbare is: 'animale rationale'. Mensen zijn dieren die kunnen denken. Op vergelijkbare manier maakt Aristoteles een scherp onderscheid tussen de manieren waarop beide organismen hun leven leiden. Eigenlijk is deze formulering misleidend: dieren leiden hun leven namelijk niet. Hun leven typeer je niet met -*ei* zoals in 'leiden', maar met de -*ij* van lijdzaam. Meer dan gehoor geven aan de roep van de natuur zit er voor hen niet in. Eten, drinken en slapen is de opdracht die hun instincten hun meegeven. Voor dit biologische leven reserveerde Aristoteles de term 'zoé', dat zijn weg in de Nederlandse taal onder meer heeft gevonden via 'zoölogie': dierkunde.

Mensen leven daarentegen niet alleen om in leven te blijven. Ze willen er actief richting aan geven door zichzelf doelen te stellen. Naar deze manier van leven verwijst de auteur van de *Ethica* met 'bios', dat zoiets betekent als: de levenswandel. Ook dit woord is niet verloren gegaan en heeft zijn sporen nagelaten in het Nederlands, onder meer in de 'biografie'. De Griekse wortels van dit woord leggen haarfijn bloot waar het dit genre om te doen is. Een levensverhaal dat louter opsomt wat zijn hoofdpersoon at en dronk, wanneer hij naar de wc ging en hoe laat hij zijn bed opzocht (kortom: diens 'zoé'), is onbevredigend. Deze moet, terugblikkend, het leven van haar hoofdpersoon in een betekenisvolle samenhang plaatsen – waarbij de auteur er vanzelfsprekend voor moet waken dat hij de feiten niet in een keurslijf perst. Dat is een verschil met de roman, waarin, zoals W.F. Hermans het zei, geen mus van het dak mag vallen zonder dat het een gevolg heeft, en alle gebeurtenissen onderworpen zijn aan de plot. Het verhaal mag geen rafelranden vertonen. In het echte leven gaat het er anders aan toe. Er vallen, om de terminologie van Hermans vol te houden, dikwijls mussen van het dak zonder dat het gevolgen heeft. Een streng script dat de coherentie van de handelingen bewaakt, is afwezig. Dat betekent echter niet dat elke samenhang ontbreekt. Soms proberen mensen die expliciet aan te brengen, dan weer gebeurt dit impliciet. Dat begint al als ze zichzelf afvragen welk werk ze het liefst zouden doen. Daaruit spreekt de idee dat een baan meer is dan een middel om in het levensonderhoud te voorzien, ze is ook een manier om jezelf te verwerkelijken.

Gelukkig zijn is gelukt zijn

In de *Ethica* presenteert Aristoteles de stelling dat mensen zich, anders dan dieren, bekommeren om de langere termijn, van waaruit hij verder redeneert. De mens is het wezen dat plannen maakt. Empirisch bewijs geeft hij niet voor deze stelling (hoewel je je moet afvragen hoe noodzakelijk dat is bij een weinig omstreden uitspraak als deze). Inmiddels wordt deze stelling onderbouwd door de uitkomsten van psychologische onderzoeken die zich richten op de relatie tussen verschillende typen prikkels en de voldoening die ze opleveren. Wat blijkt? Zaken die makkelijk te consumeren zijn, geven een snelle bevrediging. Deze bevrediging neemt echter af naarmate de prikkel zijn schaarse karakter verliest en vaker geconsumeerd wordt. Omgekeerd werkt dat met doelen die meer tijd en energie kosten, zoals een studie of een baan. Zeker in het begin, als je wordt geconfronteerd met je onkunde, is dat niet per se bevredigend. Maar naarmate zulke projecten vorderen en de onkunde langzaam omslaat in vaardigheid, neemt de voldoening toe. Het goede gevoel dat bij dit proces hoort zou Aristoteles omschrijven als geluk.

Om in aanmerking te komen voor het geluk is het niet om het even wat je nastreeft. Niet dat Aristoteles een catalogus aanlegt van beroepen die wel de moeite waard zijn en welke niet. Hij is geen loopbaanbegeleider. In plaats daarvan wil hij weten om welke reden mensen iets najagen. Laat ik het concreter maken aan de hand van de volgende casus. 'Waarom zou je naar school gaan?' is een vraag die iedereen zichzelf vroeg of laat stelt, niet alleen de in *Weltschmerz* zwelgende puber. Ik begin bij het begin: de basisschool. Hier ga je naartoe omdat die nodig is voor de middelbare school. Ook deze stap is prima te rechtvaardigen. De middelbare school vormt immers vaak het toegangsbewijs voor een vervolgstudie. Ook daarvan is het motief onloochenbaar: een baan, het liefst een goede. Maar de volgende stap – of moet ik zeggen: de veronderstelde volgende stap – veroorzaakt kortsluiting. Die is er namelijk niet. Wat is het doel waarvoor werk het middel is? Voor iedereen die gelooft in een hiernamaals gaat het spelletje haasjeover nog even door. Waartoe al dat gezwoeg op aarde? Om je van hemelse zaligheid te verzekeren natuurlijk. Maar voor atheïsten biedt dat scenario geen bevredigend antwoord. Dus sta je nog steeds met lege handen. Dus opnieuw: naar welk hoger doel leidt een baan, naast de noodzaak om de kost te verdienen?

Aristoteles biedt een uitweg aan iedereen die deze oneindige regressie niet kan beëindigen door zich te beroepen op een hemels vervolg op het aardse bestaan. Blijf niet steeds maar verder zoeken naar externe doelen bij alles wat je doet, is zijn devies; onttrek je aan het denken in termen van middel en doel. Veel handelingen zijn erop gericht een product voort te brengen, zoals timmeren een houten kast tot doel kan hebben. Daar is, aldus Aristoteles, niets mis mee, maar er zijn ook handelingen die zichzelf als doel hebben. Een discipline die zich aan het instrumentele schema onttrekt, is de kunst. Een orkest laat niets na (aangenomen dat het muziekstuk niet op cd wordt opgenomen), zoals een timmerman dat wel doet. De handeling heeft een intrinsiek doel, het spelen is middel en doel tegelijk. Op soortgelijke manier kun je trouwens ook kijken naar de inspanning van een timmerman. Dat die kast er komt is belangrijk, hij moet hem tenslotte verkopen om te kunnen eten, maar zou de ware vakman alleen door deze motivatie worden gedreven? Hoe zit het met zijn beroepseer? Vermoedelijk zal hij het timmeren benaderen zoals een violist zijn vioolspel: als een doel op zichzelf.

Deze constellatie, waarin mensen excellentie nastreven, biedt de gunstigste voedingsbodem voor het geluk. Ook al is het meestal onhaalbaar, je moet mikken op het volmaakte. Handelingen moeten zo goed mogelijk worden verricht. Vandaar dat Aristoteles gelezen mag worden als een serum tegen de zesjescultuur, waarin minimale inspanning het uitgangspunt is. Een 10 zit er niet altijd in, maar je blik moet er tenminste op gericht zijn. Wie getuige is van zijn eigen (groeiende) virtuositeit, kan het zomaar overkomen dat hij wordt besprongen door het geluk. Dit verband was voor de Grieken doodnormaal. 'Eudaimoniá', hun woord voor geluk, had een dubbele betekenis. Het duidde ook op het geslaagde leven, of, om een formulering te kiezen die beter aansluit op het Nederlands, het gelukte leven. Gelukkig zijn is gelukt zijn.

Als a dan b?

Hoe doe je dat: lukken? Was er maar een garantiebewijs voordat je ergens aan begon. Maar zo werkt het niet. Het omgekeerde is in elk geval zeker: wie helemaal niets of juist het onmogelijke ambieert, wordt niet gelukkig. Weten welke ambities je níét moet koesteren is belangrijk, maar als zodanig nog onvoldoende. Ongeluk vermijden is iets anders dan gelukkig worden. Aristoteles zegt het als volgt: 'We wensen gelukkig te zijn, en dat zeggen we ook, maar zeggen dat we ervoor kiezen gelukkig te zijn gaat niet.' Daarin heeft hij gelijk. 'Vandaag word ik gelukkig!' is misschien een montere vermaning aan het eigen adres om er de schouders onder te zetten. Streep eronder, nieuwe start – op die manier. Maar een knop omzetten waarna het geluk binnenstroomt, zoals je kunt besluiten een arm te buigen, gaat niet. Het is geen goedje dat zich laat injecteren.

Dit lijkt zo evident dat het de moeite van het opschrijven nauwelijks waard is. Desondanks zijn er velen die hiervan, meestal impliciet, toch uitgaan. Op de opiniepagina's van de kranten en tussen de ingezonden brieven tref je nogal eens de gedachte aan dat Nederlanders (en meer in het algemeen: inwoners van het rijke Westen) gebukt gaan onder de dictatuur van het geluk. Deze stelling wordt zelden onderbouwd. Zij komt er in het kort op neer dat er een grote sociale druk zou bestaan om gelukkig te zijn. Of, zoals de Franse filosoof Pascal Bruckner het zegt met de titel van een van zijn boeken: *Gij zult gelukkig zijn!* (2000). Als bewijs voor deze vermeende dictatuur wordt onder meer verwezen naar het veelvuldige gebruik van antidepressiva. Bruckner spreekt over 'een chemische methode' die naar het geluk moet leiden. Deze voorstelling van zaken lijkt me incorrect: Bruckner maakt antidepressiva pretentieuzer dan ze zijn. Zulke medicijnen maken niet gelukkig, en dit is dan ook niet de doelstelling van het behandelplan van artsen als ze zulke middelen voorschrijven. Ze kijken wel uit, zo'n belofte is veel te riskant. Als een arts zulke medicijnen voorschrijft beoogt hij niet meer dan het ongeluk te dempen, wat een wezenlijk ander oogmerk is. Pas als patiënten niet langer kopje-onder gaan in hun depressie, kunnen ze werken aan hun geluk. Want zo werkt het: dat moet je toch echt zelf doen. Vandaar ook dat het gebruik van antidepressiva vrijwel altijd gepaard gaat met een vorm van therapie.

Hoewel er veel waars staat in Bruckners boek, maakt hij hier een denkfout, net als vele anderen. Ze kunnen niet goed uit de voeten met het geluk, omdat ze uitgaan van een simpel schema van oorzaak en gevolg, van inspanning en beloning. Als a dan b. In de logica heet deze gevolgtrekking een modus ponens. Mensen zijn zeer aan haar gehecht, ze is misschien wel de meest invloedrijke denkfiguur in de samenleving. Je wacht op je trein en krijgt trek. Wat nu? Doe wat kleingeld in een automaat en er rolt een chocoladereep uit. Als a dan b. Hetzelfde wanneer je zin hebt in muziek. Cd in de stereo, druk op 'play' en voilà… muziek. Als a dan b. Elders heb ik deze denkkrant de logica van de knop genoemd. Wellicht dat het vermijden van ongeluk via antidepressiva in dit schema past. Wie zijn dosis neemt, wordt niet ongelukkig. Maar voor geluk is meer nodig; dat verhoudt zich niet tot alle moeite die mensen doen als b tot a.

Geluk heeft namelijk twee betekenissen. Behalve naar het zo vurig gewenste prettige gevoel verwijst het begrip naar de rol die het toeval speelt in de verwerving van dat gevoel. Voor geluk is ook een flinke dosis geluk nodig. Mensen zijn namelijk maar ten dele de regisseur van hun bestaan. Niet alles valt te beheersen; het lot moet je ook enigszins gunstig gezind zijn. Stel, er staat een prachtvacature in de krant, een advertentie voor die ene baan die je op het lijf is geschreven. Het minste wat je kunt doen is een goede sollicitatiebrief schrijven. Tot dusver geen vuiltje aan de lucht. Er volgt een uitnodiging voor een gesprek. Helaas zit in de sollicitatiecommissie iemand op wie je de uitwerking hebt van stuifmeel op een hooikoortspatiënt en het gesprek draait uit op een fiasco. Kan gebeuren, domme pech. Net zoals er sprake is van een gelukkig toeval als de commissie je unaniem welgezind was geweest.

De verzorgingsstaat en sciencefiction

Ook al krijgt niemand het lot er helemaal onder, het maakt wel degelijk uit welke houding je ertegenover aanneemt. Zoals ik al schreef zijn er (minimaal) twee verschillende houdingen mogelijk: een Europese en een Amerikaanse. De eerste benadering verraadt zich in de opbouw van de verzorgingsstaat, zoals die heeft plaatsgevonden in de tweede helft van de twintigste eeuw. Zij is gaandeweg uitgegroeid tot een steeds fijnmaziger netwerk van wetgeving (WIA, WW, AWBZ enzovoort), maar het principe waarop deze wetten teruggaan, komt telkens weer op het volgende neer. Het onheil kan van alle kanten komen, en om zich daartegen te wapenen, betalen de verzekerden hun premies en vullen daarmee een superspaarpot. Wie wordt getroffen door het noodlot ontvangt daaruit (een financiële) compensatie. Met een bescheiden offer in het heden maken mensen mogelijke rampen in de toekomst zoveel mogelijk onschadelijk.

Het is een prestatie van formaat dat langdurige ziekte geen enkele reis naar de goot betekent. Verzekeringen hebben echter ook een schaduwzijde, te weten: een overdreven fixatie op alles wat er zou kunnen gebeuren, een neiging waarvan verzekeraars op hun beurt weer gebruikmaken en die zij aanwakkeren. 'Heeft u aan x gedacht?' vragen ze potentiële klanten. Of: 'Houdt u rekening met y?' Waarbij x en y staan voor enige vorm van onheil, zoals ziekte, brand, diefstal. 'Tja, nu ze het zo op de man af vragen… bij x noch y had ik stilgestaan.' Daarmee is de succesvolle inbraak van de verzekeraars op het gemoed een feit. Zodra ze potentiële klanten een reeks denkbeeldige scenario's laten doornemen, gaan die zich bedenken wat hun allemaal zou kúnnen overkomen. Natuurlijk, de kans op x of y is klein, maar dat geldt ook voor de paar euro's premie die ze moeten betalen als ze een verzekering afsluiten. Stel dat ze het niet doen en x of y zich daadwerkelijk voltrekt? Dat zal hun niet gebeuren en dus vullen ze de aanmeldingsformulieren in, een handeling die Nederlanders veelvuldig verrichten. Nederland is namelijk een van de meest verzekerde landen van Europa: het Verbond van Verzekeraars becijferde dat in 2006

12,3 procent van het inkomen opgaat aan premies (tegenover een EU-gemiddelde van 9,3 procent). Ook anderszins wordt duidelijk dat dit aan de hoge kant is. Uit onderzoek van de vergelijkingssite www.zorgkiezer.nl is gebleken dat driekwart van de Nederlanders oververzekerd is. Hieraan zijn verschillende factoren debet. Consumenten willen nogal eens onzorgvuldig te werk gaan waardoor ze zich dubbel verzekeren. Maar het Verbond van Verzekeraars wijst ook op de hang naar zekerheid bij consumenten.

Wat als? Deze vraag kunnen stellen, én zo goed mogelijk beantwoorden, is letterlijk van levensbelang. Dieren bezitten dit vermogen ook, maar in veel beperktere mate dan mensen. Als een hond zich heeft gebrand aan de kachel zal hij daar de volgende keer ver bij vandaan blijven. Dat hoeft hij niet opnieuw proefondervindelijk vast te stellen. Maar geen wezen kan zich hypothetische scenario's zo goed voorstellen als de mens. Mensen zijn gefascineerd door wat is gebeurd, maar evenzeer door wat zou kunnen gebeuren. Historische epossen hebben hun aantrekkingskracht, maar wat te denken van sciencefiction? Zoals gezegd: dat getuur in de toekomst is levensnoodzakelijk, maar met mate. Friedrich Nietzsche schreef in zijn *Unzeitgemäße Betrachtungen* (1873-1876) dat een overdaad aan historisch besef een verpletterende uitwerking heeft. Als mensen zich alles als de dag van gisteren zouden herinneren wordt de geschiedenis een steeds zwaardere molensteen om de nek en schiet het heden erbij in. Ze worden nostalgische melancholici. Kan eenzelfde kwaal mutatis mutandis ook optreden ten gevolge van een overschot aan mogelijkheidszin? Wat doet het met mensen als ze zich te vaak bezighouden met de vraag wat er allemaal zou kunnen misgaan? Het gevaar van hypochondrie ligt op de loer.

Het fortuin is een vrouw

Iedereen wil dat het onheil op afstand blijft. Daarom is het verstandig je tegen de hardste klappen te weren. Verzin echter geen voorzorgsmaatregelen tegen elk mogelijk pijntje. Verwar het vermijden van ongeluk niet met gelukkig worden. Te veel getob brengt het geluk niet dichterbij. Daarvoor heb je juist een onbevreesde houding nodig. Niemand die daarover zo scherpzinnig en eloquent heeft geschreven als de Florentijnse denker Niccolò Machiavelli. Hoewel zijn beroemdste boek, *De heerser* (1532), is geadresseerd aan vorsten die hun macht willen bestendigen, is het ook bijzonder leerzaam voor gewone stervelingen. Iedereen worstelt namelijk met het fortuin, zoals Machiavelli zegt. Hoe kun je die strijd het beste aanvangen, dat wil zeggen: met de grootste kans op victorie? Machiavelli geeft raad. Veel mensen, zo beschrijft hij de situatie in de vroege zestiende eeuw, menen dat alles op aarde door het lot of door een goddelijk plan wordt bepaald. 'En op grond hiervan zou men van mening kunnen zijn dat het zinloos is zich ergens voor in het zweet te werken.' Als alles toch al vastligt in een kosmologisch superscript, zou elke inspanning ijdel zijn.

Machiavelli breekt met deze schouderophalende berusting. Akkoord, totale maakbaarheid is onmogelijk, maar de denker uit Florence vermoedt 'dat het lot de helft van onze zaken in handen heeft, maar dat het de andere helft of praktisch de andere helft aan ons zelf overlaat'. Dat is ferme taal – wellicht te ferm? Want hoewel *De heerser* een stoer boek is voor stoere heersers, rijst de vraag of hier geen sprake is van misplaatste zelfvergroting, van een muis die zich voordoet als leeuw? Want zeg nu zelf, hoeveel heb je in de melk te brokkelen als er bijvoorbeeld een tsunami nadert? Volhouden dat de slachtoffers voor vijftig procent schuldig zijn aan hun lot, is dat geen perverse conclusie? Natuurlijk, als een tien meter hoge vloedgolf komt aangesneld valt er weinig anders te doen dan hard weghollen. Betere tips heeft Machiavelli dan ook niet. Of eigenlijk moet ik zeggen: niet meer. Want voor daadkracht is het inmiddels te laat. Zijn punt is juist dat het nooit zover had mogen komen. Je moet zien te voorkomen dat je in situaties belandt waarin ingrijpen onmogelijk is geworden. Tsunami's zullen er altijd zijn, maar 'dat betekent niet dat men in perioden van rust geen voorzorgsmaatregelen kan nemen door het aanleggen van beveiligde plaatsen en dijken, zodat het water, als het weer gaat wassen, ofwel door een kanaal kan afvloeien ofwel minder tomeloos en schadelijk zal zijn'. Als Machiavelli in de eenentwintigste eeuw had geleefd, had hij zeker voor de plaatsing van een alarmsysteem tegen tsunami's geijverd.

Dit is een ander type preventieve maatregel dan een verzekering afsluiten. Het tweede geval kan hooguit compensatie achteraf bieden, dat wil zeggen: als het leed al is geschied. Hoe anders is dan de aanpak die Machiavelli bepleit. Hij stelt de vraag: moet het leed überhaupt geschieden? Kan het niet worden voorkomen? Natuurlijk is het geen kwestie van óf verzekeringen afsluiten óf dijken aanleggen, om het tsunami-voorbeeld hierboven voort te te zetten. Alle kaarten op een van beide opties zetten, zou onverstandig zijn. Het gaat erom een juiste balans daartussen te vinden. Verzeker je met mate én zoek naar manieren het lot te mennen. De eerste strategie moet de impact van het allerergste ongeluk beperken, meer niet; de tweede kan het dubbeltje op zijn kant net dat zetje geven zodat het de goede kant op valt. Deze opvatting is het resultaat van uitvoerige studie van de Europese krijgsgeschiedenis; die heeft van Machiavelli een kenner van het lot gemaakt. Wat blijkt? 'Wel ben ik van mening dat men, omdat het fortuin een vrouw is, beter doortastend dan voorzichtig kan zijn. En wanneer men haar eronder wil houden, is het noodzakelijk haar te lijf te gaan en af te ranselen.' Het beeld is verre van vrouwvriendelijk, maar dat maakt het niet minder treffend. Zeker voor heersers, tot wie Machiavelli zich in eerste instantie richt, brengt weifelachtigheid (niet te verwarren met nauwkeurigheid in de beraadslaging) zelden iets goeds voort, vooral als ze in conflict zijn met andere heersers. Degene die zich afwachtend opstelt, zal nooit winnen. Goede veldheren anticiperen op gebeurtenissen in de nabije toekomst in plaats van dat ze reageren op gebeurtenissen in het verleden. Alleen zo dwingen ze af dat het fortuin hun zijde kiest.

Het pleidooi voor een gezonde dosis onbevreesdheid geldt niet alleen voor heersers, iedereen mag het zich aantrekken. Omdat dit wellicht niet onmiddellijk voor zichzelf spreekt, volgen hier twee voorbeelden. Iedereen kent het gevoel dat een doodgewone trap in een fractie van een seconde kan transformeren in een nekbrekende hindernisbaan. Niet dat de trap plots een andere gedaante heeft aangenomen. Het heeft alles te maken met de manier van benaderen. Soms, bijvoorbeeld tijdens het transport van een zware doos, ga je met extreme voorzichtigheid naar beneden. Pas als je treden gaat tellen, slaat de onzekerheid toe: hoeveel waren het er ook alweer? Nooit op gelet. De aarzeling leidt tot een verkeerde inschatting van de laatste trede, met een misstap als gevolg. Daar lig je dan, terwijl je nog zo behoedzaam deed. Machiavelli zou zeggen: juist doordát je zo behoedzaam was. Bij het afdalen van een trap moet je niet te veel nadenken, trouwens ook niet bij de bestijging ervan. Dat moet met een zekere zwier gebeuren. Zo ook wanneer je met een vol dienblad loopt. Doe dit niet voetje voor voetje met de blik scherp op de glazen gericht: dat leidt onherroepelijk tot knoeien. Loop in plaats daarvan met een ferme tred en kijk naar voren in plaats van naar het dienblad. De kans dat de glazen veilig op de plaats van bestemming aankomen is een stuk groter.

Recht op geluk?

Als geluk zo'n listig goedje is, kan de staat dan misschien een rol spelen bij de verwerving ervan? Is het met andere woorden een politiek thema? Het antwoord hangt af van de rol die je de overheid toebedeelt. De vraag wint aan relevantie als je bedenkt dat overheden zich in de loop der eeuwen steeds meer taken hebben toegeëigend. Ooit was het de primaire taak van vorsten om hun onderdanen te beschermen: tegen buitenlandse agressors maar net zo goed tegen anarchie binnen de landsgrenzen. Gaandeweg konden burgers aanspraak maken op steeds meer dan louter veiligheid. In de vroege dertiende eeuw schonk de Britse Magna Carta hun het recht op recht: ze waren niet meer overgeleverd aan de grillen van de machthebbers, maar kregen de statuur van rechtspersonen die door de wet werden beschermd. In de achttiende eeuw kwam deze ontwikkeling, waardoor burgers mochten rekenen op rechtsbe-scherming, in een stroomversnelling, en kregen ze de grondrechten om te denken wat ze wilden, die gedachten te uiten en zich te verenigen. Halverwege de twintigste eeuw kwam de volgende uitbreiding. De Verenigde Naties beloofden (in het Internationaal Verdrag inzake economische, sociale en culturele rechten dat van kracht werd in 1976) het recht op een behoorlijke levensstandaard, evenals het recht op deelname aan cultuur en wetenschap. Inmiddels is het beter te vragen wat staten hun burgers niét beloven.

Deze situatie is te prefereren boven de wetteloosheid uit archaïsche tijden, waarin tirannen hun gang konden gaan. Laat daar geen twijfel over bestaan. Maar het is een misverstand daaruit te concluderen: hoe meer rechten, hoe beter. De overheid kan ook te veel beloven. De vrijheid van meningsuiting kan ze aardig bewaken. Maar wat te denken van zoiets als een behoorlijke levensstandaard? Hoort daar een auto bij? Kun je naar de rechter stappen als je die niet hebt? Zo heeft ook iedereen het recht voordelen te genieten van 'de wetenschappelijke vooruitgang en de toepassing daarvan'. Niet dat ik die mensen wil ontzeggen. Ik vraag me alleen af wat het precies inhoudt. Iedereen een iPod? Natuurlijk doet zo'n reductio ad absurdum geen recht aan de goede bedoelingen van de opstellers van deze rechten. Aan de andere kant roept het de vraag op hoe productief zulke rekbare begrippen nog kunnen zijn. Nog even en mensen wordt het recht op geluk toegekend.

Zo'n belofte zullen politici niet snel expliciet doen. Feit is echter dat ze het verwachtingspatroon steeds verder hebben opgeschroefd. Nu moeten politici niet te bescheiden zijn in hun ambities, maar ze kunnen daarin ook doorschieten. De politieke pretentie geluk te leveren, zoals de postbode een pakketje langs brengt, is op zijn gunstigst een misleidend fata morgana en in het ergste geval de legitimatie voor totalitaire projecten die het beste met de mensheid voorhebben. Zie het communisme, dat – vrij naar Karl Popper – de hemel op aarde wilde vestigen maar de hel voortbracht. Dat is een bloedige dwaling gebleken. Hoe moet het dan wel? De juiste toon heeft Thomas Jefferson getroffen toen hij de *Declaration of Independence* opstelde. Het document, waarmee de Verenigde Staten zich in 1776 losmaakten van Groot-Brittannië, is een elegante mix van realisme en idealisme. Daarin zegt de beroemdste Founding Father het als volgt: mensen hebben een aantal onvervreemdbare rechten, waaronder 'Life, Liberty and the pursuit of Happiness'. De frase is een retorisch hoogstandje, maar het gaat mij natuurlijk om het laatste: het recht om het geluk na te jagen. Nee, hapklaar geluk kan de overheid niet leveren in de vorm van een recht. Maar iedereen mag er tenminste naar op zoek. Benjamin Franklin, een andere Founding Father, geeft als volgt aan waar de toezegging van de overheid begint én eindigt. 'De Grondwet geeft mensen enkel het recht geluk na te jagen. Je moet het zelf pakken.' De jachtmetafoor zou Machiavelli als muziek in de oren hebben geklonken.

Hoe verwerf je geluk? Het antwoord op die vraag bepaalt of *The Pursuit of Happyness* kitscherig is in de kunderiaanse betekenis. Wie rekent op wat Aristoteles het hoogste goed noemt, valt ten prooi aan zijn eigen overspannen verwachtingen. Hij verricht a, in de vaste overtuiging dat zo dadelijk b volgt. Maar als deze uitblijft, wat altijd mogelijk is, kan dat leiden tot teleurstelling of zelfs cynisme dat het begrip geluk bij het grofvuil zet. Weg ermee. Met deze zienswijze wordt *The Pursuit of Happyness* een toonbeeld van kitsch dat de wereld mooier maakt dan ze in werkelijkheid is. Het is echter de vraag of deze kwalificatie iets zegt over het wereldbeeld dat de film uitdraagt of over de toeschouwer. Hier zou weleens sprake kunnen zijn van: kitsch *is in the eye of the beholder*. Vanuit het perspectief van de cynicus is elk wereldbeeld dat enig optimisme uitstraalt algauw kitscherig. Je kunt ook anders naar de film kijken. Niet als een morele les dat de deugd altijd wordt beloond. Als je er per se een les in wil ontwaren, dan moet dat deze zijn: voor geluk bestaan geen garanties, maar je kunt er wel naar op jacht gaan en er de optimale voorwaarden voor scheppen.

12 Iedereen een open boek?

Tegenwoordig kijkt iedereen elkaar in de ziel – voor een deel althans. Allicht, hoor ik u zeggen. Hoe kan het anders in een tijd waarin openhartigheid tot deugd is verheven? Schaamte is al lang geen nuttig instrument meer om het private van het publieke af te schermen. Het credo dat je sommige dingen nu eenmaal voor jezelf houdt, is behoorlijk achterhaald verklaard. Eruit moeten ze, de diepste zielenroerselen.

Ik ken de analyses over het uitdijende ik en ben het er in grote lijnen mee eens. Hoe kan ik anders? Het is moeilijk het ermee óneens zijn. Je hoeft er de televisie maar voor aan te zetten. Programma's als *Big Brother*, en zijn vele spin-offs, kunnen alleen maar gloriëren dankzij een cultuur van exhibitionisme en narcisme. Anders kan ik de motivatie van de deelnemers niet verklaren. De wetenschap dat hun onder (semi)permanent cameratoezicht geen greintje intimiteit rest, vormt geen bezwaar tegen deelname aan zulke televisie, maar vormt er juist de aanjager van. Dat je mooie prestaties wilt tonen, begrijp ik. Maar dat je dat ook doet met zaken waarop je minder trots bent, of zou moeten zijn, is moeilijk te bevatten. Het begrip 'vuile was' is in rap tempo verworden tot anachronisme.

Wat dat betreft zijn de deelnemers van zulke programma's kinderen van Jean-Jacques Rousseau, een denker wiens statuur je alleen recht doet door te vragen welke maatschappelijke terreinen hij níét heeft beïnvloed. Weinig auteurs hebben de publieke opinie zo beïnvloed. Zo ook als het gaat om de eredienst van het ik.

Die heeft Rousseau in belangrijke mate voorbereid toen hij zijn lijvige autobiografie schreef. Of eigenlijk moet ik schrijven: toen hij zijn autobiografieën schreef. Waar de meeste mensen het leven laten zonder hun levensloop überhaupt te hebben opgetekend, heeft hij maar liefst drie van zulke verslagen geschreven, waarvan de beroemdste *Confessions* (1782) is. Hij liet zich niet hinderen door schroom over zijn ontboezemingen en benadrukte de onvoorwaardelijke eerlijkheid waarmee hij te werk was gegaan. 'Ik wil aan mijn medemensen een mens laten zien zoals hij werkelijk is en die mens, dat ben ik zelf.' Dus ook zijn minder fraaie trekjes komen aan bod. Hij pretendeert deze niet te hebben geretoucheerd om zich beter voor te doen dan hij is. 'Ik heb mijzelf laten zien zoals ik was, laag en verachtelijk als ik dat geweest ben, goed, edelmoedig en verheven wanneer dat het geval was.' Gêne verboden, zo kan de poëtica van Rousseau worden samengevat.

Ik doe de Zwitserse denker tekort door zijn boek te reduceren tot een uit de hand gelopen vorm van narcisme. Alleen al dankzij de onnavolgbare stijl ervan, biedt het veel meer dan een oprisping van rauwe emoties. De vorm temt hier de inhoud, zoals een bedding dat doet met een rivier. Hoewel Rousseaus zielenroerselen soms weinig flatteus zijn, zijn die voor zijn lezers uitstekend verteerbaar vanwege de fraaie manier waarop ze worden opgediend. Neem nu de openingszin van zijn *Confessions*: 'Ik ga iets ondernemen dat nooit eerder is gedaan en dat, als het eenmaal is uitgevoerd, niet zal worden nagevolgd.' Maakt Rousseau zich schuldig aan pathetiek? Altijd weer balanceert hij op het randje, maar ik noem hem liever meeslepend. Er is nog een argument waarom hij niet tot de verre oom van de archetypische Big Brotherhuisbewoner Ruud mag worden uitgeroepen. Zoals gezegd spaart hij zichzelf bepaald niet, terwijl zelfkritiek doorgaans ontbreekt in Big Brotherachtige settings. Dit neemt echter niet weg dat de *Confessions* van Jean-Jacques Rousseau zonder een flinke dosis schaamteloosheid onmogelijk was geweest.

Over dit wijdverbreide exhibitionisme gaat dit essay dus níét. De opmerking waarmee ik opende, over de relatieve toegankelijkheid van elkaars zielenleven, heeft betrekking op de huidige maatschappijvorm. Beter gezegd: deze toestand is daar de uitkomst van, het onbedoelde neveneffect. Het verband dat ik suggereer leidt vermoedelijk niet onmiddellijk tot een aha-erlebnis. De maatschappij waarop ik doel en waarvan ik de contouren hier verken is de meritocratie. Zo vaak kom je het woord niet tegen, en als dat al gebeurt dan heeft het een negatieve bijklank. Echt enthousiast raakt men er maar zelden over. Dat begon al in 1958, toen de Britse socioloog Michael Young de term muntte in *The Rise of Meritocracy*. Hierin schetste hij de samenleving die op meritocratische leest is geschoeid als een angstaanjagend antivoorbeeld, een zogeheten dystopie, waarmee hij in de voetsporen trad van de beroemdste dystopieënbouwer aller tijden: George Orwell. Met *1984* schiep Orwell, bij wijze van schrikbeeld, de ergst denkbare politieke constellatie en iets vergelijkbaars doet Young in zijn boek met de meritocratie. Ze leidt tot een maatschappelijke ordening die wordt bepaald door een combinatie van IQ en inspanning. Wie slim is en hard werkt, moet dat merken aan zijn loonstrookje en het aanzien dat hij geniet. Dat Young zich zo afwijzend opstelt, wordt begrijpelijk als je bedenkt dat hij een socialist was die grote inkomensverschillen een gruwel vond. Daarnaast wil ik overigens heus erkennen dat er nadelen kleven aan de meritocratie. Maar om er een dystopie van te maken, gaat toch echt te ver.

Maar eerst: wat is een meritocratie? De etymologie van het woord verklapt veel. Letterlijk staat er: een regering van mensen die dat verdienen – zoals een democratie verwijst naar een regering van het volk. Zo ongeveer vat Young de term ook op, als een verwijzing naar een bepaalde staatsvorm. Hij vreest ervoor dat een kleine succesvolle elite het voor het zeggen heeft. Maar doorgaans wordt de meritocratie in ruimere betekenis gehanteerd. In deze samenleving is de norm dat mensen worden beoordeeld op basis van hun inspanningen ofwel: hun merites.

Iedereen verdient zijn situatie? Ik hoor de hoon al aanzwellen. Er is weinig fantasie nodig om voorbeelden te bedenken die in flagrante tegenspraak zijn met deze al te montere maatschappijvisie. Iemand wordt ontslagen. Niet omdat hij slecht functioneert, maar vanwege het botte gegeven dat zijn afdeling ophoudt te bestaan. Zijn ontslag kan toch bezwaarlijk als zijn verdiende loon worden aangemerkt. Dat is de uitkomst van beslissingen waar hij nauwelijks invloed op heeft. Een ander wordt ernstig ziek – zonder dat er een ongezond leven aan vooraf is gegaan. Als hij ziek wordt is dat niet dankzíj maar ondánks zijn leefstijl. Die wrangheid is een essentieel bestanddeel van het lot: het bespringt je altijd van achter. Als het zich luid en duidelijk aankondigde, kon je je er tenminste grondig op voorbereiden. Maar zo gaat het lot niet te werk. Je ziet het niet goed aankomen: juist dat maakt zijn gesel zo moeilijk te verduren. 'Ondanks' en 'ten spijt' zijn de kieren waardoor het lot het bestaan binnendringt.

Velen zullen de suggestie dat mensen hun verdiende loon ontvangen niet alleen onjuist vinden, maar ronduit onfris. Dit verband wil ik dan ook niet suggereren. Zo werkt het alleen in boeken en films, als die worden gedicteerd door de ijzeren logica van de poëtische rechtvaardigheid. De brave hendrik wordt beloond en de slechterik gestraft. Maar deze inzichtelijkheid in de gevolgen van ons gedrag ontbreekt in het universum dat niet geschapen is door scriptschrijvers en regisseurs. In werkelijkheid pakken zaken dikwijls anders uit – en staat de *good guy* dikwijls met lege handen en gaat de *bad guy* er met de buit vandoor. Die factor onzekerheid nestelt zich in de ruimte tussen oorzaak en gevolg. De inspanningen die mensen plegen leiden niet linea recta tot het beoogde resultaat en omgekeerd worden hun situaties toegespeeld die op geen enkele manier in verband staan met eerdere keuzes. Een totaal regisseurschap over het bestaan is een illusie.

Dus nee, ik ga hier niet beweren dat iedereen alles aan zichzelf te danken dan wel te wijten heeft. In een consequent doorgevoerd model van oorzaak en gevolg kan leed niet langer op domme pech duiden. Dan zou ze niets anders zijn dan de uitdrukking van domheid, nalatigheid of een andere zonde. Binnen dit raamwerk bestaat geen ruimte om je te beklagen. Dat zouden al te boude conclusies zijn. Totale maakbaarheid mag een illusie zijn, doorschieten naar de andere kant zou een even grote uitglijder zijn. Het is niet onverschillig welke inspanningen mensen plegen. Of eigenlijk moet ik zeggen: wáár ze dat doen. Niemands situatie is een volmaakte afspiegeling van zijn verdiensten, akkoord, maar het is wel degelijk een groot verschil of je leeft in een premoderne samenleving die goeddeels langs tribale lijnen is geordend of in het hedendaagse Nederland, waar de belofte van de Verlichting grotendeels is ingelost, die autonomie of zelfbeschikking in het vooruitzicht stelde.

Autonomie is een tamelijk jonge waarde. Daartegenover ligt het veel oudere begrip heteronomie, de situatie waarin mensen zich dienen te houden aan richtlijnen die door anderen zijn uitgevaardigd en de persoonlijke speelruimte veel kleiner is. Volmaakte autonomie is onhaalbaar – niemand kan volledig doen waar hij zin in heeft – en zelfs onwenselijk, net zoals je nergens louter heteronomie aantreft. Samenlevingen bestaan uit een mix van deze uiteenlopende waarden, zij het dat de mengverhouding per samenleving fors kan verschillen. Hoewel met horten en stoten, laat de geschiedenis een ontwikkeling naar autonomie zien, een luxe die zo'n tweehonderd jaar geleden, voordat de Verlichting aan haar opmars begon, slechts een enkeling zich kon veroorloven. De regie over je leven lag in belangrijke mate in handen van anderen. De geestelijkheid eiste dat de bevolking haar gedrag in overeenstemming bracht met het geloof. Dit bepaalde met wie je omging en wie je diende te mijden. Daarnaast waren er vorsten wier macht nog niet of slechts ten dele door wetgeving aan banden was gelegd. Ze regeerden vaak zo dat vooral enkele gunstelingen in aanmerking kwamen voor het goede leven (en overigens weer net zo gemakkelijk uit de gratie vielen). Voor het gros van de bevolking was dat niet weggelegd. Maar ook in de privésfeer werden de nodige claims gelegd op het individu. Als pater familias had een vader uitgesproken verwachtingen van zijn kinderen – zonen behoorden in hun voetsporen te treden, dochters een goede partij te huwen – en ook de familie in ruimere zin blies een aardig deuntje mee, zoals in de volgende alinea zal blijken. Ziehier een paar manieren waarop heteronomie zich kon manifesteren. Dankzij externe omstandigheden was de route van het leven al voor een flink deel ingevuld voordat je nog maar geboren was.

Een beeld zegt meer dan duizend woorden. De literatuur is rijk aan verhalen die laten zien hoe individuele ambities worden gefnuikt door grotere machten. Een hedendaags voorbeeld is *Mijn vrijheid* (2006), de autobiografie van Ayaan Hirsi Ali. Wie wil weten wat het betekent om lid te zijn van een *on*meritocratische samenleving, leze dit boek. In haar jeugd was het voormalige Kamerlid in de eerste plaats Somalische en pas in de tweede plaats een individu met eigen plannen. De mores van het land, geworteld in eeuwenoude tradities, hadden haar al vroeg getekend. Zonder er ook maar iets voor te hebben gedaan had ze vele vrienden en vijanden, domweg vanwege het feit dat ze een Magan is, die afstammen van Darod. Het boek opent met deze eeuwenlange bloedlijn, opdat meteen duidelijk is van welk onschatbaar belang het is in Somalië, net als op vele andere plaatsen, wie je voorouders zijn. Afhankelijk van je familienaam was je kostje gekocht of was je veroordeeld tot een bestaan in de marge. Nu genoot de familienaam van Hirsi Ali aanzien; alleen had ze daar als vrouw weinig aan. Haar geslacht, in combinatie met haar geloof, de islam, maakte dat haar dromen over een carrière ijdel waren. Ze wilde secretaresse worden, maar dat ging niet door: 'Voor ma was op kantoor werken voor een jong ongetrouwd meisje vrijwel hetzelfde als prostitutie.' Trouwen, was haar opdracht, met een man die voor haar was geselecteerd. Hem moest ze dienen, vermoedelijk samen met andere vrouwen, en de leiding over het huishouden voeren. Zo verordende de islam het nu eenmaal. De enige manier aan de ijzeren greep van zulke externe machten te ontkomen, was door op de vlucht te staan. Zo zou ze uiteindelijk in Nederland terechtkomen, waarna het deel van haar biografie begint dat inmiddels tot de Nederlandse parlementaire geschiedenis is gaan behoren.

Deze uiteenzetting is geen kritiek op een bestaan als huisvrouw. Dat is hier niet de pointe. Het gaat erom dat Hirsi Ali en met haar vele anderen geen keuze hadden. Daarvan was pas sprake geweest als ze ook een loopbaan had mogen nastreven. Dan had ze nog steeds in het huishouden kunnen belanden, maar dan wel nadat ze er bewust voor had gekozen. Er waren heus momenten waarop ze deed wat ze wilde, bijvoorbeeld als ze haar lievelingsboeken las of, op latere leeftijd, toen ze een jongen ontmoette tot wie ze zich aangetrokken voelde. Het zou echter een vergissing zijn dit gegeven te beschouwen als een weerlegging van de conclusie dat anderen eigenaar waren van haar leven. Zodra ze namelijk gehoor gaf aan haar eigen wensen, moest dat stiekem gebeuren. Haar dromen verpieterden in het felle daglicht, ze konden pas enigszins verwezenlijkt worden in het halfduister. Ik kan het ook anders stellen. In Somalië zijn de maatschappelijke mores bepaald geen sponsor van idealen. Als er al sprake kan zijn van enige autonomie, bestaat die niet dankzij maar ondánks de samenleving, en de wetten die daarin gelden. Jezelf wegcijferen is er een onmisbare deugd.

Van krantenjongen tot miljonair

Het gaat mij niet om Somalië. Ik had ook het Athene van Socrates kunnen noemen, weliswaar de bakermat van onze democratie, maar waar onvrijheid je lot was als je de pech had een slavenkind te zijn. Of het prerevolutionaire Frankrijk, dat semiparadijselijk moet zijn geweest voor wie adellijke ouders had, maar waar sociale mobiliteit voor een boerenzoon ondenkbaar was. Zelfs de Nederlandse samenleving vertoont nog sporen van vroegere tijden, toen de plaats van je wieg zijn schaduw vooruitwierp. Zie de monarchie, die erfelijkheid laat beslissen over wie het koningschap ten deel valt.

Zou het niet geweldig zijn als mensen werden beoordeeld op hun daden in plaats van hun afkomst? Op wat ze doen in plaats van wie ze zijn? Toegegeven, een volkomen onpartijdige bejegening zal altijd een illusie blijven. Maar dat is nog geen reden niet naar dit ideaal te streven, ook omdat slechts een beperkt aantal landen meritocratisch mag heten. De meeste West-Europese landen zijn in grote lijnen op deze manier ingericht. Hetzelfde geldt voor een handjevol andere landen, zoals Canada en Australië. Maar de meest tot de verbeelding sprekende én meest trotse vertegenwoordiger heeft de meritocratie in de gedaante van de Verenigde Staten.

Een verschil met andere landen is dat Amerikanen dit ideaal niet gaandeweg zijn gaan waarderen, door voortschrijdend inzicht, maar dat het de politiek van de jonge republiek van meet af aan diepgaand heeft beïnvloed. Bij de oprichting van de Verenigde Staten aan het eind van de achttiende eeuw stond één ding vast: het moest radicaal anders dan in het archaïsche Europa, waar lange tradities de samenleving in grote mate ordenden. De eerste Amerikanen waren wantrouwig jegens alles wat ook maar riekte naar adel, monarchie en andere vormen van machtsoverdracht via bloedlijnen. In plaats daarvan moesten er in beginsel gelijke kansen zijn voor iedereen. Dat dit uitgangspunt een halszaak was, bleek uit de prominente plaats die het kreeg in de *Declaration of Independence* (1776). Dit document, waarmee Amerika zich losmaakte van Groot-Brittannië, kwam in het vorige hoofdstuk al aan bod toen het ging over hoe politici zich dienen te verhouden tot het geluk van burgers. Hier haal ik het document nogmaals aan, nu om te benadrukken dat 'the pursuit of happiness' geen privilege was maar iets waar alle burgers zich aan mochten wijden. 'All men are created equal,' luidt het immers in een van de eerste zinnen. De geboorteakte van de Verenigde Staten, goeddeels de pennenvrucht van Thomas Jefferson, laat er geen misverstand over bestaan. Iedereen bezit dezelfde rechten, de locatie van je wieg zou idealiter geen rol mogen spelen.

Rechtsgelijkheid is nu vanzelfsprekend – maar dat is te danken aan die onwaarschijnlijke concentratie van vernuft en politieke stoutmoedigheid op die vierde juli van 1776. Toen was die gedachte revolutionair en werden de kiemen geplant die later zouden uitgroeien tot de befaamde Amerikaanse Droom. Van krantenjongen tot miljonair: wie er tegenwoordig in slaagt deze vorm van verheffing te bereiken, moet weten dat Jefferson en de andere Founding Fathers voor hem de weg hebben bereid.

Van krantenjongen tot miljonair lijkt een sterk staaltje marketing om het product 'Amerika' aan de man te brengen. De frase klinkt als een wervende slogan die het miljonairschap in het vooruitzicht stelt. Dit perspectief klinkt te mooi om waar te zijn. Daarom is het zinvol te zien wát de Amerikaanse Droom daadwerkelijk in het vooruitzicht stelt – en vooral wat níet. Om meteen maar korte metten te maken met al te hooggespannen verwachtingen: het miljonairschap blijft weggelegd voor een enkeling. In 2008 verscheen *State of the World's Cities*, het jaarlijkse vn-rapport dat steden wereldwijd met elkaar vergelijkt. Daaruit bleek dat op maar weinig plaatsen de ongelijkheid tussen arm en rijk zo groot is als in veel Amerikaanse steden. Alleen in Afrika tref je zulke ongelijkheid aan. Toch zou je een vergissing begaan de continenten aan elkaar gelijk te stellen. Dan heb je Amerikaanse Droom niet begrepen. Die belooft geen einde aan de armoede. Zij houdt in dat arm en rijk vooraf niet meer vastliggen. Alle Amerikanen mogen hun geluk beproeven. Bij geboorte neemt iedereen in principe dezelfde startpositie in – waar het in het oude Europa nog doodgewoon was als sommige mensen, dankzij privileges, begonnen met een voorsprong, anderen een achterstand hadden en de meeste burgers niet eens meededen aan de rush naar het magische getal van een miljoen.

Niet voor niets schrijf ik: *in principe* nam iedereen dezelfde startpositie in. Het duurde twee eeuwen totdat de universele pretentie van de Onafhankelijkheidsverklaring, en dan met name de rechtsgelijkheid die zij verdedigt, pas echt serieus werd genomen. In de beginjaren van het nieuwe land weigerde men hieruit de uiterste consequenties te trekken en de slavernij af te schaffen. En het heeft tot diep in de jaren zestig van de vorige eeuw geduurd voordat zwarten zich de Onafhankelijkheidsverklaring konden aantrekken en zij de burgerrechten kregen die andere Amerikanen al bezaten. Deze zwarte bladzijden uit de geschiedenis doen aan de zeggingskracht van het document niets af. Vanaf het moment dat de inkt droog was, heeft het een geweldige aantrekkingskracht uitgeoefend op mensen uit alle windstreken, die onverminderd voortduurt. Talent stroomt naar de Verenigde Staten zoals water naar het laagste punt.

Zwanger van segregatie

De idealen zijn mooi, de praktijk is weerbarstiger. De meritocratie is niet het paradijs op aarde. Dat wijst empirisch onderzoek uit. In 2005 hield Jan Latten, hoogleraar demografie, zijn oratie met de titel *Zwanger van segregatie*. Zoals gezegd is de meritocratie een maatschappij waarin elke generatie opnieuw mag beginnen. Bij je geboorte begin je (grotendeels) met een schone lei. Deze doelstelling is in Nederland in gevaar, aldus Latten. Er dreigt een nieuwe vorm van erfelijkheid, 'met name als het gaat om kinderen uit de armste en rijkste gezinnen'. Onderzoek van het CBS laat zien dat armoede vaker dan vroeger wordt doorgegeven aan de volgende generatie, evenals rijkdom. Voor 'kinderen uit de middengroepen is het inkomen minder voorspelbaar'.

Hoe heeft het zover kunnen komen? Ironisch genoeg door de grote mate van vrijheid die de meritocratie veronderstelt. Het staat iedereen vrij met iedereen te huwen: een schoonmaakster met de topman van een grote bank, een trucker met een hoogleraar, een caissière met een dirigent van een toporkest. Het mag, maar in de praktijk gebeurt het steeds minder. Een belangrijke rol in deze ontwikkeling speelt de auto. Vaker wordt de koers van de geschiedenis bepaald door de meest banale zaken in plaats van door politici, die gedetailleerd beleid proberen uit te stippelen. Toen dit vervoersmiddel nog een schaars goed was, had het leven een beperkte actieradius. Boodschappen haalde je in de buurtsuper, de kinderen zaten op de dorpsschool. Niet per se uit overtuiging, maar vaak omdat een andere school in het volgende dorp stond, dat zich kilometers verderop bevond. Zonder een auto is dat al snel te ver. Vrije schoolkeuze had in sommige opzichten een ietwat theoretisch gehalte. In kleine gemeenschappen viel er weinig te kiezen, aldus Latten. Daardoor troffen kinderen uit verschillende sociaaleconomische milieus elkaar op het schoolplein. Of zoals Latten zegt: 'De zoon van de burgemeester zat daardoor in de klas met de arbeiderszoon.'

Vrije schoolkeuze heeft inmiddels zijn theoretische karakter verloren, in belangrijke mate dankzij het overdonderende succes van de auto (volgens het CBS 7,2 miljoen exemplaren op 1 januari 2007). Ouders leggen die extra kilometers graag af als hun kinderen daardoor op de school belanden die het beste bij hen past. Wat zich voltrekt laat zich raden: ze kiezen voor een school met een populatie die eenzelfde achtergrond heeft als thuis. Hoger opgeleiden zoeken andere hoger opgeleiden op en lager opgeleiden zitten in de klas met andere lager opgeleiden. Deze ontwikkeling verklaart de titel van Lattens oratie: *Zwanger van segregatie*. Hier komt nog eens bovenop dat de uitsortering naar opleiding zijn schaduw werpt over de toekomst. School is namelijk een van de voornaamste relatiemarkten. Klasgenoten van vandaag vormen dikwijls elkaars partners van de toekomst. Het huwelijk wordt steeds vaker een kwestie van: hoogopgeleid trouwt met hoogopgeleid en laagopgeleid met laagopgeleid. Aangezien opleiding in grote mate de toekomstige welvaart van iemand bepaalt, leidt dat tot de volgende conclusie: rijk huwt rijk en arm huwt arm.

School is niet meer dezelfde ontmoetingsplaats als vroeger – met vérstrekkende gevolgen. Vrije schoolkeuze heeft onvoorziene bijwerkingen: ze pakt uit als een zogeheten 'welvaartsverdubbelaar'. Rijk wordt steeds rijker en arm steeds armer. Vrijheid brengt ongelijkheid voort. Wat moet je daarvan vinden? Is dit een smet op het meritocratische ideaal? Door de nieuwe vorm van erfelijkheid die Latten ontwaart komt die belofte in het gedrang. Iedereen achter de startstreep: zo was het ooit bedoeld door Jefferson cum suis. Dit verhoudt zich moeizaam tot het gegeven dat welvaart, en de voorwaarden daarvoor, worden doorgegeven aan volgende generaties. Het is met andere woorden niet helemaal onverschillig waar je wieg staat.

Tegelijk is het hier oppassen geblazen. Als een sociaaleconomische ontwikkeling tot ongelijkheid leidt, klinkt al snel de roep om deze verschillen te repareren. Hoe ver ga je om de situatie te creëren waarin de banden met de vorige generatie helemaal zijn doorgesneden? Een sleutelrol in deze discussie is weggelegd voor erfenissen en de mate waarin je die belast. Doorgewinterde socialisten weten het wel: hoe hoger zulke belastingen, hoe minder welvaart er wordt doorgegeven, en dat is ze des te liever. Zo radicaal afromen is onwenselijk. Sommige vormen van prenatale voorsprong zijn niet alleen onvermijdelijk, maar moeten zelfs worden gekoesterd. Via erfenissen komt de bekommernis van ouders om hun kinderen tot uitdrukking. Sparen voor je erfgenamen komt voort uit een betrokkenheid bij de volgende generatie, een eigenschap waarop je zuinig moet zijn. Daarnaast dreigt overschatting van de effecten van maximale erfbelasting. De wetenschap dat de fiscus al te gulzig naar je bezit loert, kan zomaar uitmonden in een drang om je bezit dan maar te verbrassen. In dat geval fungeert socialisme als wegbereider voor hedonisme. Tenslotte is het zeer de vraag of dit de visie was van de Founding Fathers. Gelijkheid was inderdaad het beginsel dat ze met verve verdedigden, maar dan wel een specifieke variant, namelijk *rechts*gelijkheid. Eén wet voor allen. Inkomensgelijkheid daarentegen speelde geen rol in hun overwegingen. Amerikanen beseffen heel goed dat de eerste vorm van gelijkheid vaak op gespannen voet staat met de tweede vorm. Gelijke kansen leiden zelden tot gelijke uitkomsten.

Hoe waar de observaties van Latten ook mogen zijn, het is zinvol te benadrukken dat wie zich wil emanciperen nog steeds het allerbeste naar school kan gaan. 'Onderwijs wordt het thema van het komende decennium.' Een paar jaar terug deed de Amerikaanse schrijver Tom Wolfe in een interview met de literatuurcriticus van *NRC Handelsblad* Pieter Steinz deze voorspelling – en ik denk dat hij gelijk heeft. De meritocratie beoordeelt mensen op hun merites. Erop gokken dat privileges je op de gewenste plaats in de samenleving brengen is een onverstandige strategie. Dan is het des te belangrijker dat je je talenten maximaal ontwikkelt. Je wilt zo goed mogelijk voorbereid aan de startlijn verschijnen. Aan de honderd meter sprint gaan vele uren training vooraf – evenzo brengt het onderwijs studenten in conditie voordat ze de maatschappij betreden. Dus ja, het onderwijs heeft conservatieve trekjes als het heersende economisch verhoudingen in stand houdt en zelfs bevordert. Maar trek daaruit niet de conclusie dat school dus het meritocratische ideaal verloochent. Ze is niet in de eerste plaats die markt voor toekomstige partners, zoals Latten ernaar kijkt, maar de locatie waar de overdracht van kennis en vaardigheden plaatsvindt. Het zou een grote vergissing zijn dit geweldig progressieve potentieel te relativeren.

'Wat wil je later worden?'

Hoe kun je het voorgaande samenvatten? Misschien zo. In premoderne samenlevingen gaapte voor de meeste mensen een onoverbrugbare kloof tussen willen en kunnen. Hoewel de omvang van die kloof per geval verschilde, kan in het algemeen worden gesteld dat zulke maatschappijen een broertje dood hadden aan de ambities van hun leden, althans aan die van de meesten van hen. Alleen een vooraf gegeven elite mocht zich bezighouden met de verwerkelijking van haar wensen; het gros deed er wijs aan deze weg te stoppen. Wie dat niet deed, maakte zich, in de ogen van de rest van de samenleving, al snel schuldig aan hoogmoed. Willen kon alleen blijven bestaan in de onschuldige gedaante van een dagdroom, een mijmerende blik uit het raam. Het was een private aangelegenheid en zou lang gedoemd zijn dat te blijven. Dat veranderde toen de meritocratie zich steeds nadrukkelijker meldde als maatschappijvorm die de moeite van het nastreven waard is. Niet dat die voorgoed een einde maakte aan de dagdroom. Die zal er altijd zijn. Wel kun je het zo zeggen: het hoefde tenminste niet meer bij voorbaat bij vrijblijvend fantaseren te blijven. Mensen mochten laten zien dat het hun ernst was met hun ambities. Het is met andere woorden toegestaan, of wordt zelfs toegejuicht, willen om te zetten in kunnen. Meritocratische samenlevingen nodigen ertoe uit de kloof daartussen zoveel mogelijk te dichten.

Soms lukt dat aardig en andere keren mislukt dat. Maar dat

doet geen afbreuk aan het ideaal van de meritocratie. Samenlevingen zijn nu eenmaal weerbarstiger dan de modellen die eraan ten grondslag liggen. De perfecte democratie, met burgers die stuk voor stuk geëngageerd zijn en bovendien van de meest uiteenlopende thema's verstand hebben, blijft ook een illusie. Dat betekent ook niet dat de democratische staatsvorm geen steun verdient. Beschouw het feit dat een samenleving zichzelf democratisch noemt als een statement: hier streven burgers ernaar het bestuur zo te organiseren dat ze er zelf over meebeslissen. Kun je niet op vergelijkbare wijze omspringen met de meritocratie? Zie het in de eerste plaats als een goed voornemen en dan pas als een exacte beschrijving van de maatschappelijke constellatie.

Door zulke nuanceringen zou je haast vergeten dat willen en kunnen de afgelopen twee eeuwen elkaar wel degelijk fors dichter zijn genaderd. Anders gezegd, de werkelijkheid heeft steeds zich meer naar het ideaal gevoegd. De vraag 'Wat wil je later worden?' is niet langer het eigendom van tantes die hiermee op verjaardagsfeestjes een gesprekje aanknopen met hun neefje van acht. Sinds er een gerede kans bestaat dat onze ambities ook daadwerkelijk in een carrière kunnen worden omgezet, heeft de vraag haar retorische karakter verloren.

Als de wil een factor is om rekening mee te houden, moet je concluderen dat de manier waarop mensen zich in de buitenwereld manifesteren steeds meer een afspiegeling is van hun binnenwereld. Opnieuw: natuurlijk is de eerste nooit een exacte kopie van de tweede, en zal ze dat nooit worden. Daarvoor is de werkelijkheid te complex. Ambities worden op allerlei manier gefrustreerd – als er überhaupt al zicht is op wat die ambities precies inhouden. Eerder is het zo dat ze pas gaandeweg aan het licht komen. En toch. Zelfs als je mogelijke voorbehouden maakt, is het nog steeds een onweerlegbaar feit dat mensen hun ambities meer dan ooit tot uitdrukking mogen brengen. Ik kan de stelling ook omdraaien. Ze kunnen zich steeds minder verschuilen achter het excuus dat ze ergens toe gedwongen zijn of dat hun iets ontzegd is. 'Ik wilde consultant worden, maar mijn [vul hier een van de volgende externe machten in: vader, familie, stam, godsdienst] verbood het mij.' Nee, zulke interventies zijn steeds zeldzamer geworden.

De autobiografische notities van Rousseau kwamen voort uit meer dan louter de behoefte aan oprechtheid. Een nuchtere beschrijving geven van zijn diepste zielenroerselen zonder zich te bekommeren om de reacties die dit zou kunnen losmaken volstond voor hem niet. Meteen op de eerste bladzijde verklaart hij dat hij met zijn *Confessions* in de hand gerust voor de opperrechter durft te verschijnen. Ook al heeft hij zijn misstappen begaan, hij deinst niet terug voor diens vonnis. 'Laat de bazuin van het Laatste Oordeel maar schallen, het geeft niet wanneer.' De ferme taal lijkt op die van Luther toen die zijn beroemde woorden uitsprak: 'Ik sta hier en ik kan niet anders.' Zo laat Rousseau ook weten dat hij het voor zichzelf opneemt. De eerlijkheid waarmee hij zich manifesteert maakt blijkbaar de behoefte los zichzelf te rechtvaardigen. Zelfanalyse gaat in *Confessions* naadloos over in een apologie.

Deze analyse is naar de eenentwintigste eeuw te halen, met dien verstande dat de autobiografie als microscoop van het innerlijk heeft plaatsgemaakt voor het curriculum vitae. In de meritocratie is dit document meer dan slechts een neutraal overzicht van het werkende bestaan. Omdat dit laatste, als het goed is, nauw is verbonden met de plannen die mensen smeden, biedt het inzicht in wie zij zijn. Zo komen carrières in het licht van andermans oordeel te staan. Want werk is al lang niet meer louter een manier om in het levensonderhoud te voorzien, waartegenover je maar het beste een houding van onverschilligheid kunt aannemen. Wie het als een podium beschouwt om zichzelf te verwerkelijken, wat geen onrealistisch visie is, gaat een zeker risico aan. Het is tamelijk pathetisch om te stellen dat het, op zijn rousseauiaans, in het licht staat van het Laatste Oordeel. Maar een kern van waarheid zit er wel degelijk in. In minder hoogdravende taal: de kans is groot dat werknemers met een hardnekkige regelmaat worden achtervolgd door het gevoel dat ze zich rekenschap moeten geven van keuzes in hun carrière. De vooruitgang die is geboekt met de vestiging van de meritocratie behelst niet het feit dat het bestaan eenvoudiger is geworden. Leven in het besef van die keurende blik maakt successen des te zoeter – die kunnen immers op eigen conto worden geschreven – maar daar staat tegenover dat mislukkingen des te zuurder smaken.

13 Wie ja zegt moet ook nee zeggen – of de meritocratie *revisited*

In de meritocratie zijn er weinig overgeërfde privileges. Daardoor bestaat er veel ruimte om zelf te bepalen wat je doet en laat. In het vorige hoofdstuk schreef ik het als volgt: de wil is een factor van betekenis geworden. Dan komt het er des te meer op aan dat je goed weet wat je ambieert. Zo profiteer je maximaal van de meritocratie. Maar willen is nog lang niet eenvoudig. Vat deze activiteit bijvoorbeeld vooral niet op als bandeloos fantaseren. Mislukking gegarandeerd. Sommige dingen zijn zo overduidelijk onmogelijk, zoals springen over de Domtoren, dat het weinig moeite kost daarin geen energie te steken. Maar hoe meer het mogelijke in zicht komt, des te listiger de vraag naar de ambities die mensen koesteren. Miljardair worden wil iedereen wel – en sommigen overschrijden inderdaad het magische getal van tien cijfers voor de komma. Maar hoe wijs is het om dit als een serieuze ambitie uit te spreken? Neem de zeldzame gevallen die een miljard of een veelvoud daarvan op hun bankrekening hebben staan. Daarvan kan niet, met terugwerkende kracht, worden gezegd dat hier aan bewuste carrièreplanning is gedaan. Zoiets laat zich niet plannen. Mister Microsoft, Bill Gates, veelvuldig uitgeroepen tot 's werelds rijkste multimiljardair, en zeker de beroemdste, is ongetwijfeld gezegend met een combinatie van verstand, ijver en een neus voor geld. Gegeven deze premissen, is de ambitie van een succesvolle loopbaan in de IT realistisch. Iemand met zulke talenten mag verwachten dat zijn ontwikkeling niet stokt bij de postafdeling binnen een bedrijf. Maar dat is nog iets anders dan met droge ogen jezelf het multimiljardairschap ten doel te stellen. Bij de totstandkoming van deze status komt meer kijken, zoals een behoorlijke welgezindheid van Fortuna. Er zijn factoren waarop mensen soms nauwelijks invloed hebben.

Dus nee, de meritocratie is geen wensput waar je, als ware het een muntje, elke wens in kunt gooien, waarna de beloning volgt met de verwerkelijking van die wens. Wie mocht denken dat in deze maatschappelijke ordening elke ambitie in de meritocratie ruimhartig wordt beloond, komt van een koude kermis thuis. Praktische tips zijn dus zeer welkom. Gelukkig zijn die ruim voorradig. Een bruikbare gids met adviezen is bijvoorbeeld *Het dertigersdilemma* (2008) van psychologe en loopbaanbegeleider Nienke Wijnants. Het boek, waarvan de ondertitel had kunnen luiden 'Help, ik kan niet kiezen', biedt houvast in de meerkeuzemaatschappij, zoals de auteur de hedendaagse samenleving typeert. Benoem je helden en ga na waarom ze hun plek op dat voetstuk verdienen. Vraag je af: wat zou ik willen dat mensen op mijn begrafenis zouden zeggen? Maak een lijst met droomberoepen.

Welbeschouwd zijn het stuk voor stuk uitwerkingen van het levensmotto van Socrates. 'Ken je zelf'. Origineel was deze spreuk niet. De Zeven Wijzen – een groep denkers die aan de wieg stonden van de filosofie, onder wie Thales van Milete en Pythagoras – gebruikten hem al. Een nog oudere bron, als we de mythen tenminste mogen geloven, is de tempel van Apollo in Delphi, dat in een opschrift zou hebben verwezen naar de deugd van de zelfkennis. Hoewel oud, is de spreuk niet ouderwets. Zij is actueler dan ooit. Zoals ook blijkt uit de duiding van Wijnants (meerkeuzemaatschappij) zijn er nog nooit zoveel zaken geweest waarover besloten moet worden.

Dit gegeven leidt dikwijls tot gesomber op de opiniepagina's, dat steevast begint met een opsomming van de overdonderende hoeveelheid producten in de supermarkt: zoveel soorten yoghurt, chips en frisdrank. Je ziet de auteurs van die stukken vertwijfeld voor de schappen staan. Kan het niet wat minder! Nee, wat mij betreft niet. Breng dat overweldigende aanbod alsjeblieft niet om zeep. Wend het aan voor het goede leven. Dan vormt het geen bedreiging, maar een kans. Voorwaarde is dan wel dat je er zelfbewust mee omgaat. Of in de woorden van Socrates: met zelfkennis. Weet wat je wilt. En minstens zo belangrijk: wat niét. Het is een treffende eenentwintigste herformulering van het motto van de Griekse denker.

Ja!

Ambities moeten een realistische inzet hebben. Lees deze aansporing tot realiteitszin niet als een waarschuwing om niet hoog in te zetten. Hier is de analyse van Aristoteles van toepassing als hij in zijn *Ethica Nicomachea* zegt dat het erom gaat het juiste midden te houden, wat niet verward moet worden met middelmatigheid. Neem moed, een van de kardinale deugden, die zich bevindt tussen de twee uitersten lafheid en overmoed. Vooral de laatste wil nog weleens verward worden met moed. In het water springen om iemand te redden lijkt onder alle omstandigheden moedig. Maar wat als je niet kunt zwemmen? Ineens liggen er twee drenkelingen in het water. In dat geval is er geen sprake van moed, maar van doldrieste domheid. Zo werkt het ook met realiteitszin – of hoe je deze deugd ook wilt noemen. De fantasie de vrije loop laten leidt tot niets. Maar voorkom ook dat je vooraf afziet van elke ambitie omdat die weleens gefnuikt zou kunnen worden. Het gaat erom je grenzen te kennen. Zo komen namelijk ook je mogelijkheden in beeld. Dit inzicht maakt ambitie tot een kracht die wel degelijk zijn stempel op de realiteit kan drukken.

De meritocratie is een invitatie om tenminste zo hoog mogelijk in te zetten – met de nadruk op zo hoog *mogelijk*. Echter, hóé hoog is dat? Die vraag laat zich niet zomaar beantwoorden. Preciezer: daarop bestaat geen algemeen geldend antwoord. Het zou wat zijn: een richtlijn die iedereen een vervuld bestaan garandeert als we allemaal timmerman worden. Het is een prachtig vak, maar in mijn handen is een nat stuk zeep nog gewilliger dan een hamer en een zaag. Ieder zijn talenten – én zijn handicaps. Een supertip die zegt welke ambitie naar het geluk leidt is er niet.

Een aanknopingspunt daarbij biedt het werk van Friedrich Nietzsche. Bestudering daarvan vergroot de kans op succesvolle carrièreplanning. De filosoof met de hamer als *human resource manager* avant la lettre? In zekere zin wel – hoewel de associatie niet meteen voor de hand ligt. Het werk van de Duitse filosoof heeft de reputatie dat het één lange aansporing tot een groots en meeslepend leven zou zijn, dat lak heeft aan maatschappelijke mores en verwachtingen. Helemaal onterecht is dit beeld niet. Antiburgerlijkheid ís voor hem een sleutelthema, waarop hij harder tamboereerde naarmate zijn carrière vorderde. De schaarse individuen die van zoveel scheppingsdrang getuigen dat ze in hun eentje de loop van de geschiedenis kunnen verleggen, zoals Julius Caesar en Napoleon: dáár gaat het om.

Desondanks is Nietzsches filosofie prima te verzoenen met de burgerlijke realiteit waarin werknemers elke ochtend opnieuw in hun auto of het openbaar vervoer stappen om naar hun werk te gaan. Hoe moeten ze omgaan met zulke repeterende patronen? Deze vraag vormt de kern van Nietzsches moraal, die danig afwijkt van wat doorgaans onder ethiek wordt verstaan. Bij veel denkers manifesteert de leer van goed en kwaad zich als een opgeheven vingertje. Zij is een kwestie van moeten, iets wat je schoorvoetend doet. Neem de Tien Geboden. Het woord zegt het al; de stenen tafelen waarmee Mozes terugkwam van de berg Sinaï bevatten geen goedbedoelde tips maar strenge leefregels die vrijwel allemaal in de gebiedende wijs zijn geformuleerd. Iets dergelijks geldt ook voor de plichtsethiek van Immanuel Kant, die lijkt op de gulden regel: 'Wat gij niet wilt dat u geschiedt, doe dat ook een ander niet.' Goed gedrag komt niet tot stand door het eigenbelang na te streven. Hoewel het moeite kost in alle gevallen naar deze regel te handelen, zal vrijwel niemand het ermee oneens zijn. En toch. Ethisch handelen krijgt een wat wrange bijsmaak – hóórt zelfs wrang te proeven. Zo had Kant het niet helemaal bedoeld, maar het is begrijpelijk dat tijdgenoten hem als volgt parodieerden: zorg ervoor dat je een handeling met tegenzin verricht, dan pas verdient die het predicaat 'goed'.

Zoals in zijn hele werk beoogt Nietzsche ook in dit geval een 'herwaardering van alle waarden'. Dingen tegen wil en dank doen? Dat kan geen leidraad voor het leven zijn. Je moet het omgekeerde nastreven: geen terughoudendheid in wat je doet, geen mitsen en maren, maar volledige overgave en maximale toewijding. Deze houding noemt hij *amor fati*, een begrip dat hij aan de Stoa ontleent, en dat letterlijk betekent: liefde voor het lot – voor je eigen lot. Erg scheutig is Nietzsche niet met toelichting op dit centrale leerstuk uit zijn ethiek, en wat hij erover zegt moet je uit verschillende boeken bij elkaar schrapen. Maar dat doet aan de zeggingskracht ervan niets af. De boodschap is telkens weer: zorg ervoor dat je kunt instemmen met de dingen die je doet, dat je er hartstochtelijk Ja! tegen kunt zeggen. Of, vertaald naar de werkvloer: verzeker je ervan, zoveel mogelijk althans, dat je dingen niet doet omdat je baas ze nu eenmaal van je vraagt, maar omdat je ze zelf wilt. Dát is amor fati. Ziehier de gulden regel van Nietzsche.

Bouwpakket

Leid het leven waartegen je 'Ja!' – liefst met uitroepteken – kunt zeggen. Dat zijn mooie woorden – maar dan vooral wanneer je meervoudig getalenteerd bent en de banen voor het oprapen liggen. Maar wat moeten gewone stervelingen ermee? Toch mag iedereen zich aangesproken voelen door de woorden van Nietzsche, zeker in de eenentwintigste eeuw: een tijd van ongekende mogelijkheden voor een ongekende hoeveelheid mensen. Maar zelfs in de gevallen dat werk een manier is om brood op de plank te brengen, en niet zozeer ter zelfverwerkelijking, is amor fati niet zomaar een hole frase. Of nog beter: juist dan is zij geen holle frase. Amor fati heeft betrekking op het moment dat de grenzen van je kunnen zijn bereikt. Dat moment breekt voor iedereen aan, voor de meest getalenteerde alleen iets later dan voor de minder bedeelden. Mensen worden bepaald, en daardoor ook beperkt, door hun gestel, zowel fysiek als mentaal, hun geboorteplaats, hun ouders en de opvoeding die deze hebben gegeven. Veel eigenschappen zijn moeilijk het resultaat van een bewuste keuze te noemen. En dan komt het erop aan hoe je daarmee omgaat. Ga je zitten mokken over wat allemaal niet lukt? Of streef je naar verzoening met wat Nietzsche het onvermijdelijke noemde? Kies voor de laatste optie, aldus Nietzsche. Sta jezelf geen spijt toe als een talent ontbreekt en koester ook geen jaloezie jegens anderen die dit wel bezitten. Stel dat mensen zichzelf als een bouwpakket in elkaar zouden kunnen zetten, inclusief al hun eigenschappen en de omstandigheden waarin ze verkeren. Amor fati betekent dat je opnieuw bij de persoon uitkomt die je nu al bent.

Dit is, toegegeven, een zware opgave, en het is de vraag of zo'n houding onder alle omstandigheden is vol te houden. Het is nogal wat, mensen deze benadering aan te raden als ze de meest erbarmelijke situaties hebben moeten doorstaan. De Italiaanse filosoof Giorgio Agamben wijst er terecht op dat amor fati zijn grenzen heeft: kun je iets dergelijks met goed fatsoen vragen van de overlevenden van Auschwitz? De vraag stellen is haar beantwoorden. Zulke bezwaren maken amor fati echter niet compleet onbruikbaar. In veel gevallen kan deze houding wel degelijk haar nut bewijzen, bijvoorbeeld op de werkvloer. Een baan is geen opeenvolging van verrijkende ontmoetingen en uitdagingen, zelfs niet voor iemand die zijn droombaan heeft gevonden. Werk is altijd een mengeling van willen en moeten. Er zijn altijd de routinematige werkzaamheden, de zogenaamde klusjes, die nu eenmaal moeten gebeuren. Verslagen uitwerken. Zorgen dat de administratie klopt. De e-mailbox opschonen. Allemaal randverschijnselen bij het eigenlijke werk. Ze horen er nu eenmaal bij. Voor sommigen zijn ze een marginaal onderdeel van hun functie; anderen beschouwen hun baan als een aaneenschakeling van dergelijke verplichte nummers. In het laatste geval voelt het als een bevrijding als de klok vijf uur aanwijst. Het werkende bestaan is een kwestie van aftellen, waarin het weekend als een verlossing komt. Deze benadering had waarschijnlijk op de instemming van Arthur Schopenhauer kunnen rekenen, voor wie het leven een tranendal was. Hoe eerder het achter de rug is, hoe beter. In zijn jeugd had Nietzsche Schopenhauer verslonden. Gaandeweg maakte hij zich echter van hem los en ontwikkelde zich tot diens fotonegatief. Laat je niet verleiden door de lokroep van verlossing, waaraan ook het door hem zo gesmade christendom zich schuldig maakte met zijn belofte van een hemel. Nietzsche zocht niet naar een hiernamaals dat de tegenvallers in het hiernumaals draaglijk moest maken. Hij wilde de dingen niet mooier voorstellen dan ze zijn, maar hamerde er steeds opnieuw op die te accepteren. Amor fati, zou je kunnen zeggen, is bedoeld als remedie tegen te vaak op de klok kijken, tegen de opspelende neiging om te willen weten: hoe lang nog?

Dat wil niet zeggen dat Nietzsche lichtzinnig dacht over de impact die saaie klussen kunnen hebben, zeker als die steeds opnieuw terugkeren. Als één denker zich daarvan bewust was, was hij het. Hij mag gerust de theoreticus van de sleur genoemd worden. Het thema speelt een grote rol in zijn werk. De herhaling fungeert als de ultieme test voor de kwaliteit van leven, die Nietzsche ontwikkelt in *Also sprach Zarathustra* en 'de eeuwige wederkeer van hetzelfde' doopt. Stel je voor dat alles wat gebeurt zich al een oneindig aantal keren heeft voorgedaan en zich nog een oneindig aantal keren zal voordoen. Dat plaatst het leven, en de manier waarop het is ingericht, in een heel ander licht. In het geval van het eenmalige zou een strategie van ik-zit-mijn-tijd-wel-uit prima werken. Zo'n aanpak kan best functioneel zijn op zijn tijd. Ze heeft echter een beperkte houdbaarheidsdatum. Mensen maken niet alleen maar unieke ervaringen mee. De meeste lijken eerlijk gezegd verdacht veel op elkaar. De oneindigheid, het perspectief dat Nietzsche zijn lezers voorhoudt, is overdreven. Het is nu eenmaal de taak van een gedachte-experiment om zaken op scherp te krijgen. Daarentegen kent iedereen het gevoel dat we iets voor de zoveelste keer doen. Je bent de tel in elk geval lang geleden kwijtgeraakt.

Eeuwige wederkeer *light*

Verdraagt het bestaan de eeuwigheid? Zo gesteld klinkt het tamelijk pathetisch. Nietzsche, die de eeuwige wederkeer 'de meest afgrondelijke gedachte' noemde, bezat een groot talent voor dramatiek. Via dit gedachte-experiment verandert het alledaagse bestaan in een loodzware beproeving. Een enkeling zal hierin geen geval van overdrijving zien. Maarten Koning, het alter ego van J.J. Voskuil in *Het Bureau* (1996-2000), de ultieme roman over het kantoorleven, ervoer elke werkdag als een grote beproeving. Zo permanent gekweld zijn de meeste mensen niet. Maar de eeuwige wederkeer *light* kent iedereen. Je stapt op je fiets om, zucht, weer naar het werk te gaan. Die tegenzin heeft niet per se te maken met de inhoud van het werk, maar met het feit dat we deze handeling gisteren ook al voltrokken, net zoals we dat morgen ook weer doen.

Die zucht. Hoe raak je die kwijt? Een veelbeproefde strategie is kantoorhumor, speciaal op woensdag, wanneer de afstand tussen het afgelopen en het aanstaande weekend het grootst is.

– 'Klop klop!'

– 'Wie is daar?'

– 'Meneer Zaagmans, die de week doormidden komt zagen.'

Deze scène komt uit het kantoor van Jos (Herman Koch) en Edgar (Kees Prins) uit *Debiteuren Crediteuren*. Maar of het ritueel, dat liefst elke week herhaald moet worden, werkt valt serieus te betwijfelen. Het weerspiegelt de idee dat de tijd op kantoor een hindernis is die overwonnen (doorgezaagd) moet worden. Terwijl je beter kunt aanvaarden – op zijn nietzscheaans: ja zeggen – dat je daar acht uur per dag doorbrengt. Dan verricht je dezelfde werkzaamheden met een ander gemoed. Amor fati betreft niet zozeer wát mensen doen, maar hóé ze het doen. Deze benadering maakt het verschil tussen iets afraffelen en streven naar vakmanschap.

Nietzsche wilde de realiteit recht in de ogen kijken, hoe onbarmhartig die soms ook is, maar lijkt zijn pleidooi voor amor fati niet op een oproep zaken mooier voor te stellen dan ze in werkelijkheid zijn? Hem gaat het erom dat mensen geen tijd verdoen met wrok, maar kiezen voor maximale betrokkenheid. Wie dat niet kan, moet zichzelf de vraag stellen of hij zijn leven anders dient in te richten. Zo heeft Nietzsche ook de burgerman iets te melden. Hoewel hij geen concreet loopbaanadvies levert, kan hij wel, bij wijze van instrument, de eeuwige wederkeer aanreiken. Dit is een meetlat waarnaast mensen in het algemeen, en werknemers in het bijzonder, hun dagelijkse gewoonten kunnen leggen. Hoe waarderen ze die als deze patronen zich tot in het oneindige zouden herhalen? Het aantal punten op die schaal kan behulpzaam zijn als ze hun levens een cijfer willen geven. Niet dat alles lager dan een zes automatisch moet leiden tot een ferme koerswijziging. Wel kan een magere score – 'Alsjeblieft niet de eeuwigheid!' – fungeren als trigger om je huidige carrière te heroverwegen.

Opwaartse druk

Achterhalen wat je wilt is één ding. Minstens zo moeilijk is aangeven wat je niet wilt. Ga maar na hoe de meeste carrières tot stand komen. Zijn ze het product van zorgvuldige planning? Natuurlijk is het pad dat een loopbaan aflegt nooit een kaarsrechte lijn, zelfs niet als de eigenaar daarvan in het bezit is van een zeldzame combinatie van zelfbewustzijn en daadkracht. Zelfs hij kan het leven niet naar zijn hand zetten zoals een smid een gloeiend stuk ijzer. De omgeving laat zich maar deels dresseren. En toch vraag ik me af of het grillige spoor van onze carrière louter het gevolg is van tegenslag. Ze is minstens ook de afspiegeling van het opportunisme waaraan de meeste mensen zich schuldig maken als het op keuzes aankomt. Hoe ben je aan je huidige functie gekomen? Vaak zal het antwoord moeten luiden: ik ben er zo'n beetje ingerold.

Opportunisme is van alle tijden, maar de variant waar het hier om draait is een typisch hedendaags fenomeen, dat zijn wortels heeft in de meritocratie. Preciezer: vanaf een zeker moment lokt de meritocratie uit tot opportunisme. Zoals reeds gezegd: in deze samenleving doet het er in geringe mate toe wat (voor)ouders hebben gepresteerd, in positieve noch negatieve zin. Anders dan in bijvoorbeeld tribale samenlevingen speelt je afkomst een marginale rol, waardoor je kunt doen wat voldoening schenkt in plaats van waartoe de traditie je dwingt. Het accent is komen te liggen op wat je doet in plaats van wie je bent.

Deze ontwikkeling brengt ook de nodige kopzorgen met zich mee. Stijging op de maatschappelijke ladder is niet alleen gewoon geworden, maar geldt vaak zelfs als norm. In de meritocratie telt stilstand als achteruitgang. Te lang op dezelfde sport van de maatschappelijke ladder is verdacht. Waarom niet verder? Wordt het geen tijd om door te stromen naar een volgende functie. Is het luiheid? Of speelt er iets anders? Hoe dan ook heeft wie een aantal jaren achtereen hetzelfde doet, iets uit te leggen. Zeker als hij hoogopgeleid is. Wie zich vroeger wilde opwerken moest daarvoor uit rigide maatschappelijke structuren breken. Een vrij recent fenomeen is dat mensen af en toe flinke opwaartse druk moeten weerstaan om te voorkomen dat ze in functies belanden die ze niet ambiëren.

Opnieuw de vraag: hoeveel carrières zijn het resultaat van zorgvuldige planning? Hoe vaak volgen ze niet de weg van de minste weerstand? Een manager gaat weg en je wordt gepolst of je zijn functie niet wil overnemen. Het is niet precies wat je zocht, maar dat geldt ook voor je huidige baan. Bovendien staat er een flinke beloning tegenover. En ach, op zo'n nieuwe plek in de organisatie is veel te leren. Dat maakt de verleiding om bevestigend te antwoorden des te groter. En zo rol je van de ene baan in de andere, een patroon dat zich na een paar jaar herhaalt.

De moeilijkheid is, paradoxaal genoeg, dat er nauwelijks meer rotbanen zijn, zeker voor hoogopgeleiden. Tot enkele decennia geleden, toen Nederland nog niet de diensteconomie was die ze nu is, was veel werk vies en zwaar en cao's bestonden amper. Veertien uur lang in een nauwe mijnschacht werken voor een hondenfooi en je longen gestaag kapot horen gaan. Sla er *The Road to Wigan Pier* (1937) van George Orwell op na, een schrijnende reportage over de mijnindustrie in Noord-Engeland. Orwell is bekend om zijn antitotalitaire boeken, maar minstens zoveel lof verdient hij om zijn literaire journalistiek, aanleiding voor het Britse blad *The Economist* om hem uit te roepen tot 'wellicht de beste chroniqueur van de Engelse cultuur van de twintigste eeuw'. Hoewel ik zeker niet wil uitsluiten dat mijnwerkers oprechte voldoening konden putten uit hun werk, zijn er vele argumenten denkbaar om hun baan af te wijzen. Wie kon zich dit echter permitteren als de keuze ging tussen zulk werk of helemaal geen werk. Probeer het je eens voor te stellen: een mijnwerker die een afspraak maakt met de opzichter omdat hij het gevoel heeft dat zijn loopbaan op een dood spoor is beland. De eis dat werk de moeite waard moet zijn is van recente datum, wat natuurlijk niet inhoudt dat voorheen niemand er plezier aan beleefde. Het was alleen zelden een criterium om je baan op te selecteren. Die luxe kunnen werknemers zich nog niet zo lang veroorloven.

Laat er geen misverstand over bestaan: droombanen zijn nog steeds schaars – en zullen dat blijven. Maar het aantal banen dat best aardig is, is enorm toegenomen. Banen zoals werken in de mijnen hartgrondig afwijzen is nagenoeg ondenkbaar geworden. De meest accurate manier om ze te omschrijven is via de dubbele ontkenning: op zijn minst moet je zeggen dat ze niet onaardig zijn. De afwezigheid van echt bezwarende omstandigheden maakt het des te lastiger om 'Nee!' te zeggen – inderdaad: met uitroepteken. Soms is het namelijk nodig die toewijding te tonen, onder meer om te voorkomen dat je van de ene in de andere functie rolt, en een loopbaan iets is wat je overkomt. Nietzsche zei dat het bestaan hartstochtelijk omarmd moet kunnen worden, een enthousiast 'Ja!' moet verdienen. Dat is een nastrevenswaardig ideaal, hoewel iedereen er in de praktijk concessies aan moet doen. Om dit te realiseren is de kunst van het ja-zeggen niet genoeg. Minstens zo urgent is dat je de kunst van het nee-zeggen beheerst, zeker voor wie goed is opgeleid, een mooi curriculum vitae heeft en als het economisch tij meezit. Van alle kanten wordt aan je getrokken. Nieuwe functie? Uitbreiding van je huidige? Kijk eens wat een mooie klus! Eerder te veel kansen dan te weinig. Dan is het menselijk, al te menselijk, om in te gaan op deze aanbieding, terwijl je eigenlijk 'Nee!' had moeten zeggen.

Negatieve antwoorden duiden nogal eens op een gebrek aan engagement – op die types die heel goed weten wat er allemaal niet deugt en zich nooit wagen aan een uitspraak wat wel goed is. Iedereen kent ze: de azijnpissers, de kommaneukers, zij die altijd spijkers op laagwater zoeken en steeds weer redenen weten te bedenken waarom iets onmogelijk is en geen doorgang kan vinden. Ze zijn de vleesgeworden antithese, voor wie de afwijzing zo normaal is als grazen voor een koe. Met dit wereldbeeld heeft het 'Nee!' waarover het hier gaat niets van doen. Dít is niet ontsproten aan een buitensporige focus op het onvolmaakte. Het is eerder omgekeerd: de afwijzing is een manier om het volmaakte te beschermen. Zo goed en zo kwaad als dat kan natuurlijk. Je hebt een idee voor ogen van hoe het bestaan eruit zou moeten zien. En daarvoor moet je opkomen: door de omstandigheden zoveel mogelijk naar je hand te zetten, maar ook door al te verleidelijke aanbiedingen soms het hoofd te bieden. Wie, in de geest van Friedrich Nietzsche, 'Ja!' zegt, moet soms met dezelfde hartstocht 'Nee!' kunnen zeggen.

14 Plastic bordjes in plaats van servies? Nooit doen!

Voor mijn oma,
die elke dag opnieuw de tafel dekte

Wie is de meest angstaanjagende figuur uit de wereldliteratuur? Hoe heet het personage dat zich na de eerste kennismaking vastzet in de geest en daar blijft rondspoken?

Kandidaten genoeg. Hannibal Lecter, het bedenksel van de Amerikaanse schrijver Thomas Harris, gooit hoge ogen, hoewel hij zijn faam vooral dankt aan de films waarin hij optreedt. Geslaagdere uitwerkingen van de *gentleman*-moordenaar zijn zeldzaam. Het ene moment luistert hij naar de Goldberg-variaties van Bach, even later voedt hij zich met zijn slachtoffers. Die twee zielen in één borst, Lecters verfijnde smaak en zijn bloederige kannibalisme, maken hem ongrijpbaar en daardoor fascinerend.

Dan is er de omvangrijke categorie van gedrochten, waarvan het monster van Frankenstein een eminente vertegenwoordiger is. Zijn vermogen angst aan te jagen valt uiteindelijk tegen. Hij is alleen afschrikwekkend in het begin van het boek van Mary Shelley. Naarmate je verder leest, wordt hij sympathieker. Gaandeweg transformeert hij in een tragische held, die behalve angst ook medelijden weet los te maken. Daarnaast hebben de vele verfilmingen, die van hem een groene reus hebben gemaakt met bouten door zijn vierkante hoofd, bepaald niet bijgedragen aan zijn griezelfactor. Zij hebben hem eerder grotesk dan eng gemaakt.

Ook een serieuze uitdager: 'de Russische officier' uit *De opwindvogelkronieken* (1994) van de Japanse schrijver Haruki Murakami. Hij is verantwoordelijk voor een scène die zich vastbijt in het geheugen als een pitbull in zijn prooi. Zijn gevangenen, twee Japanse spionnen, krijgen de volgende behandeling: een van hen wordt levend gevild, de ander moet dit aanzien. Of vooral: aanhoren. Zijn ogen kan hij dichtdoen, maar aan de stem van de levend gevilde valt niet te ontkomen. 'De eerste minuut of zo gaf hij geen kik, toen begon hij te gillen. Te gillen op een manier die niet van deze wereld was.' Tijdens het proces stond de Russische officier erbij en keek hij ernaar. Immanuel Kant kon zich kwaad dat omwille van zichzelf werd nagestreefd, sadisme dus, niet voorstellen. Murakami heeft laten zien dat dit wel degelijk kan. Zelden zal pure boosaardigheid zo goed zijn geportretteerd.

Desondanks moet de Russische officier ten minste één personage voor zich dulden als het gaat om de meest angstaanjagende figuur uit de wereldliteratuur. Diens naam is Ilja Iljitsj Oblomov, hoofdpersoon van de gelijknamige roman van Ivan Gontsjarov. Deze literaire creatie is gelukt wat maar weinig personages voor elkaar krijgen: zijn bedenker boven het hoofd groeien en een eigen leven leiden. Oblomov is synoniem geworden voor luiaard – zoals Cervantes' Don Quichotte dat is voor de onbezonnen idealist en Multatuli's Droogstoppel voor de bekrompen kleinburger. Oblomov, een edelman met geldzorgen, doet niet veel meer dan op bed liggen (en toch lukt het Gontsjarov vanuit dit gegeven wereldliteratuur te scheppen). Hij is niet oud of ziek, maar heeft last van een tomeloze apathie. Zelfs bezoek ontvangt hij in horizontale positie.

Als je het zo stelt is hij verre van griezelig, eerder lachwekkend. En inderdaad, weinig boeken zijn zo geestig als *Oblomov*. Bovendien: wie schrikt dit tafereel van lekker lui af? Niemand die de kunst van het nietsdoen beter verstaat dan Oblomov. Toch is hier geen sprake van *dolce far niente*. Zo zalig is zijn nietsdoen niet: hij is verre van gelukkig. Het is namelijk een misvatting om te denken dat een leven lang luieren heilzaam werkt. Een dagje vrij is goed, een lang weekend nog beter, en twee weken vakantie het allerbest. Maak echter niet de vergissing deze opklimmende reeks almaar door te willen zetten. Misschien dat een maand vrij ook nog prima bevalt, maar op een zeker moment slaat de erosie toe. Verveling en ledigheid rukken steeds verder op. Het zalige nietsdoen werkt alleen zolang het een uitzonderingstoestand blijft, die fel contrasteert met een agenda met afspraken en verplichtingen. Het probleem van Oblomov is dat bij hem dit volle leven ontbreekt. Hij heeft gemeend dat hij het bijzondere kon verheffen tot het normale.

Tegen de meest eenvoudige klusjes ziet Oblomov geweldig op. Alleen al de gedachte aan wat moet gebeuren is voldoende om hem zijn bed in te jagen. 'Poehh!' – zo zou je de roman in één woord kunnen samenvatten. De weerzin om in actie te komen weerspiegelt zich in Oblomovs persoonlijke verzorging en huishouden. Hij ziet er 'gezet en pafferig' uit door 'een tekort aan beweging of aan buitenlucht, of mogelijk ook door beide'. Om de meeste meubelen in zijn woning zitten hoezen omdat hij ze toch niet gebruikt. Van een van de sofa's is de rugleuning gebroken, tegen de muren 'kleefden festoenen van spinrag, zwaar van stof'. Tapijten zitten onder de vlekken. En 'meer dan eens stond 's morgens het bord van de vorige avond nog op tafel met een afgekloven botje erop, naast het zoutvat en de rondom verspreid liggende kruimels brood'.

De staat van zijn huishouden maakt Oblomov zo angstaanjagend. Dat is niet zomaar een bende, zoals het een rotzooi kan zijn na een feestje. Die ruim je op, waarna de orde weer is hersteld. Oblomovs onderkomen is een permanente rotzooi: de eigenaar weigert nog langer op te ruimen. Wat je vandaag schoonmaakt, is morgen toch weer vies. En het ergerlijke is: daarin heeft hij nog gelijk ook. Heb je de afwas net gedaan, dan verlaten de eerste kopjes alweer het keukenkastje. De vieze vaat van morgen wordt alweer voorbereid. Is het daarom niet verleidelijk die vaat gewoon te laten staan? Oblomov, die toegeeft aan deze logica, illustreert waartoe die weg leidt.

Was *Oblomov* in de oudheid verschenen, dan hadden de oude Grieken het boek waarschijnlijk verslonden. Niemand die vertrouwder met de thematiek was dan zij. De eerste filosofen, onder meer Thales van Milete en Heraclitus ('Alles stroomt'), waren geobsedeerd door repeterende patronen, allereerst die in de natuur, zoals de wisseling van de seizoenen. Hun houding tegenover de kosmologische ordening was niet die van de wetenschappelijke toeschouwer die zich op een afstand verwondert over wat hij waarneemt. Voor twee zaken hadden de Grieken een aan vrees grenzend ontzag: het niets en het oneindige. Het eerste zagen ze als ze naar buiten keken, over de muren van de stadstaat. Daar lag een uitgestrekt en ongecultiveerd niemandsland waar barbaren leefden. Met een muur konden ze die tenminste op afstand houden. Dit gold niet voor het oneindige, dat iedereen aan den lijve ondervond. De ultieme verbeelding hiervan is de cirkel, de figuur zonder begin en eind. Niet alleen presenteerden volgens de Grieken de opeenvolgende seizoenen zich zo, óók het huishouden verliep volgens circulaire patronen.

Lang heeft deze opvatting een sluimerend bestaan geleden in de filosofie, totdat Hannah Arendt haar uit de vergetelheid haalde met haar hoofdwerk *The Human Condition* (1958). Het kwam uit op het hoogtepunt van de Koude Oorlog, toen politieke filosofie neerkwam op kiezen tussen het ene kamp of het andere, tussen kapitalisme of communisme. Arendt onttrekt zich aan dit eenvoudige schema van voor of tegen. Natuurlijk kent zij haar liberale en marxistische klassiekers, maar in eerste instantie put zij uit de oeuvres van Plato en Aristoteles. Daaromheen zweven satellieten als Hesiodus, Augustinus en Machiavelli. Ook in een ander opzicht was zij een tegendraads denker. Doorgaans beschouwt de filosofie de mens als het dier dat kan denken. Arendt ziet hem in de eerste plaats als een handelend wezen. *The Human Condition* is een grondige inventarisatie van de verschillende activiteiten die mensen kunnen ontplooien.

Ze worden gemakkelijk door elkaar gehaald, maar Arendt

maakt een scherp onderscheid tussen arbeiden, werken en handelen. De laatste twee activiteiten laat ik buiten beschouwing, hier gaat het om de eerste: arbeid. Hieronder verstaat ze alle taken die de biologische noden lenigen. Wie honger heeft gaat koken, dorst leidt je naar de kraan, en wie slaap heeft gaat naar bed. Niemand kan besluiten ze achterwege te laten, tenminste niet zonder dat met de dood te bekopen. Met willen heeft arbeid weinig te maken, het is een kwestie van moeten. Hooguit kun je de ongemakken die eraan ten grondslag liggen tijdelijk verdragen – en de handelingen die moeten leiden tot bevrediging uitstellen. Maar van uitstel komt in dit geval geen afstel. Vroeg of laat, maar niet té laat!, moeten de honger, dorst en slaap worden omgezet in actie, die overigens slechts tijdelijk even verlichting biedt. Al snel roert het gestel zich weer en komen honger, dorst en slaap weer opzetten.

Vanuit deze visie is het nauwelijks verwonderlijk dat de Grieken, en in hun voetspoor Hannah Arendt, terughoudend waren in hun waardering van huishoudelijk arbeid. Uiteraard begrepen ze dat wassen, schoonmaken en vooral koken noodzakelijke klusjes waren om gezond te blijven. Een totale afwijzing zou dus misplaatst zijn. Tegelijk was het zonneklaar dat het huishouden ongeschikt is voor het allerhoogste, het goede leven, en ontoereikend is voor een zinvol bestaan. Dat was alleen buitenshuis, in de politiek, te verwezenlijken. Tegenwoordig geldt: thuis is privé, waar je mag doen wat je wil. Daar heerst met andere woorden vrijheid. Dat zagen de Grieken anders. Als je ergens onvrij bent, is het daar. Binnenshuis wordt het ritme immers gedicteerd door de biologische noden van mensen. Begrijpelijk dus dat de Grieken met een aan vrees grenzend ontzag spraken over huishoudelijke taken: hoewel die onmisbaar zijn, zijn ze ook een herinnering aan het feit dat mensen aan de leiband van de natuur lopen. Eten, drinken, slapen. Vandaar dat het vervulde bestaan in de oudheid niet was weggelegd voor vrouwen, die immers de scepter zwaaiden in het huishouden. Van binnen blijven word je niet gelukkig. Iemand die dit kan beamen is Madame Bovary, de titelheld van de gelijknamige roman van Gustave Flaubert. Uit frustratie over haar beperkte actieradius hunkert zij naar een 'groots en meeslepend' leven. Met fatale gevolgen als dat vervolgens uitblijft.

Miele als emancipator

Er zijn verschillende manieren om je aan de tucht van de natuur te onttrekken, al zal dat nooit helemaal lukken. Eén manier is het uitbesteden van zoveel mogelijk huishoudelijke taken. Grieken hadden daar slaven voor, althans: de aristocratische elite. Een simpele veroordeling – uitbuiting! – is een verkeerde inschatting van dit fenomeen. Dit is een typisch hedendaagse reactie. Slavernij, aldus Arendt, gold in de oudheid niet als een reservoir van goedkope arbeidskrachten, zoals tijdens het kolonialisme. De Grieken rechtvaardigden de kwestie niet met economische argumenten, maar benaderden haar filosofisch. Het ging ze niet om geld maar om tijd. Hun lijfeigenen verrichtten arbeid (in de arendtiaanse betekenis van het woord). Zo waren hun meesters vrijgesteld van huishoudelijke verplichtingen, zodat die zich fulltime op de publieke zaak buitenshuis konden storten.

De Griekse oplossing kan in de eenentwintigste eeuw niet meer. Dat betekent echter niet: terug naar het aanrecht. Tegenwoordig vindt een andere uitbesteding van taken plaats: naar huishoudelijke apparaten in plaats van slaven. Machines doen de verplichting niet helemaal verdwijnen – zover is de techniek nog niet voortgeschreden – maar hebben de duur van karweitjes in en om het huis wel flink helpen verkorten. Hoe lang betekende een wasbeurt niet: naar de rivier? De uitvinding van de wastobbe en het wasbord betekende al grote vooruitgang: kon die voetreis tenminste achterweg blijven. Maar nog steeds nam wassen algauw een dagdeel in beslag. Totdat enkele decennia geleden de wasmachine werd uitgevonden en tot de basisuitrusting van het huishouden ging behoren. Voortaan kostte de was maar een fractie van de tijd die aanvankelijk voor deze taak moest worden ingeruimd. Een tijdrovende en arbeidsintensieve bezigheid verschrompelde tot een klusje dat je tussen de bedrijven door doet.

En dan te bedenken dat dit maar één facet is van de *outsourcing* van huishoudelijke taken naar de techniek. Op vergelijkbare wijze hebben de wasdroger, de afwasmachine, de koel-vriescombinatie, de oven en de kookplaat allerlei taken overgenomen. Denk aan de tijd die daardoor is vrij gekomen. Als het de emancipatie van vrouwen betreft, gaat het al snel over feministische golven en dolle mina's. Maar onderschat ook de invloed van Miele niet.

Ook mannen verrichten veel minder repetitieve bezigheden dan voorheen. Hoe lang hebben ze hun werkende bestaan niet doorgebracht op het land en later in fabriekshallen? Eenvoudig productiewerk heeft lang gegolden als een doodnormale manier om de kost te verdienen. Metalen plaatje pakken, gat boren, schroef erin en daar een moer op draaien. Waarna de transportband het volgende plaatje opdiende. Zulk werk zal heus nog verricht worden in Nederland. Maar niet meer op zulke massale schaal als vroeger. De afgelopen decennia is Nederland getransformeerd in een diensteneconomie. Veel productiewerk is verplaatst naar Azië, met name naar China, dat inmiddels de werkplaats van de wereld is. De meeste spullen – audioset, dvd-speler, pc, auto – is samengesteld uit delen waarvoor geldt: *made in China*.

Op vergelijkbare wijze kijkt de Franse schrijver Michel Houellebecq naar dat continent in *Platform* (2001). Naar Azië vindt namelijk ook een andere outsourcing plaats: een seksuele om precies te zijn. Het thema was voldoende aanleiding voor groot rumoer bij de verschijning van het boek. Het zou gaan over de hordes westerlingen die naar Azië afreizen om daar hun lusten te botvieren. Hoewel deze exodus een prominente rol speelt, is het niet zomaar een boek over sekstoerisme. Beschouw het liever als een gewaagd gedachte-experiment van mondiale afmetingen. Dan zijn dit de premissen van waaruit het experiment vertrekt. 'Aan de ene kant zie je honderdduizenden westerlingen die alles hebben wat ze willen,' aldus de hoofdpersoon, 'maar geen seksuele bevrediging meer kunnen vinden.'

Terwijl die behoefte er is en altijd zal zijn. Want als iets zich volgens repeterende patronen gedraagt, is het de lust. Nergens doet de invloed van de menselijke hardware zich zo duchtig gelden. Is het vuur net geblust, begint het alweer te smeulen. Hoewel Arendt in *The Human Condition* een hoofdstuk aan vruchtbaarheid wijdt, besteedt ze geen aandacht aan de seksuele tucht. Dat is des te opmerkelijker omdat de Grieken hiertoe een standpunt innamen dat afwijkt van het hedendaagse. De herenliefde was destijds heel gangbaar en werd niet louter gepraktiseerd door homoseksuelen. Lees er de dialogen van Plato op na, zijn *Symposium* in het bijzonder. Deze gewoonte laat zich niet afdoen als een typisch geval van andere tijden, andere zeden. De seksuele omgang tussen mannen onderling kan onder meer verklaard worden als rebellie tegen de natuur. Contact met hun vrouw had als primair doel: zorgen voor nageslacht. Van onschatbaar belang natuurlijk, van levensbelang zelfs, maar deze intimiteit maakte tegelijk duidelijk dat mensen net dieren zijn die zijn gehouden aan natuurlijke wetmatigheden. Deze helemaal verloochenen was onmogelijk. Maar de Grieken konden wel op zoek naar een relatie waarbij de factor voortplanting geen rol speelde. Die vonden ze in de gedaante van de homo-erotiek.

Terug naar Houellebecq, die zijn personages dé oplossing laat aandragen voor het probleem van het Westen. Hier is men in seksueel opzicht onvervuld. 'Aan de andere kant zie je miljarden individuen die niets hebben, die omkomen van de honger, jong sterven, in erbarmelijke omstandigheden leven en niets anders meer hebben om te verkopen dan hun lichaam en hun onbedorven seksualiteit.' Twee problemen: de westerling die hunkert naar genot en de armoede in grote delen van de wereld. Kunnen die niet via één oplossing uit de weg geruimd worden? Als het aan de hoofdpersoon van *Platform* ligt wel. 'Het is zo klaar als een klontje: dit is de ideale ruilsituatie.' Het Verre Oosten schenkt het Westen een dosis verloren gewaande opwinding; omgekeerd geven westerlingen het Aziatische continent een geweldige economische impuls. Een win-winsituatie kortom. Moreel kan deze oplossing niet genoemd worden. Maar het is dan ook niet de taak van literatuur om vrome theorieën te ontwikkelen die op ieders instemming kunnen rekenen. Dankzij Houellebecq krijgt het begrip 'made in Asia' een geheel nieuwe dimensie.

Laat maar!

Zelfs in het leven van Oblomov doet de tucht van de sleur zich niet in haar volle omvang gelden. In zekere zin heeft hij gekozen voor de Griekse oplossing door er een bediende op na te houden. Alleen trekt hij niet de Griekse conclusie dat het goede leven buitenshuis ligt, of in elk geval buiten zijn slaapkamer. Erg behulpzaam is zijn bediende overigens niet. Met Zachar, zoals hij heet, heeft Gontsjarov een van de fraaiste bijrollen uit de wereldliteratuur geschapen. Om te beginnen is hij een geweldige uitvreter die zijn meester nauwelijks van dienst is (alleen heeft Oblomov dit maar half door omdat hij amper weet wat er buiten zijn slaapkamer gebeurt). Daarnaast heeft Zachar geen greintje respect voor zijn meester: deze is voortdurend het object van zijn spot en roddels. Kortom, aan zijn bediende heeft Oblomov ook niets.

Terwijl hij alle hulp kan gebruiken in de strijd tegen de sleur. Net als de Grieken is hij daar bijzonder gevoelig voor. Hoe kom ik daarvan af? is ook zijn zorg. Oblomov geeft echter een andere wending aan deze bevrijdingsdrang dan de Grieken. Hij geeft gewoon geen gehoor meer aan de taken waarvoor de sleur hem stelt. Met deze vorm van rebellie is iedereen in meer of mindere mate vertrouwd. Allemaal verzaken we weleens: de afwas komt morgen wel. Maar deze benadering biedt slechts tijdelijk verlichting. Uitstel lost niets op. Een dag later staat de vaat er nog, plús de nieuwe aanwas van vuile kopjes, borden en gebruikt bestek. Oblomov gaat anders te werk. Hij doet niet aan uitstel, afstel is zijn credo. Hij heeft alle karweitjes afgezworen, niet tijdelijk, maar voorgoed. In elk van deze activiteiten echoën het verleden en de toekomst mee – gisteren ook al en morgen ook weer –, waarin hun vluchtige karakter zich openbaart. Dit gegeven heeft zich zo hevig aan Oblomov opgedrongen, dat hij maar op één manier kan reageren, via een compromisloos wegwerpgebaar: laat maar!

Oblomov denkt dat hij de sleur te slim af is. Het valt echter nog te bezien of hier daadwerkelijk sprake is van een overwinning. Maar eerst zijn observaties. Daarmee is namelijk niets mis. Het huishouden ís dat oord van herhaling waarvoor Oblomov het houdt. De klussen blijven zich aandienen, alsof ze gisteren niet ook al moesten gebeuren, en morgen ook weer. Het is haast onvermijdelijk dat dit gegeven je bij tijd en wijle naar de strot vliegt. Tot dusver alleen maar begrip voor Oblomov. De vraag is alleen of je aan deze beklemming gehoor moet geven, zoals hij doet. Moet hij, anders gezegd, via de bovengenoemde premisse uitkomen op zijn consequent doorgevoerde lethargie? Het lijkt een simpele kwestie van de daad bij het woord voegen. Toch zou hij uit dezelfde premissen tot de omgekeerde conclusie kunnen komen. Dit zou zelfs bijzonder raadzaam zijn. Misschien dat je de sleur verslaat via een hardnekkige weigering van elke vorm van arbeid. Zo ontkom je inderdaad aan de cirkelbeweging die het huishouden dicteert. Maar of deze strategie op de lange termijn ook werkt... Al snel kondigt de chaos zich aan – zie de staat van Oblomovs huishouden. Het probleem van zijn tactiek is dat de remedie erger is dan de kwaal.

Hier geldt dat de beste verdediging de aanval is. Doe die afwas onmiddellijk na de maaltijd, en vat met eenzelfde kordaatheid andere karweien aan. Ontsnappen aan het circulaire ritme lukt weliswaar ook zo niet, maar op deze manier heeft het een minimaal effect op het dagelijks leven. Dat heeft gevolgen voor het gemoed. Hoe sneller een klusje immers achter de rug is, hoe sneller het van de mentale lijst kan worden afgevoerd met zaken die nog moeten. Daarna is, hoe kortstondig ook, voldaanheid gerechtvaardigd en hebben we vrijaf. Precies zoals de Grieken het wilden. Maar de reikwijdte van deze offensieve tactiek is groter. Behalve opluchting is een gevoel van triomf op zijn plaats. Het eindresultaat, een schone vaat, is een (tijdelijke) overwinning op de chaos.

Omdat er het nodige op het spel staat, het afslaan van de immer oprukkende chaos, is verzaken zo riskant. Orde kost inspanning en zorg, elke dag opnieuw, terwijl chaos gratis komt. Je hoeft er helemaal niets voor te doen. De natuurkunde reserveert voor deze tendens de term 'entropie'. In haar roman *De woestenij* (2009) verbindt de Engelse schrijfster Samantha Harvey dit begrip op aangrijpende wijze met het slopende proces dat zich voltrekt in de geest van een alzheimerpatiënt. 'Entropie, de theorie die stelt dat de orde van alles afneemt in plaats van toeneemt. Een kop koffie zal, als men maar lang genoeg wacht, wel koud worden, maar zal, hoe lang men ook wacht, nooit meer warm worden. Een huis kan uit zichzelf vervallen tot een ruïne, maar een ruïne zal uit zichzelf nooit een huis worden. De natuur tornt overal aan met haar vingers alsof ze alles wil laten zoals het zou zijn als de mens niet had bestaan.' De hoofdpersoon van het boek neemt zich voor tegen de voortwoekerende wanorde in zijn hoofd zo lang mogelijk weerstand te bieden. In het verzet is zijn menselijkheid gelegen.

Voor de alzheimerpatiënt geldt dat hij in opstand moet komen tegen de oprukkende chaos in de binnenwereld. Een vergelijkbare houding is voor iedereen aanbevelenswaardig als het gaat om de buitenwereld. Slechts heel incidenteel, bijvoorbeeld na een diner van zeven gangen of een feestje dat tot diep in de nacht heeft geduurd, is verzaken toegestaan. Maar over het algemeen is zulk gedrag af te raden. Als de afwas een dag heeft gestaan, kan die net zo goed nog een dagje wachten. En nog een. Wees dus terughoudend in het uitstellen van karweitjes zoals de afwas. De glijdende schaal lonkt altijd, die, zoals bekend, met groene zeep is ingesmeerd. Oblomov kan erover meepraten: maar weinigen zijn zo hard van deze glijbaan naar beneden gegleden.

Borsalino

Onderschat het belang van een schone vaat dus niet. Maar schoonheid biedt ook op een andere manier tegenwicht aan de sleur. Mooie spullen belanden al snel in de sfeer van overbodige franje of opsmuk – zeker in Nederland, waar het witte bolletje kaas nog heel gewoon is op bijeenkomsten. Dat vult de maag toch ook? Tegen dat laatste valt niets in te brengen. Maar is dit ook een argument tegen luxe? Moet je zulke artikelen wel op deze manier beoordelen?

Laat ik mijn uiteenzetting beginnen met een gedachte-experiment. Neem het servies in gedachten dat thuis in de buffetkast staat. Stel nu dat het allemaal de deur uit gaat: de borden, de kopjes, het bestek. Alles. De vrijgekomen ruimte in de kast en keukenlade krijgt een nieuwe bestemming: daarin komen 1000 plastic bordjes, 3000 plastic bekertje en 1000 plastic lepels, vorken en messen. Om te beginnen. Een contract met de groothandel zorgt voor nieuwe aanvoer als de voorraad dreigt op te raken. Nooit meer afwassen zónder dat er een oblomoviaanse degeneratie in het verschiet ligt. Na afloop van de maaltijd gaat het slagveld op tafel gewoon in een vuilniszak. Als je een halve minuut kwijt bent aan opruimen is het veel. Het probleem dat afwassen heet, is opgelost. De sleur eindelijk te slim af?

Toch heeft de operatie iets onbevredigends. Hoewel de logica erachter steekhoudend is – nooit meer afwassen – vraag ik me af wie zijn complete servies zou vervangen door een plastic variant. Eerder bestaat de neiging een tweede set aan te schaffen, voor speciale gelegenheden – dan is de buffetkast ineens dubbel gevuld, terwijl het perspectief van een lege kast zo aanlokkelijk leek. Dit is nog opmerkelijker als je bedenkt dat het luxe servies het grootste deel van de tijd werkeloos blijft. Hoe vaak komt het uit de kast? Hooguit een paar keer per jaar. Blijkbaar staat deze lage gebruiksfrequentie een luxe servies niet in de weg.

Hoe dit te verklaren? Het werk van de Duitse filosoof Hans-Georg Gadamer biedt inzicht. In 1977 verscheen van hem *Die Aktualität des Schönen*, een essay over hedendaagse kunst. De auteur, die al een formidabele prestatie leverde door de complete twintigste eeuw met twee jaar te overleven, voert een diepgravende discussie met vakgenoten uit het verleden, zoals Aristoteles, Immanuel Kant en G.W.F. Hegel. Het meest indringend zijn de passages over het feest.

Wat gebeurt er als je iets viert? Dat legt Gadamer uit aan de hand van twee verschillende belevingen van tijd. Allereerst is er wat hij 'de normale pragmatische ervaring van tijd' noemt. Deze kenmerkt zich door het feit dat mensen haar zo nuttig mogelijk willen besteden. Er is een beperkte hoeveelheid tijd beschikbaar: wat ga je ermee doen? Vandaar dat Gadamer ook wel spreekt over 'tijd voor iets'. Voorbeelden noemt hij niet, maar het is niet moeilijk die te bedenken. Boodschappen doen, koken, afwassen – in feite alle taken die Arendt onder de noemer arbeid schaart. Hier is tijd iets wat verdreven moet worden. Nog even volhouden en dan zit dat klusje er weer op. Of voor de mensen die hun baan een kwelling vinden: nog een paar uur en dan zit de werkdag er weer op.

'Daarnaast is er een heel andere ervaring van tijd,' aldus Gadamer, 'en die is in mijn ogen zowel met het feest als met de kunst ten diepste verwant.' In deze opvatting is geen sprake van een regelmatige opeenvolging van ogenblikken, zoals dat hierboven het geval was. Zij laat zich niet weergeven door de secondewijzer van de klok. Het ritmische tikken van de klok maakt iedereen elke dag evenveel ouder als de dag daarvoor. Toch valt dit niemand op. Niemand die tegen zijn collega's zegt dat ze vandaag ouder zijn geworden ten opzichte van gisteren. Het wordt domweg niet opgemerkt. Gadamer zegt het als volgt: 'De tijd die iemand jong of oud doet zijn, is niet die van de klok.' Dat besef – 'Goh, wat is díé oud geworden!' – dringt zich plotseling op, bijvoorbeeld als je iemand lang niet hebt gezien. Maar er zijn ook gelegenheden die het bewust oproepen: vieringen. Iemand heeft de leeftijd van vijftig jaar bereikt of twee echtelieden zijn twaalf en een half jaar samen, maar ook als er iemand is overleden. Al deze momenten verdienen dat er bij hen wordt stilgestaan. Letterlijk. Want dat is wat er gebeurt tijdens vieringen: ze vragen aandacht voor de tijd zelf, het onbarmhartige tikken van de klok wordt even een halt toegeroepen.

Vieringen hebben een vorm nodig – net zoals water een glas nodig heeft als je dat wilt consumeren. Ik sluit niet uit dat zomaar bij elkaar zitten naar aanleiding van een ingrijpende gebeurtenis ook tot de nodige bezinning leidt. Maar over het algemeen geldt dat hulpstukken welkom zijn. Een feestmaal boet niet aan gezelligheid in als het doordeweekse servies op tafel staat. Maar doordat vieringen ook aandacht vragen voor de tijd zelf, hebben ze ook een stemmige kant, die om de inzet van bepaalde attributen vraagt. Naar een bruiloft ga je niet in je ouwe kloffie, net zoals dat uit den boze is op een begrafenis of crematie. Evenzo helpt het tijdens een feestmaal als de gangen worden opgediend op mooi servies. Luxe verleent het moment de glans die het verdient.

Onderschat de potentie van zulke attributen niet. Zelfs zonder de context van een gedenkwaardig feit kunnen ze de dag luister bijzetten, feestjes op miniatuurformaat realiseren. Neem de volgende observatie uit *Italië Magazine* over wat de aanschaf van een Borsalinohoed allemaal kan losmaken. 'Een Borsalino fleurt alles op. De terugkeer van de winter is minder triest als je kunt denken: "Straks zet ik m'n Borsalino weer op."' En zo is het. Wie denkt dat hij te maken heeft met een hoofddeksel dat bescherming biedt tegen de kou, vergist zich. Daartegen zet je een muts op – maakt niet uit hoe die eruitziet. Zolang hij maar warm is, vervult hij zijn taak naar behoren. Het moge duidelijk zijn dat een Borsalino níét langs de meetlat van het nut gelegd moet worden. Hij ontstijgt, zoals het ware luxe betaamt, het domein van de bruikbaarheid. Maar bega niet de vergissing door te denken dat hij dus overbodig is. Het is juist omgekeerd. Een Borsalino vervult dezelfde functie als het mooie servies dat een maaltijd begeleidt: hij tilt je uit de onverschilligheid van de tijd als hij het einde van de koude winter markeert. De lente is pas begonnen als hij weer op kan.

Een nieuwe start is meer dan een knop omzetten in de geest, ze moet op de een of andere manier kracht worden bijgezet. Dat weet ook Oblomov. Het boek bestaat namelijk uit twee delen. Alleen het eerste deel is een demonstratie van oblomovisme. Deel twee staat in het teken van zijn verliefdheid op de zangeres Olga Sergejevna. Veelzeggend is het moment dat hij thuiskomt nadat hij haar heeft ontmoet. Prompt geeft hij opdracht aan zijn bedienden 'een paar onooglijke schilderijen weg te halen', ramen te lappen en spinnenwebben weg te vegen. Eigenhandig repareert hij een rolgordijn dat al maanden stuk was. Ineens maakt hij zich zorgen over zijn voorkomen: heeft ze gemerkt dat ik gisteren twee verschillende kousen aanhad en mijn overhemd binnenstebuiten droeg? Er zal heus een gezonde dosis ijdelheid in het spel zijn. Maar een veel sterkere drijfveer is de behoefte zijn euforie in daden om te zetten. 'Hij zou tot nieuw leven komen, handelen, het leven prijzen én haar.' Dat Oblomov uiteindelijk weer terugvalt in zijn oude neiging tot lethargie, waardoor de relatie spaak loopt, doet niets af aan de oprechtheid van zijn poging.

15 Eindelijk liefde

Had *Romeo en Julia* (1595) zich in de eenentwintigste eeuw kunnen afspelen? Eerst nog maar eens de plot van het beroemdste liefdesverhaal ooit. De protagonisten, twee pubers, ontmoeten elkaar en zijn op slag verliefd. Ze weten echter ook dat ze aan hun gevoelens op geen enkele manier gehoor kunnen geven. Laat staan dat ze met elkaar kunnen trouwen, zoals ze van plan zijn. Haar vader heeft Julia al weggegeven aan een ander. Maar nog zwaarwegender is het gegeven dat Romeo tot de familie van de aartsvijand behoort. Het is ondenkbaar dat een Montecchi met een Capuletti trouwt. Als de twee geliefden hun voornemen toch doorzetten moeten ze dit met de dood bekopen. De meest beknopte samenvatting van de tragedie luidt: een onmogelijke liefde.

Geen kwaad woord over het stuk van William Shakespeare – het vertoont na ruim 400 jaar nog nergens sporen van slijtage – maar het hoort wél bij de tijd waarin het is geschreven. Aan het einde van de zestiende eeuw, zowel het moment van handeling van het stuk als het moment van verschijning ervan, speelde afkomst een cruciale rol bij de selectie van huwelijkspartners. Allerlei overwegingen waren daarbij van invloed, behalve de gevoelens van de betrokkenen zelf. Deze situatie, waarin liefde amper telde, heeft lang geduurd: tot diep in de twintigste eeuw, wat overigens geen afbreuk doet aan de tragedie van Shakespeare. Iedereen met een greintje inlevingsvermogen kan zich het conflict nog steeds voorstellen tussen de zuiverheid van de liefde en de schrille toon waarmee de familievete wordt uitgevochten, tussen het nietige individu en de machtige traditie.

Hoe vaak moet de liefde het tegenwoordig nog afleggen tegen de eisen van de ouders? Anders geformuleerd: bestaat de onmogelijke liefde nog? De eerste kennismaking met je schoonouders zal altijd spannend blijven. Die willen tenslotte dat hun kind met een fatsoenlijke partij thuiskomt. Dat betekent: flink zweten om een goede eerste indruk achter te laten. Maar je moet het wel heel bont maken om niet door die ballotage heen te komen. Wie een crimineel of een verslaafde meebrengt, zal op weinig enthousiasme mogen rekenen en de nodige tegenwerking kunnen verwachten. Maar verder? Hoe zwaar weegt nog iemands gezindte, waarop in het verleden menig relatie in een pril stadium is gestrand? Hoe vaak speelt iemands familienaam, vroeger een belangrijke indicator van zijn kansen in het leven, nog een rol van betekenis?

Helemaal verdwijnen zullen zulke overwegingen nooit. Maar hoe vaak zullen ze nog zo van doorslaggevend belang zijn als in de eeuwen hiervoor? Over het algemeen geldt dat de liefde – eindelijk – het belangrijkste motief is om een relatie aan te gaan. Eindelijk tellen amoureuze gevoelens! Ze hoeven doorgaans niet langer te worden weggestopt uit vrees dat ouders er hun veto over uitspreken. De onmogelijke liefde, zoals Romeo en Julia die ervoeren, is in belangrijke mate iets uit vervlogen tijden. Grote kans dat ze vandaag de dag met elkaar in het huwelijk waren getreden. Jammer voor de literatuur, maar voor henzelf een wens die in vervulling gaat.

Overigens is het te vroeg om victorie te kraaien. Nog niet iedereen mag zijn eigen partner kiezen. In moslimkringen is uithuwelijking nog doodnormaal, vooral van jonge meisjes, maar ook voor jongens ligt vaak al vast met wie ze trouwen, meestal iemand uit de eigen familie. Een huwelijk met iemand die een ander geloof aanhangt, maakt weinig kans, laat staan met een ongelovige. Op zo'n verbintenis, die tegen de wil van ouders en het geloof ingaat, kan een hoge prijs staan (aldus de PvdA-notitie *Verborgen leed van tienermeiden in Amsterdam* uit november 2006): fysieke straf of zelfs de doodstraf. Zover komt het lang niet altijd. Maar alleen al van de dreiging van zulke sancties gaat een preventieve werking uit: wie verliefd is, laat het uit zijn hoofd om hier serieus werk van te maken. Liefde geldt nog niet voor iedereen als voornaamste inspirator van het huwelijk. Helemaal uit de tijd is *Romeo en Julia* dus niet. De tragedie laat zich gemakkelijk vertalen naar het heden met de multiculturele samenleving als setting, iets wat Theo van Gogh heeft gedaan met de televisieserie *Najib en Julia* (2002). De hoofdpersonen zijn een Haags hockeymeisje en een Marokkaanse pizzakoerier, die verliefd worden. Het laat zich raden dat ze voor hun liefde nauwelijks kunnen uitkomen. De onmogelijke liefde kan nog niet definitief doorgaan voor anachronisme.

Oude vrijster

Met hoogoplopende emoties had het jawoord oorspronkelijk weinig van doen, laat staan dat de trouwdag tot de mooiste dag uit een mensenleven moest leiden. Deze pretentie kunnen de aanstaande bruid en de bruidegom zich pas sinds enige decennia permitteren. Overigens leidt deze ontwikkeling weer tot nieuwe zorgen. Als het allerhoogste namelijk de inzet wordt van de bruiloft, is het risico groot dat de bewuste dag uiteindelijk danig tegenvalt. Niet dat zij hiertoe gedoemd is – wellicht dat achteraf blijkt dat zij monumentaal was. Hierop kun je echter niet rekenen, zelfs niet als alles tot in de puntjes is voorbereid, hooguit voorzichtig hopen. Er zijn zoveel dingen die zich amper laten plannen, niet in de laatste plaats het weer. Dit houdt zich zelden aan de voorspellingen van het KNMI en nog minder aan het draaiboek van de ceremoniemeester. De dag hóéft niet noodzakelijkerwijs uit te draaien op een teleurstelling, maar pas op, ze ligt op de loer.

Zulke zorgen waren enkele decennia geleden nauwelijks aan de orde. De verwachting, nee, de eis dat de bruiloft een eredienst is voor de liefde, heerste in veel mindere mate dan tegenwoordig, wat overigens geenszins betekende dat zulke gevoelens totaal waren uitgesloten in het huwelijk. De plannen van ouders en die van twee geliefden konden samenvallen. Gearrangeerd en toch niet wars van liefde: die combinatie was niet ondenkbaar binnen een een huwelijk. Maar dan was er meestal sprake van een gelukkige samenloop van omstandigheden. Wat echter als ouders en hun kinderen verschillende voorkeuren hadden? Was het de liefde dan toegestaan het laatste woord te hebben? Het zal zijn voorgekomen, maar in dat geval was er sprake van de uitzondering die de regel bevestigt. Doorgaans kon liefde hooguit een van de vele redenen zijn om met iemand te trouwen, en zelden de doorslaggevende.

Hoe werd er dan wel getrouwd? Gelukkig is er de late negentiende eeuw, kraamkamer van de familieroman. De boeken uit dit genre verschaffen inzicht in de praktijk van het verloven en het huwen. Kenmerkend hieraan is dat ze minimaal 500 pagina's lijken te moeten tellen, liefst meer, en dat ze, hoe kan het anders, het wel en wee beschrijven van meerdere generaties van een familie. Een goed deel van deze inhoud gaat op aan zorgen over de geschikte huwelijkskandidaat, meestal voor de jonge vrouwelijke personages, over de balts die nodig is om die kandidaat te strikken en, wellicht het allerbelangrijkste, over het gesteggel over de voorwaarden waaronder het huwelijk zal plaatsvinden. Niet alle motieven zijn allemaal en in gelijke mate aanwezig in elke familieroman. Maar de hogere politiek van het huwen mag er in elk geval niet helemaal in ontbreken. Een van de meest eminente vertegenwoordigers van dit genre is *Anna Karenina* (1877) van Leo Tolstoj. Voor het Nederlandse taalgebied is dit *Eline Vere* (1889) van Louis Couperus, samen met *De boeken der kleine zielen* (1901-1903). Rond de eeuwwisseling beleefde het genre zijn gloriedagen, maar dat betekent niet dat het nu uit de gratie zou zijn geraakt. Een hedendaagse bestseller is *Het lot van de familie Meijer* (2006) van de Zwitserse auteur Charles Lewinsky, dat vijf generaties en de tijdspanne van 1871 tot 1945 beslaat.

Dé familieroman bij uitstek is natuurlijk *Buddenbrooks* (1901), de debuutroman van Thomas Mann. Het boek, aldus de ondertitel, gaat over 'het verval van een familie'. Aan het begin behoren de Buddenbrooks zowel qua bezit als aanzien tot de elite van Lübeck; aan het einde, enkele generaties later, is daarvan nog maar weinig over. Verschillende factoren hebben hieraan bijgedragen. Eén daarvan is het ongelukkige huwelijk van Antonie Buddenbrook, liefkozend aangeduid als Tony. Vrijwel het hele derde deel van de roman, en een fractie van het vierde deel, behandelt deze pijnlijke episode uit het geslacht Buddenbrook.

Die episode begint als de Hamburgse koopman Bendix Grünlich zich laat aandienen bij de consul Johann Buddenbrook. Hij begint onmiddellijk diens dochter Tony het hof te maken. Zij is bepaald niet onder de indruk en vindt hem 'mallotig'. Haar vader daarentegen staat welwillend tegenover een huwelijk, zeker nadat hij de boekhouding van Grünlich heeft ingezien. 'Kortom, zoals je weet, Bethsy [mevrouw Buddenbrook, SV], ik kan niet anders dan dit huwelijk, dat de familie en de firma slechts tot voordeel zou strekken, dringend wensen.' De antipathie van Tony jegens Grünlich doet niet ter zake. Dat wordt haar nog eens duidelijk te verstaan gegeven als ze naar de kust wordt gestuurd om bij zinnen te komen, een missie die hopeloos faalt omdat ze daar verliefd wordt op Morten, de zoon van een loodscommandant. Het is natuurlijk uitgesloten dat haar vader deze verliefdheid goedkeurt en zijn plannen laat dwarsbomen. Dus schrijft hij een brief, waarin hij haar nog eens wijst op de dwaling die ze begaat: 'Wij zijn, mijn lieve dochter, niet voor datgene geboren wat wij met bijziende ogen voor ons eigen, kleine, persoonlijke geluk aanzien, want wij zijn geen losse, onafhankelijke en op zichzelf staande enkelingen, maar als schakels in een keten, [...].' Trouwen om haar eigen geluk te vergroten zou egoïstisch zijn; in de eerste plaats moet Tony denken aan het belang van de familie en de goede familienaam.

Voortdurend is de oude Buddenbrook in een strijd verwikkeld met andere voorname families van de stad. Wiens bezit en prestige zijn het grootst en wie mag daardoor aanspraak maken op de hoogste politieke titel 'senator'? Een van de manieren om dit te verwezenlijken is via een strategisch huwelijk. Omgekeerd zou trouwen met de zoon van een loodscommandant een kras zijn op de goede naam van de Buddenbrooks. Dus moet Tony haar gevoelens aan de kant zetten en trouwen met Grünlich. Overigens zal hun verstandshuwelijk maar van korte duur zijn: niet alleen is de liefde ver te zoeken, in plaats van een welkome injectie van het familiekapitaal blijkt het aangetrouwde familielid een forse kostenpost. Het onderzoek naar zijn boeken had grondiger gemogen, geeft ook Buddenbrook zelf toe. Uiteindelijk wacht Tony een lot dat het ultieme spookbeeld was voor een vrouw uit haar tijd: de verbintenis wordt ontbonden en zij eindigt als een oude vrijster. De happy single is een uitvinding van recente datum, destijds was zij nagenoeg onbestaanbaar.

Contract

Hedendaagse lezers zullen de kant kiezen van Tony in het conflict met haar vader. Meer dan het eerste publiek van *Buddenbrooks*, zijn ze het waarschijnlijk met haar standpunt eens. Je moet kunnen trouwen met wie je wilt. Maar dat maakt niet dat de afweging van haar vader, die gerust machiavellistisch mag worden genoemd, helemaal zonder logica is. Hoe was het met Tony afgelopen als hij had ingestemd met haar partnerkeuze? Hoewel Grünlich niet de droomkandidaat bleek waarvoor hij aanvankelijk werd gehouden, mag worden betwijfeld of Morten een betere partij was geweest. En dan heb ik het nog niet eens niet over het verlies aan prestige als een Buddenbrook trouwt met de zoon van een loodscommandant. Het was zeer de vraag geweest of hij, met zijn geringe uitzicht op een groot inkomen, zijn plichten had kunnen nakomen.

Want trouwen was in meerdere opzichten een strategische manoeuvre. Niet alleen vanuit het perspectief van Buddenbrook senior, maar evenzeer vanuit dat van Tony, ook al zal ze dit niet snel toegeven. Vrouwen hadden namelijk hun bestaanszekerheid veilig te stellen. Veel mogelijkheden daartoe hadden ze niet. Een opleiding volgen ter vergroting van je zelfstandigheid? Die mogelijkheid is een verworvenheid uit de twintigste eeuw en pas sinds enkele jaren zijn de collegezalen gevuld met (ongeveer) evenveel meisjes als jongens. Bij gebrek aan dit perspectief konden vrouwen maar beter zorgen dat ze een betrouwbare partner vonden, wiens financiële profiel een solide indruk wekte. De eisen die ze tegenwoordig stellen aan hun toekomstige partners – spontaan zijn, een gulle lach hebben, lief en zorgzaam zijn voor eventuele kinderen – speelden een veel geringere rol; ja, kónden destijds amper een rol van betekenis spelen. Wat had je aan iemand die, heel geëmancipeerd, de luiers van zijn kinderen kon verschonen, maar geen geld binnenbracht? Als hij geen kostwinner was, wie dan wel? Het was ondenkbaar dat vrouwen deze taak op zich namen. Tony miste de juiste voorbereiding, zoals haar broers, die van jongs af aan waren klaargestoomd om op den duur het familiebedrijf te leiden, wat overigens niet altijd even succesvol uitpakte.

'Omdat ze niet werden geacht te werken en dus ook geen vak leerden,' aldus historica Jolande Withuis, 'was ongehuwd blijven voor een meisje een ramp.' Want ook van de staat hoefden ze weinig financiële ondersteuning te verwachten: die was nog niet de leverancier in sociale voorzieningen zoals hij dat tegenwoordig is. Weliswaar was onder de Pruisische kanselier Otto von Bismarck in 1889 de eerste verzekering tot stand gekomen tegen inkomstenderving in geval van ouderdom, ziekte en invaliditeit, maar het huidige fijnmazige netwerk van sociale regelingen is in West-Europa grotendeels gecreëerd in de jaren na de Tweede Wereldoorlog.

Tegen deze achtergrond moet het huwelijk worden geplaatst. De goddelijke zegening was onmisbaar, een knallend feest mooi meegenomen, maar de waarde van het instituut was toch vooral gelegen in het tekenen van de akte. Om dit officiële document was het allemaal begonnen. Het is niet overdreven de vergelijking te maken met een contract tussen twee belanghebbenden die een zakelijke transactie vastleggen. De deal kwam grofweg hierop neer: de echtgenoten beloofden levenslang zo goed mogelijk voor elkaar te zorgen: de man door geld in het laatje te brengen en de vrouw door het huishouden voor haar rekening te nemen en de opvoeding van de kinderen. Samen vormden ze een tandem die beter was opgewassen tegen de grillen van het bestaan. Bij elkaar blijven in voorspoed is geen kunst, maar de betekenis van het jawoord betrof vooral de belofte elkaar ook trouw te blijven bij tegenspoed. Als zulke situaties zich voordoen, en die doen zich onvermijdelijk voor, kunnen beide partijen er tenminste op vertrouwen dat de ander niet onmiddellijk zijn boeltje pakt. Zo bezien zijn ze elkaars sociale zekerheid.

Kleine lettertjes

De oude Johann Buddenbrook is nogal zuinig over 'ons eigen, kleine, persoonlijke geluk'. Het is niet meer dan een idee-fixe dat je het hoofd op hol brengt. Het gaat erom hiervan zo snel mogelijk weer te genezen. Hoe anders is dat tegenwoordig. Allerlei factoren hebben hiertoe bijgedragen, waarvan de doodverklaring van God vermoedelijk de belangrijkste is, maar aan het begin van de eenentwintigste eeuw heeft geluk eindelijk de status die Aristoteles het in zijn *Ethica Nicomachea* had toebedacht: die van het hoogste goed. Vraag aan mensen wat ze ambiëren en de kans is groot dat ze antwoorden: een gelukkig leven.

Deze benadering heeft ook gevolgen voor de praktijk van het trouwen. Mogelijke partners worden in hoge mate getoetst op de vraag of ze hun steentje kunnen bijdragen aan iemands geluk. Wie laag scoort langs deze meetlat, komt niet snel in aanmerking als huwelijkskandidaat. De huidige situatie voor geliefden lijkt het fotonegatief van die van Tony Buddenbrook, aan wier geluk haar vader een broertje dood had. Inderdaad is er in dit opzicht veel veranderd. Maar dat geldt niet voor álle facetten van het huwelijk. Sommige zaken heeft de tijd níét ongedaan gemaakt. Nog steeds is de huwelijksvoltrekking een zakelijk transactie – hoewel dat nogal eens wordt vergeten of hooguit als een voetnoot bij de ceremonie wordt beschouwd.

Deze ontwikkeling wordt niet alleen aangejaagd door de twee geliefden, die hoofdzakelijk oog hebben voor hun diepste emoties en de bruiloft beschouwen als een viering daarvan. De juridische aspecten mogen bij de andere betrokkenen evenmin op grote populariteit rekenen. Als na de mooie woorden het officiële onderdeel van de ceremonie begint, slaan ambtenaren van de burgerlijke stand nogal eens een verontschuldigende toon aan. Ze hadden het zelf ook liever anders gezien, maar het protocol vraagt nu eenmaal dat de feestelijke stemming kortstondig moet worden onderbroken voor de formaliteiten, zoals het voordragen van de wederzijdse verplichtingen. Sorry. Eenzelfde terughoudendheid heerst doorgaans ook bij de notaris, als die eraan te pas komt. Hij beseft dat hij een dissonant in het geheel is als hij uitlegt hoe de huwelijkse voorwaarden zijn en wat de consequenties zijn in geval van een scheiding.

Natuurlijk zijn er ook ambtenaren en juristen die zich niet willen excuseren voor de formele plichtplegingen. Of beter: gelukkig zijn die er. Want er is geen enkele reden om terug te deinzen voor de kleine lettertjes bij het huwelijk. Het is goed dat de aanstaande echtelieden zich nog eens realiseren dat de stap die ze zetten hen óók tot zakelijke partners maakt. Daar doen de geweldige veranderingen sinds *Buddenbrooks* niets aan af. De arbeidsparticipatie van vrouwen is sindsdien indrukwekkend gestegen, waardoor ze in hun eigen onderhoud kunnen voorzien en niet meer om die reden aan de man hoeven. De autonomie, door de oude Buddenbrook zo verfoeid, heeft een geweldige vlucht genomen, waarvan Tony alleen maar kon dromen. En niemand hoeft nog echt te vrezen voor de goot dankzij een waaier aan sociale verzekeringen en andere voorzieningen.

Deze maatregelen hebben echter hun beperkingen. Ze zorgen ervoor dat rampen van de buitencategorie, zoals langdurige ziekte, niet leiden tot de bedelstaf. Maar hoe ga je om met de meer alledaagse lasten? Dan kan de gehuwde staat uitkomst bieden. In veel gevallen kunnen die pijntjes over beide echtelieden worden verdeeld. Eigenlijk net zoals partners belastingtechnisch kunnen schuiven met hun inkomens – welk deel komt ten laste van wie? – met als resultaat een zo gunstig mogelijke aanslag. Ieders leven kent pieken en dalen. Neem het volgende voorbeeld. Je komt thuis met een barstende hoofdpijn, alleen al de gedachte aan koken is een ware martelgang. Een time-out zou welkom zijn. Gelukkig kun je deze taak uitbesteden. In een eenmanshuishouden is zo'n tijdelijke ontheffing van plichten en verantwoordelijkheden niet onmogelijk – er zijn altijd familieleden en vrienden die willen bijspringen – maar wel lastiger vergeleken met een huwelijk, en vooral: minder vanzelfsprekend. Ander voorbeeld. Stel dat een van de partners weer wil gaan studeren. Dat zou betekenen: stoppen met werken of minder gaan werken, maar in elk geval inkomstenderving. Er is immers maar een beperkte hoeveelheid tijd te verdelen. In je eentje is deze terugval in inkomen knap lastig te verwerken – en ondertussen loopt de hypotheek gewoon door. Dan maar geen studie. Ambitie wordt geofferd aan de harde realiteit. Dan biedt het uitkomst als je partner tijdelijk (een groot deel van) de vaste lasten voor zijn rekening neemt. Zo ontstaat er ruimte om weer te gaan studeren.

Het huwelijk is geen wondermiddel. De som van de lasten binnen het huishouden neemt in de twee voorbeelden hierboven niet af. Concreet: de totale druk van de hypotheek op het huishoudboekje blijft gelijk. Wel kunnen de partners hier verschillenden verdeelsleutels op toepassen: doen we fiftyfifty of kiezen we voor een andere spreiding van de lasten? Beetje eraf bij de een, beetje erbij bij de ander. Met deze mogelijkheid is het lot beter te verdragen, dat wil zeggen: is het minder een voldongen feit. Maar spreiden van lasten waardoor je er zelf tijdelijk van ontheven bent, kan ook in andere samenlevingsverbanden – moet je daarvoor per se getrouwd zijn? Niet per definitie, maar het helpt als je ooit in bijzijn van publiek hebt moeten beloven bij elkaar te blijven – in voor-, maar vooral in tegenspoed. Als er sprake is van de eerste situatie, voorspoed, is de herinnering aan deze gelofte haast overbodig. Bij elkaar blijven in tijden van tegenspoed is veel moeilijker. In die gevallen treedt de huwelijksgelofte pas echt in werking. Of liever: moet je bewijzen wat die waard was.

Julia heeft nooit de was gedaan

De romantische gedachte dat liefde het enige bestanddeel is voor het huwelijk – en moet zijn – is niet alleen een misvatting, maar ook een valkuil. Want wat doe je als de hartstocht die het prille begin van de relatie haar gloed verleende langzaam minder wordt, misschien wel voor een langere periode? Zo onwaarschijnlijk is zo'n scenario niet: gewenning haalt van alle emoties de scherpe kantjes af. En zo betreurenswaardig is dit trouwens ook niet. Het allesverterende karakter van de liefde maakt namelijk dat zij op gespannen voet staat met de wereld – Hannah Arendt noemde haar in *The Human Condition* (1958) zelfs 'krachtens haar wezen onwerelds'. Tijdens de eerste weken van uitzinnige verliefdheid kun je je nog onttrekken aan afspraken en verplichtingen. Je omgeving is bereid je dat tijdelijk te vergeven. Er komt echter een moment dat de agenda het dagelijkse ritme weer gaat dicteren. Onvermijdelijk moet je de maatschappij weer in. Natuurlijk is het niet de bedoeling dat de liefde verdwijnt. Het vuurtje moet bij tijd en wijle kunnen opflakkeren. Maar wie op een leven lang liefde rekent, komt bedrogen uit.

Zo ontstaat de paradox van de romanticus. Wie inzet op het allerhoogste, namelijk op een huwelijk dat louter is gebaseerd op liefde, loopt een gerede kans dat dit vroegtijdig moet worden ontbonden. Sterker, dan wordt een scheiding haast onontkoombaar. In sommige gevallen kan uit elkaar gaan de meest wijze oplossing zijn. Als in huis een oorlogssfeer heerst, zit er na verloop van tijd niet veel anders op dan de boedel te verdelen en ieder zijns weegs te gaan. Maar laat een teleurstelling over het tijdelijk luwen van de liefde niet automatisch een reden zijn om de scheidingspapieren aan te vragen. Die domper is namelijk onvermijdelijk. En als er geen andere motieven zijn om het huwelijk te stutten, zijgt het bouwwerk al snel ineen. De romantische idee dat dit instituut slechts in het teken moet staan van de zuiverste gevoelens tussen twee mensen en besmeurd zou worden door de zakelijke aspecten ervan is onhoudbaar. Geen gelofte zou het overleven.

Terug naar de beginvraag. Had *Romeo en Julia* zich in de eenentwintigste eeuw kunnen afspelen? De kans dat hun vaders hun liefde tegenwoordig hadden verboden, is in elk geval fors kleiner geworden. Dit is goed nieuws voor henzelf, en voor iedereen die wil trouwen, maar fnuikend voor de mythevorming. Het koppel fungeert namelijk alleen zo goed als symbool voor de allerzuiverste liefde doordat deze maar een paar dagen mocht duren. De dood kwam voordat hun wederzijdse gevoelens aan erosie onderhevig konden raken. Bijkomende factor is het feit dat hun samenzijn alleen in het geheim mocht plaatsvinden: de situatie van met zijn tweetjes tegenover de boze buitenwereld, wakkerde de liefde alleen maar verder aan.

Stel dat Romeo en Julia wel met elkaar hadden mogen trouwen en ze de prilheid van hun liefde voorbij waren geraakt. Hoe was de staat geweest van hun huwelijk bij hun koperen jubileum (twaalf en een half jaar getrouwd)? Dan hadden ze, net als iedereen, te maken gekregen met gewenning aan elkaar, sleur in het huishouden en aanverwante verplichtingen. Niet dat er redenen zijn om aan te nemen dat ze die test per definitie niet zouden hebben doorstaan. Het gaat erom dat ze door een vroegtijdige dood nooit aan deze proef zijn onderworpen. Julia heeft met andere woorden de was nooit hoeven doen. Was ze hieraan wel toegekomen, dan had dit haar ongetwijfeld punten gekost in de beeldvorming: de liefde bekommert zich immers niet om zulke banale zaken als het huishouden.

Desondanks is het waarschijnlijk dat deze relativering Julia niet had weerhouden van een huwelijk met Romeo. En zo hoort het ook. Dat de gehuwde staat niet perfect is, geldt niet als argument tegen dit instituut. Nog een troost. De vroegtijdige dood van de twee geliefden draagt zonder meer bij aan het dramatische gehalte van Shakespeares stuk. Maar dat impliceert niet dat het tot een verbanning uit de literatuur had geleid als hun relatie in rustiger vaarwater was gekomen en ook het sleurgevoeliger gezinsleven had meegemaakt. Ook over langgehuwden zijn prachtige boeken geschreven.

Verantwoording

De meeste essays in dit boek verschijnen voor het eerst. Dit geldt niet voor 'De vrijheid van meningsuiting: een oefening in nederigheid', 'De West-Friese polders: hoopvol landschap' en 'Geef de verleider niet de schuld!' Dit zijn (soms grondige) bewerkingen van lezingen die ik bij verschillende gelegenheden heb gehouden.

Dankwoord

Het schrijven van een boek is vaak een kwestie van moed houden. Op sommige momenten kan de twijfel toeslaan. Dan is het zeer welkom als iemand je af en toe moed inspreekt. Die rol heeft mijn redacteur bij Ambo met verve vervuld. Vandaar dat ik op deze plek graag mijn welgemeende dank uitspreek jegens Laurens Ubbink.

Bibliografie

In deze bibliografie zijn in het Nederlands vertaalde titels opgenomen met de bijbehorende verschijningsdata. In de tekst van de hoofdstukken noem ik soms de Nederlandse titel van een werk, maar geef ik het verschijningsjaar van het origineel.

VOORAF: Je favoriete tijdperk?

P. Andersson Toussaint, 'Wie na geweld aangifte doet wordt dubbel gepakt'. In: *NRC Handelsblad* 29 december 2009.
Aristoteles, *Ethica Nicomachea*. Historische Uitgeverij, Groningen 1999.
CBS, *Nederland langs de Europese meetlat*. Centraal Bureau voor de Statistiek, Den Haag 2010.
J. Israel, *Radicale verlichting*. Van Wijnen, Franeker 2005.
K. Raes, 'A Theory of Justice van John Rawls. Rechtvaardigheid als onpartijdige betrokkenheid.' In: K. Boey, A. Cools, J. Leilich en E. Oger (red.), *Ex Libris van de filosofie in de 20ste eeuw*. Acco, Leuven 1998.
M. Weber, *Wetenschap als beroep en roeping*. N. Samson, Alphen aan den Rijn, 1970.
T. Wolfe, *De wereld en Wolfe*. Prometheus, Amsterdam 2001.

1 Niet te geloven!

J. de Brune de Jonge, *Wetsteen der vernuften*. Querido, Amsterdam 1990.
W. van Herck, 'Humes filosofie van de religie'. In: P. de Martelaere en W. Lemmens (red.), *David Hume*. Pelckmans, Kapellen, 2001.
D. Hume, *Enquiries Concerning Human Understanding and Concerning the Principles of Morals*. Oxford University Press, Oxford, 1975.
J. Israel, *Radicale verlichting*. Van Wijnen, Franeker 2005.

H. de Regt en H. Dooremalen, *Wat een onzin!* Boom, Amsterdam 2008.

H. Schmeets en R. van der Bie (red.), *Religie aan het begin van de 21ste eeuw.* Centraal Bureau voor de Statistiek, Den Haag 2009.

S. Valkenberg, 'De wereld achter een woordje'. In: *Trouw* 20 juli 2007.

2 Als geesten konden praten, zou je ze niet kunnen begrijpen

A.C. Grayling, *Wittgenstein.* Lemniscaat, Rotterdam 1999.

S. Neiman, *Het kwaad denken.* Boom, Amsterdam 2004.

C. Sagan, 'The Burden of Skepticism'. In: *Skeptical Inquirer*, vol. 12, herfst 1987.

L. Wittgenstein, *Tractatus logico-philosophicus.* Athenaeum–Polak & Van Gennep, Amsterdam 1976.

L. Wittgenstein, *Filosofische onderzoekingen.* Boom, Amsterdam 1992.

3 Doe het zelf: autobiografie van een klusser

T. Anbeek, *Geschiedenis van de Nederlandse literatuur tussen 1885 en 1985.* De Arbeiderspers, Amsterdam 1990.

A. Desmond en J. Moore, *Darwin.* Nieuw Amsterdam, Amsterdam 2008.

G. Flaubert, *De kluizenaar en zijn muze.* De Arbeiderspers, Amsterdam 1993.

G. Flaubert, *Bouvard en Pécuchet.* De Arbeiderspers, Amsterdam 2007.

Plato, *Timaeus.* In: *Verzameld werk.* Ambo, Baarn 1978, deel v.

J. Zwagerman, *De schaamte voor links.* Querido, Amsterdam 2007.

4 Aufklärung uit het stopcontact

E. Burke, *Het wezen van het conservatisme,* Agora, Kampen 2002.

M. Geier, *Kants Welt. Eine Biographie.* Rowolt Taschenbuch Verlag, Hamburg 2005.

L. Heuts, '"Met een schuine blik"'. In: *Filosofie magazine* 8 (2007).

J. Israel, *Radicale verlichting.* Van Wijnen, Franeker, 2005.

I. Kant, 'Beantwoording van de vraag: wat is Verlichting?' In: I. Kant, *Kleine werken. Geschriften uit de periode 1784-1795,* Agora, Kampen 2000.

E.M. Moormann en W. Uitterhoeve, *Van Achilles tot Zeus,* SUN, Amsterdam 2003.

C. Offermans (red.), *Het licht der rede,* Contact, Amsterdam/Antwerpen 2000.

F. van Peperstraten, *Samenleving ter discussie,* Couthino, Bussum 1993.

Plato, 'Protagoras'. In: *Verzameld werk* deel II, Ambo, Baarn 1978.

P. Sloterdijk, *Kritiek van de cynische rede 1.* De Arbeiderspers, Amsterdam 1984.

5 De vrijheid van meningsuiting: een oefening in nederigheid

Bijbel. NBG, Heerenveen 2004.
D. van Brederode, *Mijn denken is een hartstocht.* Contact, Amsterdam/Antwerpen 2002.
E. Burke, *Het wezen van het conservatisme,* Agora, Kampen 2002.
I. Buruma en A. Margalit, *Occidentalism.* The Penguin Press, New York 2004.
H. Frankfurt, *Waarhe!d.* De Arbeiderspers, Amsterdam 2007.
F.A. Hayek, *The Constitution of Liberty.* The University of Chicago Press, Chicago 1978.
F.A. Hayek, *De weg naar slavernij.* Omega boek, Amsterdam 1985.
J.S. Mill, *On Liberty.* Penguin Books, Londen 1985.

6 De West-Friese polders: hoopvol landschap

H. Achterhuis, *Het rijk van de schaarste.* Ambo, Baarn 1988.
H. Achterhuis, *De erfenis van de utopie.* Ambo, Amsterdam 1998.
Th. Hobbes, *Leviathan.* Boom, Amsterdam 2006.
R. Lane Fox, *De klassieke wereld.* Bert Bakker, Amsterdam 2007.
R. van Stipriaan, *Het volle leven.* Prometheus, Amsterdam 2002.
'The world's silver lining'. In: *The Economist* 24 januari 2008.

7 Waarom casino's Guus Geluk weren en verzekerings-maatschappijen Donald Duck

S. Neiman, *Het kwaad denken.* Boom, Amsterdam 2004.
K. Popper, *All Life is Problem Solving.* Routledge, Londen 1999.
A. Schopenhauer, *De wereld als wil en voorstelling.* Wereldbibliotheek, Amsterdam 1999.
T. Vandevelde, 'Ideologie en sociale zekerheid'. In: M. Despontin (red.), *De sociale zekerheid verzekerd?* VUB Press, Brussel, 1995.
Voltaire, *Candide of Het optimisme.* Van Gennep, Amsterdam 2003.

8 'Na 300 meter ritsen.' Een *road essay*

H. Achterhuis, *Met alle geweld.* Lemniscaat, Rotterdam 2008.
Aristoteles, *Over poëzie.* Damon, Leende 2000.
M. Bril, *Het ronde land.* Prometheus, Amsterdam 2003.
D. Dennett, *Freedom Evolves.* Allen Lane The Penguin Press, Londen 2003.
M. Heidegger, *Zijn en tijd.* SUN, Nijmegen 1998.

Th. Hobbes, *Leviathan*. Boom, Amsterdam 2006.
J. Kerouac, *Onderweg*. De Bezige Bij, Amsterdam 1994.
K. van Kooten, 'De wanschapenheid van oranje'. In: *Hollands Diep*, nr. 9 (december/januari 2009).
N. Machiavelli, *De heerser*. Athenaeum–Polak & Van Gennep, Amsterdam 1988.
R. Safranski, *Nietzsche*. Atlas, Amsterdam 2000.

9 Geef de verleider niet de schuld!

Aristoteles, *Ethica Nicomachea*. Historische Uitgeverij, Groningen 1999.
I. Berlin, 'Two Concepts of Liberty'. In: *Liberty*. Oxford University Press, Oxford 2002.
J. Israel, *Radicale verlichting*. Van Wijnen, Franeker 2005.
S. Valkenberg, 'Waarom is boerkaficatie zo onwenselijk?' In: *Trouw* 6 augustus 2009.

10 Waarom links nooit lacht

H. Achterhuis, *Het rijk van de schaarste*. Ambo, Baarn 1988.
A. Finkielkraut, *Dubbelzinnige democratie*. Damon, Budel 2004.
M. Gijsbertsen en J. Dagevos (red.), Sociaal en Cultureel Planbureau, *Interventies voor integratie*. Den Haag 2007.
L. Polman, *De crisiskaravaan*. Balans, Amsterdam 2008.
S. Valkenberg, 'Een dosis Darwin zou heilzaam zijn'. In: *Trouw* 15 september 2007.
S. Valkenberg, 'Waarom is kamperen zo onwaar?' In: *Trouw* 22 mei 2008.
S. Valkenberg, 'Wijdlopigheid als deugd'. In: *Trouw* 6 mei 2009.
Taxation Trends in the European Union. Office for Official Publications for the European Communities, Luxemburg 2009.

11 Wie maakt zich hier nu schuldig aan kitsch? Op de bres voor Hollywood

Aristoteles, *Ethica Nicomachea*, Historische Uitgeverij, Groningen 1999.
Augustinus, *Belijdenissen*. Ambo, Amsterdam 2007.
A.P. Bos, *In de greep van de Titanen*. Buiten & Schipperheijn, Amsterdam 1991.
P. Bruckner, *Gij zult gelukkig zijn!* Boom, Amsterdam 2002.
K. Held, 'Aristoteles als pedagoog – het ontstaan van de ethiek'. In: *Trefpunt Plato*. Maarten Muntinga, Amsterdam 1995.

W.F. Hermans, 'Experimentele romans'. In: *Het sadistische universum 1*. De Bezige Bij, Amsterdam 1979 (twaalfde druk).

M. Kundera, *De ondraaglijke lichtheid van het bestaan*. Ambo, Amsterdam 1999.

N. Machiavelli, *De heerser*. Athenaeum–Polak & Van Gennep, Amsterdam 1988.

S. Neiman, *Morele helderheid*. Ambo, Amsterdam 2008.

F. Nietzsche, 'Over nut en nadeel van de geschiedenis voor het leven'. In: *Oneigentijdse beschouwingen*. Arbeiderspers, Amsterdam 1998.

12 Iedereen een open boek?

A. Hirsi Ali, *Mijn vrijheid*. Augustus, Amsterdam 2006.

A. Kinneging, *Geografie van goed en kwaad*. Spectrum, Utrecht 2005.

J. Latten, *Zwanger van segregatie*. Vossiuspers UvA, Amsterdam 2005.

J-J. Rousseau, *Bekentenissen*. De Arbeiderspers, Amsterdam 1996.

S. Valkenberg, 'De keerzijde van het kiezen'. In: *Pit*, 0 (2006).

S. Valkenberg, 'Afrikaanse toestanden in Amerika? Flauwekul!' In: *Trouw* 6 november 2008.

M. Young, *The Rise of Meritocracy*. Thames and Hudson, Londen 1958.

13 Wie ja zegt moet ook nee zeggen – of de meritocratie *revisited*

Aristoteles, *Ethica Nicomachea*. Historische Uitgeverij, Groningen 1999.

H. Dijkhuis, *De machtige filosoof*. Boom, Amsterdam 2007.

A. Gottlieb, *The Dream of Reason*. W.W. Norton & Company, New York/Londen 2000.

S. Neiman, *Het kwaad denken*. Boom, Amsterdam 2004.

F. Nietzsche, *De vrolijke wetenschap*. De Arbeiderspers, Amsterdam 1976.

F. Nietzsche, *Aldus sprak Zarathoestra*. Boom, Amsterdam 1997.

F. Nietzsche, *Ecce homo*. De Arbeiderspers, Amsterdam 2005.

G. Orwell, *De weg naar Wigan*. De Arbeiderspers, Amsterdam 1973.

J.J. Voskuil, *Het Bureau*. Van Oorschot, Amsterdam 1996-2000.

N. Wijnants, *Het dertigersdilemma*. Bert Bakker, Amsterdam 2008.

14 Plastic bordjes in plaats van servies? Nooit doen!

H. Arendt, *Vita activa*. Boom, Amsterdam 2002.

F. Copleston, *A History of Philosophy*. Doubleday, New York 1993, deel. 1: Greece and Rome.

H.G. Gadamer, *De actualiteit van het schone.* Boom, Amsterdam 1993.

I. Gontsjarov, *Oblomov.* Maarten Muntinga, Amsterdam 1997.

Th. Harris, *De schreeuw van het lam.* Luitingh B.V., Amsterdam 1989.

S. Harvey, *De woestenij.* Anthos, Amsterdam 2009.

M. Houellebecq, *Platform.* De Arbeiderspers, Amsterdam 2004.

H. Murakami, *De opwindvogelkronieken.* Atlas, Amsterdam 2007.

R. Peeters, '1958 – The Human Condition *van Hannah Arendt. Over de beteke-nis en rangorde van menselijke activiteiten.*' In: K. Boey (e.a.), *Ex Libris van de filosofie van de 20ste eeuw.* Acco, Leuven 1999, Deel 2: Van 1958 tot 1998.

Plato, *Symposium.* In: *Verzameld werk.* Ambo Baarn 1978, deel ii.

S. Valkenberg, 'Nietsdoen is een kunst'. In: *Carp diem* 1 (2007).

S. Valkenberg, 'Waarom zijn apparaten zo goed?' In: *Trouw* 31 juli 2008.

15 Eindelijk liefde

H. Arendt, *Vita activa.* Boom, Amsterdam 2002.

L. Couperus, *De boeken der kleine zielen.* In: *Verzamelde werken*, deel v. G.A. van Oorschot, Amsterdam 1975.

S. Gazic e.a., *Verborgen leed van tienermeiden in Amsterdam.* PvdA, Amsterdam 2006.

C. Lewinsky, *Het lot van de familie Meijer.* Signatuur, Utrecht, 2007.

Th. Mann, *De Buddenbrooks.* De Arbeiderspers, Amsterdam 2006.

W. Shakespeare, *Romeo en Julia.* Bert Bakker, Amsterdam 1997.

L.N. Tolstoj, *Anna Karenina.* L.J. Veen, Amsterdam, elfde druk.

J. Withuis, *Weest manlijk, zijt sterk.* De Bezige Bij, Amsterdam 2008.

Personenregister